王统日月宝串

藏籍译典丛书

[明] 古格班智达·扎巴坚赞 著

巴尔卡·阿贵 译注

青海人民出版社

图书在版编目（CIP）数据

王统日月宝串 / （明）古格班智达·扎巴坚赞著 ；
巴尔卡·阿贵译注． -- 西宁：青海人民出版社，2020.8
（藏籍译典丛书）
ISBN 978-7-225-05995-2

Ⅰ．①王… Ⅱ．①古… ②巴… Ⅲ．①藏学—研究
Ⅳ．①K281.4

中国版本图书馆CIP数据核字(2020)第140583号

藏籍译典丛书

王统日月宝串

（明）古格班智达·扎巴坚赞　著
　　巴尔卡·阿贵　　　　　译注

出 版 人	樊原成
出版发行	青海人民出版社有限责任公司
	西宁市五四西路71号 邮政编码：810023 电话:(0971) 6143426（总编室）
发行热线	(0971)6143516/6137730
网　　址	http://www.qhrmcbs.com
印　　刷	深圳市国际彩印有限公司
经　　销	新华书店
开　　本	720mm×1010mm　1/16
印　　张	13.75
字　　数	150千
版　　次	2020年10月第1版　2020年10月第1次印刷
书　　号	ISBN 978-7-225-05995-2
定　　价	54.00元

版权所有　侵权必究

目录

译文序 ·· 1

第一部　日种王统：众生宝冠日月靓串 ··· 1

礼赞文 ·· 3

第一章　外部器世界 ·· 11
　第一节　总说佛界 ·· 13
　第二节　分说娑婆世界 ·· 16
　第三节　赡部洲 ··· 22

第二章　众生起源 ·· 27
　第一节　总说 ·· 29
　第二节　分说 ·· 36

第三章　吐蕃人的起源 ··· 67
　第一节　雪域人之起源 ·· 71
　第二节　王的出现 ·· 74
　　一、天赤七王 ··· 77
　　二、拉托托日聂赞 ··· 81
　　三、松赞干布 ··· 83
　　四、赤松德赞 ··· 95

1

五、牟尼赞普 ··· 103

六、赤祖德赞热巴坚 ····································· 105

七、朗达玛 ··· 109

八、贝阔赞 ··· 112

第三节 上部阿里王系 ····································· 114

一、吉德尼玛衮 ··· 114

二、上部三衮 ·· 120

三、阔日与松恩 ··· 121

四、拉德扎西赞 ··· 121

五、领主卫德 ·· 124

六、绛曲沃和希瓦沃 ··································· 124

第二部 月种王统 ··· 169

一、月种王统的起源 ··································· 171

二、悉补野突显幻化王的传说 ······················· 172

三、松赞干布 ·· 173

四、吐蕃七贤者 ··· 174

五、赤松德赞 ·· 175

六、赤达摩乌东赞 …………………………………… 177

七、沃松 …………………………………… 178

八、先祖贝阔赞 …………………………………… 178

九、吉德尼玛衮 …………………………………… 178

十、松恩 …………………………………… 179

十一、拉德赞 …………………………………… 180

十二、大喇嘛希瓦沃 …………………………………… 180

参考文献 …………………………………… 196

译文序

《王统日月宝串》，属于近年新发现珍贵藏文史籍，史料价值不菲。这部史籍由两个部分组成，也译作《太阳王系和月亮王系》，即由前半部分的《太阳王系》和后半部分的《月亮王系》组成。本文根据整体内容、史籍本身的命名特点，把它译作《王统日月宝串》。其内容类似传统藏文史籍王统、史记、宗教源流、教法史等，包括古印度史、吐蕃史以及西藏西部两个早期王系（普兰王系和古格王系）的历史。西藏人民出版社于2014年公开出版了这两部史籍，取名《太阳王系和月亮王系》。[1]在此之前，也有藏族学者对此进行了整理、解读和研究，如巴桑旺堆研究员曾深入解读《月种王统》（古格王系），用藏文撰写论文，从吐蕃早期的"封王""突显王"等历史传说、猕猴变人传说、十二"旺增"时期历史

传说、吞弥桑波扎的历史、热巴坚赞普、达摩赞普、贝阔赞、吉德尼玛衮、阔日和松恩兄弟、拉德、强秋卫、领主乌江、希瓦卫以及有关吐蕃鼎盛时期疆域等多方面分析了该史籍的内容特色，认为这对研究吐蕃历史、阿里古代史有重要的史料价值[2]。古格·次仁杰布研究员曾撰文介绍了《日种王统》（普兰王系）中的有关阿里地区的历史，其内容包括古象雄历史、吉德尼玛衮在阿里称王的经过、上部"三衮"的历史事件、领主拉德的历史、领主赤扎西卫德赞、领主卫德之子赞松及其后人以及史籍之作者班智达·扎巴坚赞的生平事迹等。认为该史籍在研究古象雄历史、普兰王系的历史以及各王系领地等方面具有相当高的史料价值[3]。白玛扎西从文献学的角度介绍了《月种王统》，取名为《古格王统史缝缀装》，并探讨了该古籍的书名、艺术价值、研究价值、文物价值等[4]。琼达把《月种王统》译作《月族王统记》，并结合《弟吴宗教源流》《娘氏教法源流》以及其他有关阿里的历史人物传记、王统史记等，对该史籍内容进行了详细的注解，其注释条数多达65条[5]。

虽然国内学者对此较为关注，也有了初步的研究成果，然至今鲜有相关的汉译本介绍，故多数学者未必十分了解两部史籍之书名含义、内容特色以及史料价值等。本文从书名的含义、译法入手，在前贤研究基础上作此译介，以求抛砖引玉。

一、关于书名含义及其翻译问题

《王统日月宝串》，由《日种王统》（普兰王系）和《月种王统》（古格王系）两部组成，内容各具特色。

《日种王统》是由古格班智达·扎巴坚赞（1415—1498）所著，属于15世纪的作品。根据史籍内容，其作者是古格班智达·扎巴坚赞，这一点毋庸置疑。史籍中前后两次提到了其作者，一是在记述完《印度王统》后说："自众敬王以来的王统，日亲和释迦种，撰写其传记可大增福泽，此等出自《阿毗达摩集论》和《律藏》。吾见如此增福。圣地、吐蕃之

《王统日月宝串》，详细记述并起信者，通达五明之班智达，扎巴坚赞著。"[6] "以上为《普兰王系》之内容，是由金刚持之子班智达·扎巴坚赞所著。原文有缺行之处，对此我进行了补充。若有错漏，请见谅。"（P155）依此来看，目前出版的这部史籍并非作者本人所著，而是由其弟子或追随者所抄写的副本。原文在内容和文字上可能存在多处缺遗问题，故由后人对此进行了补缺。虽不知补缺者为何人，但从内容来看此人曾游览西藏中部地区，比较熟悉西藏中部（乌斯藏地区）的情况。

关于书名，《日种王统》的开头有明确的名称，用梵、藏两种文字撰写有：༄༅།། ཉི་མའི་རིགས་ཀྱི་རྒྱལ་རབས་སྐྱེད་གུའི་ཅོད་པན་ཉི་ཟླའི་ཕྲེང་མཛེས།意思是《日种王统九生宝冠日月宝串》。尽管2014年由西藏人民出版社出版的书名为《太阳王系和月亮王系》，但是，原文中多处写有其具体名称，如《印藏王统日月宝串》（P80）、《释迦世系日月宝串》（P5）、《释迦王统九生宝冠日月宝串》（P21）、《吐蕃王统月日宝串》（P81）等，因此，把它译作《王统日月宝串》是比较恰当的。在这里，"王统"是书名，体现了整部史籍所涉及的内容；"日月宝串"，是修饰语。如此取名，符合传统藏文史籍的命名。

为什么给它取名为"日月宝串"？首先，这里的"日"是指释迦族及其后裔，即佛教的传人。作者对吐蕃人种起源问题所持观点，与后期的多数藏文史籍（包括宗教史籍）相同，认为包括上部阿里人在内的吐蕃人是释迦族的后裔。因此，作者在史籍中称自己的先祖为"日种"，意思是"释迦族的后人"，为对弘法有功者。这是藏传佛教后弘期初期，一些佛教徒史学家为了美化先祖（家族）历史，也为了使吐蕃佛教史与佛教的发源地之间发生某种联系，进而达到迎合信徒、弘扬佛法的目的而所持的一种论点。当然，随着青藏高原考古工作的进展和吐蕃历史研究的不断推进，这种论点基本上已被学界推翻。

其次，阿里各王系之先祖吉德尼玛衮，被称之为"太阳神子"

(P145)，意思是"如太阳般的神圣赞布之子"，而吉德尼玛衮在普兰的王宫也被称作"尼松"宫（双日宫，P148）。从这个意义上讲，"日种"，也有可能是指吉德尼玛衮的后裔，或是"尼松"宫之王室后人。

最后，领主扎西衮有两个儿子，即阔日和松恩。其中大哥阔日统治普兰；小弟松恩统治了古格。（P148）《月种王统》当中，把此二人比喻为日月，也称"静猛二天"（寂静天和勇猛天），即把从人法而治理国事的大哥阔日，比喻为"太阳"和"勇猛天"；把从佛法且对弘法事业有功的小弟松恩，比喻为"月亮"和"寂静天"。（P167）因此，这里《日种王统》即指大哥阔日所建立的普兰王系；而《月种王统》就是指由小弟松恩治下的古格王系。这也是本文把《日种王统》视作《普兰王系》，把《月种王统》视作《古格王系》的主要原因。对此，还有一个有力的证据，那就是在《日种王统》的最后"跋语"中有"以上为普兰之世系"一句。（P155）然而需要注意的是，作者撰写这部史籍的目的，是为积增福资粮而赞颂释迦族之后人和对弘扬佛法有功的前贤鼻祖。（P80）弟弟松恩曾放弃世俗权力而出家、更名，成了复兴藏传佛教史上举足轻重的拉喇嘛·益西沃，而他的两个儿子也相继出家为僧，把王权交付于领主拉德赞。（P167）基于"古格王系"在弘法事业上的突出贡献，作者在感情上更加乐意把"古格王系"称之为"日种王系"。作者似乎并没有回避这样的想法，史籍中有时把"日月宝串"改作"月日宝串"，说"此《吐蕃王统月日宝串》，为增福资粮而愿传向四方。"（P81）故，这种推测并不是没有一点根据。尽管如此，根据第二部重点记述古格王系的史籍开头"月种"（P156）这样的术语，本文以为把"古格王系"（松恩世系）称之为《月种王统》，而把由班智达·扎巴坚赞所著之史籍称作《日种王统》，即《普兰王系》，更符合史籍之内容和本意。

二、主要内容及其特点

虽两部史籍都涉及上部阿里地区早期的历史文化，但因其成书年代不同而在叙事文体、文风及内容等方面各具特色。

（一）《日种王统》的内容及其特点

这部史籍的主要内容，由印度王统、吐蕃王统、普兰王统三个部分组成。在"印度王统"部分，有用梵、藏两文书名和礼赞文作为开头，之后是正文。正文内容，由外部器世界、内部有情众生、人类起源及释迦族源等组成，其中"外器世界"的内容有佛界总相、分说诸无畏（四大洲、须弥山、日月、诸天）、赡部洲等。赡部洲，又分"外器"与"内有情"，其中"内部有情世界"分为总说和分说。"总说"，有两个部分的内容，即有情众生形成和他们的寿命等。在记述完上述内容之后，有一引自其他文献的"总结"，文体为偈颂体。

在"人类起源"部分，作者记述了自众敬王、转轮王、释迦族源至佛陀传的内容，以说明印、藏人种皆源自释迦族的观点。从史料来源上看，这部分内容的主要史料有《华严经》《俱舍论》《正法念处经》《涅槃经》《母续》《大诗疏》《本生传》、萨迦·杰尊扎巴的《王统》《毗奈耶杂事释》及《楞伽经》等。在篇幅比例上，今公开出版的史籍总共有155页，其中"印度王统"有80页，占了全文的51%之多。

根据内容结构，"西藏王统"是史籍的第四部分内容。据此，作者是按"外部器世界""内部有情世界""人类起源"（释迦族源）及"吐蕃王统"的顺序来设计的。第四部分即"西藏王统"的内容，主要包括雪域人之起源、吐蕃王统、普兰王系等。这部分所依据的史料主要有《白莲经》《柱间史》《旧史书》《布顿佛教史》《仙女无垢经》《密极小册》、《杰协》（王之见）、《韦协》（韦·塞囊之见）等。其中，有关小邦的分布情况、聂赤赞普的历史传说、布德贡杰时期的千户组织、吐蕃丧葬制度、本教史、囊日松赞时期的吐蕃历史、吞弥创制藏文情况、吐蕃碑文内容、吐蕃疆域、文成公主和金城公主的相关历史事件、顿渐之争以及历史地名、人物名等方面的内容皆颇具特色，值得进一步研究

探讨。特别是有关吐蕃第一个赞普即聂赤赞普的历史传说，作者参阅了不少早期的史料，并具有一定的考证色彩；对吐谷浑、巴蒂斯坦、勃律、武则天等地名和人物名称的记述以及都松芒波杰时期的唐蕃关系的论述，与汉文史料中的相关记载较为接近；对顿渐之争、藏玛及热巴坚赞普等历史事件和人物的记述较为详细。同时，作者记述了一些历史传说，如"据传说，赤松德赞有一子名叫孜赞普，在牟尼赞普后执政 7 年。但此说需考证。"[7]总之，从作者对达玛赞普和拉隆贝吉多吉的态度、评论来看，史学观上近似多数传统宗教史籍，具有较浓厚的宗教感情色彩。

在阿里地区史部分，主要记述了"普兰王系"的历史。这部分内容，一直记述至白衮德时期，不仅较详细地介绍了沃松的后人在上部阿里地区的活动情况，而且其中穿插了一段自吐蕃初期以来象雄王的历史、象雄王与阿里各王系之间的关系、佛本关系以及阿里各王系的疆域等内容。

（二）《月种王统》之内容及其特点

该部史籍发现时，已破损严重，缺头、尾，残缺不全。整部史籍只剩 25 页，每页有 6 至 8 行文字，总共约有 5300 字，其中有 7 至 8 个字无法辨认[8]。

该史籍的开头有"月种"等字样，故被称之为"月亮王系"。如上所述，其书名若译作《月种王统》或《古格王系》较为恰当。其内容主要记述了古格王系，即松恩的后裔在古格地区的发展情况。

该史籍中没有提到作者，但是，后半部分讲述古格王系时，在吉德（尼玛衮）等人的名字前加有"梅"（先祖）字，由此可以推测作者是一位古格王室的后人。成书年代方面，该史籍的成书年代远早于《日种王统》，具有明显的古藏文特色。文中穿插了一些偈颂体引文，引文的写作年代似乎稍晚一些，可能是后人根据某个早期的蓝本抄写而成，但其原文的撰写年代不会晚于 12 世纪。另外，从内容上看，该史籍也具有早期藏文史籍的诸多特点。在记述有关吐蕃聂赤赞普的历史传说时，无论是文字表述、语法特点,还是内容都与《敦煌本吐蕃历史文书》等早期出土文献相近,其最初蓝本的著述年代应该稍晚于吐蕃出土文献的著作年代,但显然早于《弟吴宗教源流》等传世文献。

史籍的开头虽未见有礼赞文、誓词等内容,但有"四封王"之历史传说。紧接着讲述了聂赤赞普的历史传说;之后,依次是直贡赞普、拉托托日聂赞至松赞干布时期的吐蕃历史。值得注意的是,该史籍文字简练,内容古朴,明显带有吐蕃出土文献的特点。

除了具有古藏文特点之外,该史籍还有几个比较明显的特点:一是虽全文篇幅不长,内容不多,但作者较为详细地记述了吐蕃"七贤臣"等内容;二是在后半部分,作者对内容进行了有意的分段,如在叙述完拉喇嘛·益西沃的历史之后,便记述了几个重要的历史人物。这些人物依次是拉钦波·拉德赞、拉尊·强秋卫、领主乌江、大喇嘛·尊巴西瓦卫及其后半生的事迹。在讲述这些人物的历史时,用"之后"一词表示前一段内容的结束和后一段内容的开始,并在人物的名称后面写有"驾前"两个字,如"拉钦波·拉德赞驾前"等(P168)。这种行文类似于吐蕃时期的碑文内容,吐蕃石刻碑文当中常见有"神圣赞普驾前"一句。

三、两部史籍的史料价值分析

(一)《日种王统》

该史籍虽然属于晚期文献,但其内容还是有些价值和特色,不仅对研究阿里早期历史文化有价值,同时,对研究吐蕃史、西藏史学史等方面,具有较高的史料价值。

首先,在吐蕃史研究方面,该史籍记载了吐蕃十二小邦的分布情况,并且其内容有别于《敦煌本吐蕃历史文书》《弟吴宗教源流》《贤者喜宴》等,该史籍所记述的朵康王、下部朵康王、唐若王、布域王、玛尔域王、吉隆王等,均未见于上述其他史料;关于囊日松赞的历史,该史籍记述了当时吐蕃赞普征服周边其他小邦的情况,这些内容符合吐蕃出

土文献的记载；关于文成公主，记载了吐蕃军队占领吐谷浑后，公主远嫁吐蕃，并带来了蚕丝、米酒及工匠等；关于吐蕃碑文，记载了吐蕃曾制定法律文书，并刻于石碑的情况；对顿渐之争、吐蕃疆域、达玛赞普之弟藏玛及热巴坚等历史记述得较为详细，并且所参阅的史料除了有《拔协》外，还有一部叫作《杰协》（王之见）的史籍，其中历史地名的拼写方式近似吐蕃出土文献。上述内容，对研究具体吐蕃历史事件、人物、地名等方面具有较高的史料价值。

其次，关于象雄及本教研究方面，记载了较为详细的古象雄历史，并且人物名称与吐蕃出土文献的内容相接近。该书记载道：象雄上、下部最初由"孜"氏统治，后出现了一个叫聂秀穆苏仁恩格的人，此人极具智慧，又勇猛无比，名扬四方，被众人封为王。承袭十一代以后，出现了一个叫作聂秀拉卡根孜（应该是指"李聂秀"）的人，其一女成了吐蕃松赞干布的妃子。此时，象雄国力强盛。又过了六代之后，出现了聂秀王李坚穆斯恰（"李穆恰"与"李米夏"相近），正值本教兴盛之际[9]。这部分内容，对于研究古象雄历史、象雄王室与阿里其他王系之间的关系、早期阿里地区佛本关系等方面具有较高的参考价值。

再次，关于民俗、考古、史学研究方面，史籍根据《密极小册》等藏文古籍史料，结合宗教史，记述了吐蕃王室陵墓。《密极小册》是一部记述吐蕃王室陵墓的史籍，其内容曾被《弟吴宗教源流》等多次引用。该史籍在记述前吐蕃时期的王室墓葬时，说"天赤七王""二丁王""六列王""八德王"的葬俗与古代吐蕃的宗教信仰有关，如杀死父王被认为可以增福并死后获得升天；用妃子、下属及财宝陪葬，被认为死者在死后可享用[10]。这些对研究吐蕃早期的丧葬习俗、宗教信仰及墓葬考古，具有重要的史料参考价值。同时，作者参阅了《密极小册》，说明15世纪时《密极小册》依然传世，并对当时的史学研究起到了重要作用。

第四，关于普兰王系，作者记述了自吉德尼玛衮之后的阿里各王系，

8

上部"三衮"的领地、疆域,阔日及其子孙领主卫德赞的后人王系,一直记述至15世纪。这些内容在其他有关阿里历史的史料中难以得见,故有非常大的史料价值。

(二) 《月种王统》

《月种王统》是一部专门记述古格王系的史籍,不仅对研究古格历史有价值,同时,它是一部成书于公元12世纪之前的珍贵历史文献,对研究吐蕃历史文化、西藏史学史等方面具有相当高的史料价值。

首先,能够体现这部史籍史料价值的,一是它的成书年代,二是它的内容。从文字特征上看,该史籍行文方面明显带有古藏文特色,依此可以推断它成书于《敦煌本吐蕃历史文书》等出土吐蕃文献之后,《弟吴宗教源流》(约12世纪)之前。从内容上看,《敦煌本吐蕃历史文书》[11]中有"天神之子作人间之王"的记载,这是关于聂赤赞普的各种历史传说中最早的一种说法。《月种王统》虽为一部记述古格王系史的史籍,然其所载内容与《敦煌本吐蕃历史文书》颇为相似。关于聂赤赞普之历史传说,该史籍记载:"吾吐蕃之王,人王由神作。"[12]"王聂赤赞普,自天怀突然降至人间为王。"(P158)这份史料,把吐蕃远古历史传说中的"十二旺增"统治、四十小邦、十二小邦及吐蕃"突显王"的历史传说联系起来,对解读早期出土文献、研究相关历史具有重要的史料价值。另外,在记述古格王系之历史人物时,在人物的名称后面写有"驾前"两个字,如"拉钦波·拉德赞驾前"等。这一点类似于吐蕃时期的碑文内容。藏文史籍《弟吴宗教源流》中,用相当长的篇幅讲述了有关向王室成员"顶礼"的内容,并且对"驾前"一词做了解释,说"协昂"(一般译作"驾前")一词是指"赞普的诸子兄弟中未执政的大哥",意思是"在赞普之前见了先父面。"[13]从这个角度考虑,这些内容对解读吐蕃出土文献、石刻碑文有较高的参考价值。

其次,虽然这部史籍篇幅不长,但其中较为详细地记述了吐蕃"七

贤臣"的历史，对研究吐蕃文化史具有一定的参考价值。

再次，从吐蕃史学史研究而言，这部史籍既具有如同吐蕃出土文献般的古藏文特色，又有别于后期的各种传世文献，说明在吐蕃王朝解体后至12世纪，曾出现过一批特殊的史籍。这些史籍，显然传承了吐蕃时期文献的某些特点，但又不同于后期的伏藏文献和大多传世文献，代表着一个特殊历史时期的吐蕃史学。因此，这对研究吐蕃史学史，重新认识和定义西藏史学史具有重要的参考价值。

第四，关于古格王系，过去的藏文史籍说法不一。《雅砻尊者教法史》记载："下部分裂割据时期的历史，诸史籍说法不一，特别是有关上部'三衮'之前二人的传承并不那么清楚。"[14]另外，根据《弟吴宗教源流》之记载，阔日是扎西衮之哥哥白衮之子[15]。这些都说明，关于早期阿里各王系的历史在各种藏文史籍中曾是众说纷纭、莫衷一是，是个历史谜团。而《月种王统》是一部专门记述古格王系的史籍，且成书年代较早，故其史料价值更高更加可信。

除此之外，如上所述，对于研究具体吐蕃历史事件、人物而言，该史籍也具有许多不同于其他藏文史籍的特点，如记述拉脱脱日聂赞历史时，有"虽有用汉文所写之《诸佛菩萨名称经》，然不知所供"（P159）；记述热巴坚赞普历史时，有"修建噶琼神殿，于丹玛林园修普明大日如来坛城"（P162）等，这些内容明显有别于其他多数藏文史籍。

参考文献：

[1] 古格班智达·扎巴坚赞.太阳王系与月亮王系（藏文）[M].拉萨：西藏人民出版社，2014.

[2] 巴擦·巴桑旺堆.阿里新发现的古藏文历史文书评介[J].西藏研究（藏文），2012（4）.

[3] 古格·次仁杰布.班智达扎巴坚赞之"太阳氏王统记"中所载有关

阿里历史考述[J].西藏大学学报（藏文），2012（4）.

[4] 白玛扎西.新发现古格王统史缝缋装文献价值概论[J].西藏大学学报（藏文），2013（3）.

[5] 琼达.托林寺收藏古藏文史籍"月族王统记"释读[J].中国藏学（藏文），2013（4）.

[6] 古格班智达·扎巴坚赞.太阳王系和月亮王系（藏文）[M].拉萨：西藏人民出版社，2014：80.

[7] 古格班智达·扎巴坚赞.太阳王系与月亮王系（藏文）[M].拉萨：西藏人民出版社，2014：134.

[8] 巴擦巴桑旺堆.阿里新发现的古藏文历史文书评介[J].西藏研究（藏文），2012（4）.

[9] 古格班智达·扎巴坚赞.太阳王系与月亮王系（藏文）[M].拉萨：西藏人民出版社，2014：141.

[10] 古格班智达·扎巴坚赞.太阳王系与月亮王系（藏文）[M].拉萨：西藏人民出版社，2014：92.

[11] 王尧，陈践.敦煌本吐蕃历史文书（修订版）[M].北京：民族出版社，1992：173.

[12] 古格班智达·扎巴坚赞.太阳王系与月亮王系（藏文）[M].拉萨：西藏人民出版社，2014：157.

[13] 弟吴贤者.弟吴宗教源流（藏文）[M].拉萨：西藏人民出版社，1987：369.

[14] 释迦仁钦德.雅砻教法史（藏文）[M].拉萨：西藏人民出版社，2012：60.

[15] 弟吴贤者.弟吴宗教源流（藏文）[M].拉萨：西藏人民出版社，1987：381.

第一部 日种王统：众生宝冠日月靓串

礼赞文

梵语：ཤཱཀྱ་པོ་ནི་རྫ་ཀུལ་པ་ཤུ་ཀུ་གྲཱི་ཤྲུ་ཏུ་ཏུ་ལུ་ན་མ།
　　　为是顶礼之门。

藏语：日种王统：众生宝冠日月靓串
　　　向圣者释迦狮顶礼！

日种生者释迦顶，
甘蔗族后乔达摩；
少年成事幻化子，
能仁王者常护佑。
愿吉祥！

众生甘露熟于妙药城，
蜂蜜之英成于千瓣园，
至尊文殊如日常护佑！

善行千供得福奇妙果，
能见三界智慧千眼饰；
万千无欲之力亦无忍，
虔供虚空狮子之神力。

善绘供养天神之上师，
知识之智妙相持明月；
释迦□□（原文缺字）领主王，
后继之众光明天神胜。

于无数劫[1]中积二资粮[2]，
以丰富之果转生天界；
众王治大地出法铃声，
丰富利乐常伴众有情。

具梵天饰妙纹者，
皆依金色大地行；
功德无法言语之语箭，
断除一切轮回之苦恼。

法云显戏势比深，

慈悲遍及世间顶，
向法力甚高者佛祖顶礼！

于慈悲之白云乐园，
发出美妙护主雷声；
法雨同生点滴水[3]，
观音救主愿能胜！

虚空七戏七美妙，
如月护海持宝幢；
善行宝幢传妙声，
善者有情得解脱。

智慧之法治世道，
如同文殊亲临世；
释迦后种诸王者，
天人敬供得胜利！

于印度与吐蕃各地，诸贤者，曾多著传释迦之王统。吾愿赴诸贤之后，品尝此等妙甘露。如同，仙女弹琴出妙声时，天人皆心悦而如同得宝冠；又如，贤能巧工用金丝造出的具甘露之光的宝串，应成为众有情众生的宝冠庄严而敬供。

于此，吾等圣祖，三界之上师，与其同出一族者，至今依法治世者，世间至尊释迦族人之王统，若能向他人广为宣说，正合法理，又能积福资粮。此等，见于世尊之诸无垢经典，故，在此说。

淡黄仙人所赐地，
尼枸卢树之园林，
圣人圣地之果园，
妙光妙相世尊住。

众王聚孙达罗迦[4]，
兴释迦种之香气，
为悦圣者往日旁，
手持睡莲成正果。

其地具有月千万，
帝释天弓遮蔽者；
秋季白云起宝冠，
手持宝藤顶上绘。

众敬王之后为何？
如何起源？最初为何？
向吾等问起而无果，
明了三时者，请授记！

圣尊不动法虚空，
事事考究释迦种；
若说如此疑自夸，
四处传为破外道。

如兽王般直视者，

精通幻术目犍连；
汝以释迦种起始，
要为兴法而努力！

受命离政得解脱，
得见善种之禅力；
众人之中坐宝座，
释迦种等向佛法。

世尊金山甘露光，
遍照大地示微笑；
释迦族人习正法，
善说圣法目犍连！

众比丘及有情等，
如同释族习传法；
闻法当行有意事，
如此亦当向人传。

释迦善种等许多，
力传善说且随行；
向人示显谁能作，
将成无法想象者。

对此生起精进心，
利用心识之武器；

向人宣说世尊种，

此等知识应聆听。

如此受命，如实说。

因有生力习智明，

经论意义吾得见；

赞颂常做意义事，

将得贤者之顶礼。

语与论典源虚空，

千万王与释迦种；

明说甘露具光串，

极妙宝冠于此造。

在此，论述自众敬王以来，依法治世者释迦种《世系日月宝串》之内容有二，正如《经》上所述：世间分二，即外部器世界与内部有情众生。

注释：

[1] 劫，按照佛教的说法，在无边无际的宇宙中，从前一个世界完全消失到现在这个世界开始形成以前，中间有许多亿年的间隙，这是前一个世界的黑暗劫；从这个世界开始形成到世界上最初出现人类，也经过了许多亿年，称为形成劫；从世界上最初出现人类到世界开始消亡，称为住世劫；在这期间，世人的寿命从能活一万岁减到能活十岁，然后再增加到能活一万岁，这两者轮流在住世劫中形成二十个中劫。二十个中劫结束后，由于自然灾变，世界开始毁灭，到最后完全消失，再到新的

世界形成，又要各经过二十个中劫。这样，一个新的世界从形成到住世、毁灭、黑暗四个劫总计八十个中劫，合称为一个大劫。

[2] 二资粮，按佛教通行的说法，福德资粮和智慧资粮合称二资粮。福德资粮是布施、守戒等，智慧资粮是修定、明了空性等。

[3] 原文是སྡ་ག་ར།萨哈迦罗，译作"同生"。传说是一种用牛奶浇灌出来的柿子树，果实香甜味美，是柿子中的极品。

[4] 孙达罗迦，是原文སུན་ཏ་ར་ཀ།的音译。众王，是指僧俗众王。

 第一章　外部器世界

第一节　总说佛界

外部器世界有二：总说佛界与分说娑婆世界。

日月千万于此分，
四洲[1]莲园十亿围；
椭圆之境法轮忍，
大日如来于此住。

十三地边尘土围，
三千即失具各色；
持香所住金刚地，
莲花网开四起美。

此等世尊化世界，
各色尽有无言语；
如同大海呈方形，
地之精要示庄严。

各种风上香水海，
千叶宝地如金刚；
财宝之王依日要，
树林之后生如海。

如此众佛之世界，
外器内情具奇光；
于无边之大海中，
大日如来雪域海。

当住定心手印下，
然有诸佛菩萨绕；
报身世界诸多者，
成积十三娑婆界。

为何？《经》上说：世间之大海，位于如来遍照雪域海之手下。如同佛祖之身，然不合掌印住说。不顺世界呈十海尘形，并由巨尘环绕。雪海佛界香海，由无数尘埃环绕。其中心，具精妙花蕊，四边有宝光，由无数尘埃围绕，呈无限层积状。其上有妙金相，顶盖金刚宝，住有律灯佛；其上有佛界，有无数尘埃环绕，具各种香气如莲花界，呈狮子形，具珍珠妙顶纹，住有狮子光佛；其上，有由三尘环绕世界，具宝续妙相、香气边，有花串庄严，称善宝照日云界，住有无垢智光佛；其上，有具各色明光世界，金刚岩海，呈莲花形，有金刚庄严，住有金刚光力无限精进佛；其上，有甚光花轮界，呈睡莲形，住有喜香光力海佛；其上有善界，称具诸相者，呈四方地之宝幢庄严，顶如宝冠，住有遍相光主佛；其上，有庄严光界，由各种花瓣组成，如同建屋，绘有各色衣裳、珍珠，住有喜海力知名自在光佛；其上，正源荣光界，为千声边，具各种宝物、莲花，由花网环绕，住有大名海智海宝幢佛；其上，有具妙声佛界，如意王轮，树木之边，如同梵天身，绘有狮子云，住有光相无限月佛；其上，有金刚宝幢佛界，珍珠连串，宝边庄严，住于宝海，边呈椭圆形，各色香宝庄严，住有法海遍胜王佛；其上，有地边色相界，呈金刚石月形，住有法性无边佛；其上，有相色界，为百光普照边，有香水海、花海，为雪域海住地，如花海沸腾，乌云缭绕，住有妙梵天佛；其上，佛界尘埃聚，称娑婆世界，十三佛界，细尘环绕，金刚地边，风之坛城，具各色莲花网，呈椭圆形，虚空天宫庄严，住有大日如来佛；其上，有尘埃聚佛界，称世间无尘光，有十细尘界环绕，为宝庄严边，海里有宝衣，呈金刚形，四周有金刚云环绕，住有圣法界佛；其上，有具诸光佛界，称油灯佛界，住有无力能胜妙遍相佛。

如此，说百余佛界及诸佛名称。花庄严圆满佛界及诸佛名称等，见于《华严经》和《持金刚灌顶经》。于第四洲之诸佛名称，有义成、乔达摩、释迦牟尼、月坛城、圣仙人、狮子吼、灭外道、大沙门、胜固仙人、大日如来等一万。

此佛界及周边，东边有四洲护住；南方有四洲难忍住；西方有具亲住；北方有四洲狮住。东北方有相积住；东南方有喜梵住，西南方有圣要住，西北方有地藏住。下方有具光住，上方有持宝住。于此界，据说有具律等上万佛。以上诸界，各有一万佛。如此，于千万四洲等各有佛一万。

娑婆世界及周边，皆有此等佛界，东方有具盖住；南方有增上住；西方有尘明住；北方有种源住；东北方有作轮住；东南方有有益住；西南方有普贤住；西北方有遍喜梵住。其下方有巨人住，上方有发声住。于此，有勇宝幢、妙源、一切住等。如此说。另外，要知十方佛界、法界，如虚空般无限。如此说。

第二节 分说娑婆世界

分说娑婆世界分二，娑婆世界总相与四洲、须弥山、日月、诸天等相，以及人类世界。此等易于理解，故，在此分说。

首先，《俱舍论》云：第四洲、日月、须弥山、欲界天及梵天界有千，为小千世界，其上是二千世界，之间是世间。之后是三千世界[2]，皆同生灭。如此说。四洲、须弥山、日月、四大天王[3]、三十三天[4]无法战胜。

自喜足天，至梵天界之间是小千世界。小千世界是，大千世界的二千，是二千世界。一千个二千世界，是三千大世界，即娑婆世界。这些组成元素为一。如此说。

这些如何住？《知识宝积》上说：风依虚空水依风，大地依水有情依大地，有情之情皆如此。外部器世界之下，是风之坛城十万个六百万。因众有情业力所致，逐渐形成虚空下的风之坛城。其厚度有六十万由旬，广度无限，坚不可摧。其上，水之厚度有十一万一千零二十由旬。如此，因众生总业力所致，风之坛城积金云而降雨水。水坛城，厚度十一万一千零二十由旬。有些人说，因业力所致，如人饮食消化。另外，如有引力，地上、地下及周边之水不会下坠。如此说。以上二者，是一切三千大千世界之根本。又说，大地、山、洲等皆如此。说风坛城之厚度及无限广度，成一切之根本。又说水与大地之厚度与广度，得见各有不同。

又说，总业力所致，因风搅动水之故而生大地，如牛奶搅动后出酥油。水外厚达百万由旬，其余成金。于水之上，高三十二万由旬处，由金自生大地。水与金坛城，厚度有十二万三千一百由旬，二者皆无边，成三境。

又说，三百三六万又三百五十万由旬之中央，有须弥山，因总愿力所致而生大海，又生如花瓣之各洲、天人、有情等。

其二，从四洲之天界等来说，有持双山、马耳山、象鼻山、善见山、担木山、持轴山及持边山。诸山与洲，依大地而生。须弥山位于中央，有七山环绕，最后是持边山。其中，持双山等七座是金山，周围是铁山，须弥山是宝山，是金、银、蓝宝石及水晶自生，也有说红宝石者。赡部洲之虚空为蓝宝石，故呈蓝色。说虚空之色如一。

又说，因降雨之故，大地之种子被风吹散，被黄金等吸收，生山与洲等。须弥山，水下有八万由旬。水面上，也有八万由旬。厚度有高度之一半。其间有七海，首先是八十千海，这是内部之海。海平面的三倍，是其他海的一半，其余是外部之海。其余海至持边山之间，是外大海，盛满咸水。其宽有三十万又二十二千由旬。如此之海，本未有四分，然称四海。

说，此为三面赡部洲，二千由旬呈马车形，一面长有三个半。即，除南面以外，其余三面，各有二千由旬。南面有三个半由旬。其形如马车，坚固可靠，依山而坐，如山顶建屋。东胜身洲，呈半圆形，三面，一面有三百五十由旬。如此说。所见之面，有三百五十由旬，三面，如同赡部洲，外形呈半圆形。牛贺洲呈椭圆形，有七个半千由旬，中央两个半由旬。如此说。西牛贺洲，周长七个半千由旬，直径两个半千由旬，外形呈椭圆形。俱卢洲，呈四方形，各边有一百由旬。如此说。一面有两千由旬，周长有八千由旬，外形呈四边形。以上为四洲。其周围有八小洲：身与胜身、俱卢与俱卢月、拂尘洲与另拂尘及焰洲与善道。如此说。身与胜身，是东胜神洲的左右两个小洲，呈半圆形；俱卢与俱卢月，是北俱卢洲的左右两个小洲，呈四方形；拂尘洲与另拂尘，是牛贺洲的左右两个小洲，呈椭圆形；焰洲与善道，是南赡部洲的两个小洲，呈三角形。

　　日月依何而生？依风而生。总业力所致，虚空中生风，成日月星辰行，如山体转动。日月有多远？说："有须弥山之一半。"运行轨道，高同持双山顶。有多大？说："五十一由旬。"如此，月有五十由旬；日有五十一由旬。日下，由火之水晶石组成，现高温之气；月下，由水晶石组成，现凉爽之风。星辰之大小，位于十八由旬至三由旬之间。

　　日月二者，如何对四洲发挥作用？说："半夜日落，半日又升。"于俱卢洲半夜时分，东胜神洲已日落；赡部洲晌午时分，牛贺洲开始日出。这是根据昼夜平分计算的。

　　中央须弥山有几层？有四层。说："间距有一万、十六万、八万、四万及两万者，其间住有持盆夜叉、持鬘夜叉、常醉罗刹及四天王等。"如此，须弥山有四层，一层有持盆夜叉，二层有持鬘夜叉，三层有常醉罗刹，四层有四天王等诸天。另外，也说七山者。说，双持山等处，有四天王之随从等。

　　须弥山顶，有三十三天，一面有八万由旬。高度如何？说：

"每一面有八万由旬，有些面有两万由旬。四面，四方每一面有两万由旬。绕一圈，有八万由旬。八方，四层，住有持金刚。"须弥山顶，四面八方，高五百由旬处，住有持金刚。又说："善见城，面有两千五百由旬。一个半由旬，由自生黄金构成。"中央有帝释天善见城，一面有二千五百由旬，高有一个半由旬。大地，有百器装饰，又如羊毛般柔软。此地为全胜者，面有二百五十由旬。

天宫中央，有善见城，由各种奇珍异宝构成，面有二百五十由旬。说："外部有众车苑、粗恶苑、杂林苑及喜林苑庄严。"四周，说："二十断后有善地。"林苑四周，二十由旬处，有众天游戏处，美妙山地。"东北方有全集，西南方有善法。"如此，东北方，有聚集一切大香树，众天游戏处，树根有五由旬。高有一百由旬。树叶覆盖五十由旬。香气，顺风传五百由旬，非顺风传五十由旬。其上，是无量宫。三十三天以上天界，至无云之间是风和宝地等天城。三十三天，其上各天界之间距离，说："界与界之间有多长，以上皆如此。"如此，四天王住地至赡部洲之间，有四万由旬。以上，至三十三天，有四万由旬。从此，至下方赡部洲有八万由旬。如此，三十三天至离争地之间也有八万由旬。以上，至喜足天，有六十一万由旬。喜足天至幻喜天有三十二万由旬。以上至他化自在天，有六十四万由旬。在此，欲界，赡部洲无变化。非指各自之下界。如此，梵辅天和大梵天之间，无如此距离。克什米尔[5]分别论者(ཁ་ཆེ་བྱེ་བྲག་ཏུ་སྨྲ་བ་)说：梵辅天是大梵天的近侍，故称梵辅天，如同婆罗门诵吠陀者跟前有其他婆罗门。如此，梵辅天与大梵天之间无间距之说法。此地，被认为是十六色界。天下分别说者 (ཐེག་ཆེན་བྱེ་བྲག་ཏུ་སྨྲ་བ་)，认为二者有区别。根据前者，善见天至下赡部洲之间，有四百一十八亿三百零四万由旬。善见天至色究竟天之间，也有如此距离。赡部洲至色究竟天之间的半程，是善见天。无著大师和阿罗汉菩提善认为，各界之间有四万由旬，善见天至色究竟天之间，有六十八万由旬。色究竟天之上无其他天，这是最

后，故称色究竟天。又说，诸龙主要住于大海，小海中也如此。阿修罗，住于须弥山内和山间。须弥山第一层，住有持宝盆夜叉，称持盆界。第二层，住有持鬘罗刹，故称持鬘界。第三层，有常沉醉于花酒、葡萄酒者，故称常醉界。第四层，有四天王，称四天王界。三十三天，是因为有主天三十三尊：八财神、十一凶神、十二太阳子、娄宿二子，故称三十三天。又说，善见城四面，各有八天城，各住八天臣，中央住有帝释天，故称三十三天。又说，动心地、醉游戏地、齐动地、花果、雪域等，传于赡部洲的地有三十三天。这些是《正法念处经》所说之三十三天。离争，是远离了阿修罗之争斗而得名。如此争斗，三十三天以下皆有，以上没有。在此，总说用于分说。又，天女之随从，或天之子女共生而名曰共生地。又说，依风之坛城，生诸宝自性地天城。其上，也是天城，十地自在弥勒佛，于此讲解大乘佛法而得名喜足天。《正法念处经》与《白莲经》上说：

多闻而持法，
具智而解脱，
喜念善知识，
将生喜足天。

其上，享用自己的幻化神通，故称幻喜天。享用他人化身，故称他化自在天。在此以下，追求欲乐，故称欲界。另外，说："对对相拥与牵手，笑观此等是媾合。"四天王等三十三天，如同人类媾合；离争天，牵手即成；喜足天，也是牵手；幻喜天，以笑足欲；他化自在天，相互观望即可满足欲望。诸欲界天出生时，其身量与五岁至十岁孩童等同。四天王，出生时有五岁孩童大。如此，据说诸欲界天神，出生时有六、七、八、九、十岁孩童大小。其上，是梵天界。有梵辅天、大梵天，是为一禅天。其上，因具少许光，故称少光天。光甚广，称无量光。光特强，故称光音天。一禅天，有光，非自生身光。二禅天以上，色身内外具自然宝光。住于一禅天，于二禅天以光取名。其上，以意念于各地生小善，称小善。得无量乐，称无量善。乐续兴，称兴善，是为三禅天。其上，是如云地，无禽类，称无云。修四无量而生福资粮，故称生福资粮，是转生于他处的凡夫中，成大果者。又说，此与无意识诸天，住于村落与寺庙，因修产之故而身材魁梧，心无悔，称无苦；具善知识，称意足；知识广博。观见极善，故称善见天。与其他各地的关系，不成为任何地之下方，故称色究竟天。如此，四禅天有八地，前五地称净地。这些是色界。具自发光，身甚妙。这些大小，同须弥山顶。有些人认为，可上下分二，上部略大。一禅天，等同于四洲大小；二禅天，同大千世界；三禅天，同二千世界；四禅天，同三千世界。有些人说，下三天同三千世界，四禅天以上是无量界。色界诸天，《俱舍论》上说："色界诸天，着世俗衣者。"据说，身量圆满，着衣而生。如虚空无边，灵魂无边生，所谓有无、是否等，皆指于各道禅修时，依果而得片刻心静状。说，心依无色界，无上下之分。心识停留何处，随即住之。阿拔耶（）大师所说，为破无慧根者而造，并非真无色。《解脱经》上说："无色界众天，向世尊献花，如天降暴雨，无法计量。"总之，外部器世界与内部有情众生，皆依因缘而生。

诸佛世界具妙相，
三界及其世间相，
如何产生如何住，
综览概况在此说。

释迦王统——众生宝冠日月宝串之外部器世界，是为第一部。

知识宝库百叶园，

诗词美妙如花蕊；

贤者善言如蜂蜜，

诸贤具智来采摘。

第三节　赡部洲

其三，分说出圆满千佛等赡部洲，比其他更为殊胜，七火一水等不能参比。其洲中心，有四金自性，其上有菩萨住，如金刚般坐禅，正成金刚座。《母续》上说：有他方无法比拟者，诸多闻子住于金刚五顶角，中央角中生菩提树。众大乘者，住于交杵金刚，四角中央顶部，起初就有由佛祖加持过的四塔作钉。认为中央生有菩提树。诸佛出世时，虽是一树，然各见异相：拔达利者，宝髻佛时期，称拔罗娑；毗舍浮佛时期，称阿修达；除邪思时期，称伏魔树；灭累佛时期，称迦毕达；金寂佛时期，称赡部树；饮光佛时期，那耶多达；释迦牟尼时期，称菩提树；弥勒时期，据说变龙树。如此，依《经》撰述。另外，有与此不同说者。赡部洲之东南大地，邻近大海。此处有妙山，住有世间自在。二者之间，有大海隔开。西北方有圣地香巴拉，有法王资粮依。东北方有五台山，为文殊菩萨之圣地；二者之间，有雪山环绕。另外，鸡足山、比吉山、雪山、香山及檀香园等。有仙道山、杂日杂山等，有二十四圣地等许多。《俱舍论》上说：从此，往北是黑山，九座之后是雪山。如此，此赡部洲有三座黑山，之后有三座，之后又有三座，经过九座之后，便有雪山。

《俱舍论》上说，于香积山之彼岸，有长宽各五十由旬之湖。雪山的对岸，香积山的这边，有玛卓湖，是恒河[6]、信度河、徙多河及缚刍河四河之源。此湖，边长五十由旬，宽五十由旬。积具八支水，水中生香果树，正成赡部金水壶，故名赡部洲。另外，此洲有十六大城。《密经》上说，吐火罗、汉地、晋域（གདུགྱལ）、喜马（ཧི་མ）、浦乃德（པུར་ནད）、岗波兹（གཟའ་བོ）、巴卡（བལ་ཀ）、朗东（གླང་གདོང）、胡那（ཧུ་ན）、外东（ཝེ་སྟོང་གདོང）、古德卓（དགུགས་ཏེ་འབྲོ）、秀托（གཤོག་ཐོག）、裸城（གཅེར་བུ）、乃那（ནེ་ན）、朵久（རྫ་ཕུག）及洛扎德（ལོ་བ་གཏད）。中央，有六大城庄严，娘果（མཉན་ཡོད）、藏拔迦（ཚལ་པ）、有闻、迦毗罗、王舍城及波罗奈斯。如此，神圣洲，大海相隔而成陆地，故称洲。又有转法轮六城：

有闻定居赡波伽，
波罗奈斯广严城，
王舍城等是为六，
此等大城为六城。

如此说。

注释：

[1] 四洲，按佛教典籍《俱舍论》的说法，在无边无际的宇宙中，我们居住的世界包括四大洲、八小洲、日月星辰等。其中的四大洲为：东胜神洲、南赡部洲、西牛贺洲、北俱卢洲。每一大洲又有两小洲，总计八小洲。这些大小洲之间有七个海，外面的周围为大海。上面的天空中有一层层的天环，日月星辰运行其上，还有太阳的十二个住处。是对宇宙世界的描述。详细情况请看《俱舍论》第三章。佛教的时轮论及其注释中的说法与上述《俱舍论》的说法有所不同，详情见历代藏族学者所

著有关时轮论的作品。

[2] 三千世界，按佛教典籍《俱舍论》中的说法，具有完整的四大洲、诸小洲、日月星辰的世界一千个称为第一千世界，一千个第一千世界称第二千世界或中千世界，一千个第二千世界称第三千大世界。

[3] 四大天王，按佛教典籍《俱舍论》的说法，上述四大洲的中央为山王须弥山，山有四面四层，第四层的东面有持国天王（身为白色，手持琵琶）；南面有增长天王（身为青色，手持宝剑）；西面有广目天王（身为红色，手持长蛇或一赤龙）；北面有多闻天王（身为绿色，手持宝伞）。这四个天王各带自己的许多侍从护持所管方向的佛教。详见《俱舍论》第三章对世界的描述。

[4] 三十三天，按佛教典籍《俱舍论》的说法，在上述的山王须弥山顶上有与山顶相接的欲界三十三天，即八财神、大自在天十一、太阳守宫神十二、娄宿二子等，通常称为三十三天。以上所述大自在天、太阳守宫神、娄宿二子等见于《俱舍论注释》（通常称为《青浦宝库》）的第三章。

[5] 克什米尔，又译迦湿弥罗，东面与我国西藏阿里接境，南面与印度相连，西面和北面与巴基斯坦连接，人口大多数是迦湿弥罗族，信仰的宗教在释迦牟尼灭寂前是迦湿弥罗教，释迦牟尼灭寂以后不久，日中阿罗汉前来此地弘扬佛法，从此该地主要信奉佛教。例如，《大唐西域记》中说，当时此地有一座有五千小乘比丘的大寺院，还有佛牙等物。唐三藏还曾听当地的高僧比丘讲说五明及大乘经典。从佛法在藏地初传到12世纪末伊斯兰教的军队占领南印度以外的中印度和西印度以前，克什米尔地区主要信奉佛教，西藏许多著名的藏族大译师都曾到克什米尔学习佛法，这见于他们的传记和许多史籍的记载。此外，闻名西藏的克什米尔夏喀玛花（即藏红花）的花瓣和叶子是藏医不可缺少的药物，此地还出产在释迦牟尼在世时就已闻名于世的迦尸迦布和称为透明天衣的纺绸。参见：蔡巴·贡噶多吉.红史[M].东噶·洛桑赤列校注.陈庆英，周

润年译，拉萨：西藏人民出版社，2002.注释61.

[6] 恒河，在印度外道典籍中的故事说：大自在天有两个妃子，一个叫仙女邬玛，一个仙女岗噶，仙女岗噶变为一条大河的身形最初降临人间时，落到冈底斯雪山上，分为七条，冲破雪山，大声喧闹，流向大海时，在雪山中修定的一位名叫扎哈努的仙人因水声打乱他的修定，大为愤怒，将岗噶化身的大河一口喝尽。后来，有个名叫都巾巴的国王的六万个儿子死后转生地狱，这以后的第五代国王格丹香达为了使自己的祖父们（都巾巴的儿子们）从地狱中解脱，想让岗噶化身的大河流出来，他克服了许多困难，取得大梵天的欢心，然后向大梵天请求。大梵天下令让岗噶流向人间，岗噶却不愿流出。大梵天说："你为何不听你祖父的命令？"于是把岗噶装进自己的头发中，岗噶想跑出来，在里面转了仙界的一千年也没有找到头发的边界。后来，格丹香达国王又向大梵天请求，大梵天把自己头发拢地，岗噶化身的大河落了一滴到冈底斯雪山上，立即成为一个大湖，又变成七条大河：从冈底斯山东南面像大象嘴一样的崖中流出的是恒河，从西面像马嘴一样的崖中流出的是缚刍河，从南面像孔雀嘴一样的崖中流出的是印度河，从北面像狮子嘴一样的崖中流出的是悉多河，此外还有格河、称巴河、那勒那河。其中的恒河经过雪山流到地下，把在地狱里的都巾巴的六万个儿子的恶业冲洗掉，使他们从地狱转生善趣之道。因此，恒河的名字又叫格丹香达河，也叫大梵天头发河。

第二章 众生起源

众生之起源有二：总说与分说。

总说有二：如何出现与身量等。

第一节　总说

具光天神，因减寿、业及福资粮而转生一禅地无量宫。因孤独难耐而祈祷：愿与吾同劫者，皆转生于此。虽非祈愿所致，然二禅地之天神失寿、业及福资粮者死后转生于此，显乌鸦与多罗身。因此，首生者体壮且具大舍心，后称大梵天、先祖及主。诸外道称：生于金莲，故称具

金要者，或莲花生处。后，身体逐渐变小，视作福资粮所致，进而有了轮回。之后，逐渐出现了梵辅天、梵众天等欲界之神。之后，逐渐出现了北、西、南各洲之人。此后，于三洲有了大、中、小善行而逐渐转生了恶鬼、牲畜、地狱各道。何时新生有情，即为寿尽。二、三禅地，皆为如此。

其次，要说身量等。三恶趣，身量未定，也未见于《俱舍论》。《地本经》（སའི་དངོས་གཞི།）中，只说于三恶趣，身量依罪恶大小而定，如此云云，未有详载。赡部洲之人，其身量大约四肘长，小约三个半肘长。所谓肘长，为细小微粒堆积而成，非指各自之肘长。《地本经》上说："赡部洲之人，身量未尽统一。有些大而有些小。约有自己三个半肘长。"

东胜神洲、西牛贺洲及北俱卢州，身量分别为八肘、十六肘、三十二肘长。这些依赡部洲之肘长而说。《地本经》中说：于东胜神洲，身量已定，有各自三个半肘长，甚大。如此，于西牛贺洲与北俱卢州，身量巨大，有各自之三个半或四肘长。各小洲之人，据说其身有大洲人之一半。岗瓦贝大师（སྦྱར་དཔོན་གང་བ་བཟང་།）也说，八小洲是因恶业所成，故，住此之人也身小。欲界六天的身量，是四天王的四分之一闻距。他化自在天，是一个半闻距，自下而上生四分之一闻距。根据《地本经》，诸三十三天，其身量大于四分之一闻距。帝释天，其身有半个闻距。自此以上，皆增生四分之闻距，以此类推。

阿修罗界，据说其身与三十三天同。

诸色界天，首先，梵众天之身量是半个由旬。梵众天以上，梵辅天、大梵天、少光天等，其身量按半由旬逐渐增生，分别是一、一个半及两个由旬。无量光以上，身量加倍变大。但是，无云天减三由旬，这个比较特殊。无量光为四由旬。光明天为八由旬。少善天为十六由旬。无量净天为三十二由旬。善广天为六十四由旬。无云天，为一百二十八由旬，减三后为一百二十五由旬。生福天为二百五十由旬。大果天为五百由旬。

巨人天为一千由旬。无烦天为两千由旬。善现天为四千由旬。甚高天为八千由旬。色究竟天为六千万由旬。无色天无色，故无身量；即便有化身，也无法估身量。

寿命，北俱卢洲，享寿千年。东二洲，逐渐减半，是五百和二百五十年。赡部洲，寿命不确定，最终最短时是十年。最初是无量寿，依次逐渐减少变化而来。欲界天，其寿命是人间的五十倍。欲界天之最下者四天王的一天，是人间的一个月，十二个月为一年，故寿命为五百年。

四天王以上，三十三天，日月年皆变双倍，如此，人间一年是三十三诸天的一昼夜，故享寿千年。

他化自在天，一昼夜是人间六千一百年，享寿六千万年。

按人间寿命计算，第一层，是九百万年；第二层，是三千六百万年；第三层，是一亿四千四百万年；第四层，五亿七千六百万年；第五层，是二十三亿四千万年；第六层，是九十二亿一千六百万年。若说三十三天以上无日月，故无法以昼夜计算时间，也不成立。虽无日月，然有花开花落，有鸡鸣声，有睡眠等，如日月交替。一切由身光而定，故不违背常理。

阿修罗之寿命，据说与三十三天同。根据《正法念处经》的说法，一昼夜有人间五百、六百、七百年，故各自寿命有五千、六千、七千年。净心天之寿命，无记载。色界天，无日月，故无法计数。色界天之寿命，以自身大小丈量由旬，以劫计数。说：

一层色界是半劫，
以上递增半个劫，
少光天及以上者，
寿命皆成倍增长。

无云去除三劫。虽有如此诵法，然《母续》等部分经典中，善现天与善见天错位，于善现天之后宣说色究竟天。寂天大师也说，善见天和善现天之寿命，依次是四千、八千劫。四色界天，依次是二十千年，四十千年，六十千年，八十千年，是为二万劫。至此，是否皆是中劫或大劫？少光以上是大劫。少光天下大梵天以下，是半个大劫，是四十中劫。若非如此，大梵天未死前，外部器世界起火而灭。因此，梵众天二十中劫。梵辅天六十中劫，又减二中劫。外部器世界生灭，需一中劫。外部器世界未形成之前，梵天未生，器灭前梵天已死。因此，大梵天与少光天之寿命之间，有一百中劫。《地本经》中，中劫二十、四十、六十组成一劫，三梵众天等的寿命为一劫。

三恶趣之地狱寿命，一说与六欲界天同。一说六层地狱昼夜同，四天王寿命五百年同地狱一昼夜等，以此类推，三十昼夜等于一月，十二月等于一年。等活地狱等的寿命，与五百、一千、两千、四千、八千、六万年的欲界天寿命相同。

在此，等活地狱之一昼夜，有人间九百万年；五百年，有人间十六万年，以此类推。广焰地狱，是半个中劫。无苦地狱是一个中劫。诸牲畜，寿命短者无确定之说。寿命最长者，可达一中劫。《经》中曰：众比丘，八龙是大龙，能活一劫，持地鸟王入天，于天与阿修罗界享年。八龙王分别是：喜龙王、近喜、马头、施持、意生、护国、大黑和阿赖叶。最短者，瞬间即逝，有如此寿命者。诸恶鬼，人间前半月是白天，后半月是夜晚，因此，人间一月是恶鬼的一昼夜，依此计算，能活五百年。根据《劝诫亲友书》中说：苦因无中断，恶行及业力所致，如同被网所困，部分有身五千年或一万年不死。这是根据人间时间计算的结果。根据《正法念处经》所说，人间十年是恶鬼的一昼夜，依此计算，能活五百年。如此，五百年等于人间一百九十万年。根据《地本经》中所说，牲畜与恶鬼之寿命无法确定。如此，说地狱众生之寿命不确定。寒狱之寿命，有人认为，每层以一百年增长，泡地狱等，要乘以二十，越往后越长。《地本经》中，生于寒狱中的众生，其寿命长短之计算方法是，从大地狱开始每层减去一半，以此类推。对此，有些人认为，焰狱的一半。根据《寿终经》的说法，六寒狱长于六焰狱。如此，众生于中阴生时不死，是否与寿命同？俱卢洲诸天，能活千年，因中阴生不死。除了俱卢洲天，其余于中阴生有死。然非定论，只是概论。以上依《俱舍论》而作。在此未说，《假立》所说内容概要如下：

饥渴四洲欲界天，
之上是无余三洲，
食用米粥而生肉；
食粮俱卢洲诸天，
食用不种之果实；
欲界天食香甘露，
以上不食任何物；
排泄等事四洲有，
以上没有诸欲望；
行善以及行恶等，
灾害丰收饥荒等，
三洲是有俱卢洲，
欲界以上非是有。
惧与心悦触觉等，
三洲是有欲界等，
俱卢洲及以上无；
财宝粮食金银等，
三洲是有俱卢洲，

诸天世界是非有；
面有黑白蓝等色，
三洲是灰欲界天，
蓝黄红白俱卢洲，
梵天界等为白色。
专建与不建房屋，
三洲欲界皆是有；
俱卢洲与色界等，
专建房屋未是有。
帆布以及丝绸等，
三洲皆有俱卢洲，
欲界六天至余天，
以致六十四天间，
皆为蓝黄红白色。
据说源自如意树，
色界生有衣裳等，
大过自身两倍者，
据说穿戴如此衣。
嫁娶子女世俗事，
三洲欲界天是有，
俱卢洲及以上无；
身受冷热知觉等，
三洲皆有俱卢洲，
众天已是戒除尽；
春夏秋冬时节等，
四洲欲界都是有；

以上是无昼夜与，
父母等是也如此；
王臣之说三洲有，
俱卢洲与以上无；
财宝粮食也如此，
有粮无财俱卢洲，
有财无粮欲界等，
二者皆无以上是。
父母青稞粮食等，
皆是贪心三洲有，
只求粮食别无求，
俱卢洲及欲界天，
以上众天无贪念。
月经身孕生子等，
四洲皆有众天等，
如是积生精液源，
是人欲界依风吹；
寿与身及媾合等，
经上是有不再说；
天界天等享用事，
依经如实在此集，
要明了有如此说。

第二节　分说

分别说有二，人类如何起源与转轮王之历史渊源——释迦族人在印、蕃的出现，王统世系如何等。

首先，上界众天转生于欲界，逐渐生禅心。因转生欲界之故，逐渐转生为欲界天、阿修罗、人等。自其他各界，因业力而转生于欲界者，逐个出现，变为六道之众生。四生：分别为胎生、卵生、化生及湿生。

转轮王之历史渊源——释迦族人在印、蕃的出现，王统世系如何等。对此，《阿毗达摩集论》《俱舍论》以及无著所造《五部大论》等经典里，有特别详细的记载。只是一些琐碎细节上有所不同，然无大异。根据《阿毗达摩集论》之说法，众人皆生自光明天神。最初，有一依自生之光生而入虚空之天神。《俱舍论》上说："最初众生如色界天。"这些被称之为众生。此时，有名叫地之甘露者，色如酥油，味如蜂蜜，遍布世间各地。此时，只有自身的光，别无日月星辰、时节、男女等。有一好食有情，取地之甘露而食用。对此产生贪欲，故逐渐使用地界之食物。此事被其他众生看见后，也开始品尝，逐渐对此产生了兴趣。如此说。因食用地之甘露之故，身体边重，并失去了身色和光。此时，根据一般规律，出现了虚空、日月、星辰等，瞬间、顷刻、时节、日夜、半月、月及年等。此后，众生食用地之甘露而长寿，生存了很长时间。他们当中，食用过量者相貌丑陋，少食者相貌英俊。如此，出现了傲慢之心，相互攀比而生善恶分别。此时，先出现了傲慢心，又行恶而失去了甘露。众生得知后说："没有味道！没有味道！"然因愚痴而不知其原因。又出现了地味，其颜色、味道丰富，形如花卉，挤蜂蜜，众生开始食之。依靠它长寿，生存了很长时间。虽食用量不同，然相貌俊俏，差异逐渐消失，故地味也就消失了。又生芽园，如迦兰树花，味丰富。食用它而活了很长时间。又因生傲慢而失去了芽园，相互争夺领地。此时，生不种之果，其果无皮而清净，颜色、香味丰富，大小如手掌，无任何遮盖。此物可随时收割，随即长出，无穷无尽，众生依此而生存了很长时间。因长期食用界之食物，增烦恼业而出现了性别差异，有了男女之概念。这些相互观望而产生了欲望，最终因情欲之故而交配。这是首次出现贪欲。其形被众人得见，认为不雅而投来土与碎石等，于是戒除了七天。不守戒律者，修建房屋而行事，故称房事。此时，世间首次出现了房屋。一些懒惰的众生，提前取走属于第二天的地味。其他人得知此事后，也效仿他们取走第二天的食物，甚至有人取走第七天的食物。又有一些人觉得这种做法可取，于是就取走了半个月或一个月的食物。由于开始积累了许多食物，所以，生于谷物被糟糠包裹而不再重生了。于是众人集会商议，讨论之前的地味及谷物等，并开始开垦农田。土地被划分成若干块，开始私人占有土地。此时，有人抓住了偷盗者，把他们带到众人面前，说"他们不该偷盗他人财物。"众人劝说那人，以后不该再偷取他人财物。那人却说："你们不该把我抓来审问！"如此进行辩解。于是众人商议，以后可能会出现此类事件，我们应该从众人中选出意为英俊、有福德者，把他封为我们的农田之主。由此人来惩罚犯错之人，对行善者进行奖励，我们给予他庄稼分成。如此决定。有福之人，被众人供养，收取庄家分成，此人称众敬王[1]。《俱舍论》上说："因懒惰而积累，偷盗擒获而封田王。"成为农田之主人以后，治理衰败者，是王者。依法治理众生，习得知识，故称王。此时，人之名曰众生。此时，出现了四或五个种姓。对此，《经》上曰："统领一切众生"以及"过去的一切众生"等语句来表示。说，因征战而亡，因脏乱而苦，喜欢三门清静和修行，干净的人们生为婆罗门。众人务农，积累财富，具有很强廉耻之心，自己拥有财富的同时喜欢施舍救助，善于为众人谋求福利者，生为吠舍。又有许多众生，无羞耻之心，捏造事实，无敬畏心而邪行，依靠上一级

种姓生活，生为首陀罗。许多众生非常愚昧，远离善行，无任何廉耻之心，行被世人耻笑之事，远离善行，故称首陀罗。

因行为各异而分为了四或五种姓。《俱舍论》上认为，有佛法，行善，道德高尚，治理下属者为王。成为农田主者，是为刹帝利。心向外界，穿着干净者，是为婆罗门。行各种烦恼事者，是为吠舍。行恶行者，是为首陀罗。非常贪心，好杀生，令人厌恶者，是为贱民。

诸外道说，最初有金蛋，从蛋中生出了梵天。因此，梵天是创世之主。从前有梵天意蛋，如同黄金，出自莲心。从蛋中生出一四面、长发人。从四面生出四洲，再生四洲之享用者众有情。从梵天之心生婆罗门；从双臂生刹帝利；从双腿生吠舍；从足底生首陀罗。为利益众生，从四面宣讲四部吠陀：《耶柔吠陀》《黎俱吠陀》《阿达婆吠陀及娑摩吠陀》。说"梵天之四部吠陀，是为众生之所依处"。如此，四种姓、世间、四洲及四人种陆续出现。

众敬王之子，名曰光美。此时，人名曰"过来"。其子为善者，此时人名曰耕作者。其子为妙善，此时人名曰云隐。其子为长净圣，此时人名曰多脚贝叶树。

以上四王，为第一劫时的四部王。此时，相对于末劫而言，众生一般心善，本性为善，从无道有，听闻善言，无世间法令。

长净圣王头顶，生有肉瘤，像棉花般柔软，无害无痛。肉瘤破裂后，从中生出一妙子，有三十二妙相庄严。因生于头顶，故称顶生。他出生后，长净圣王的六万妃子皆自生奶水，以喂养之，故称自乳轮王。他的宫殿，称不能侵损宫，东西有十二由旬，南北有七由旬，如帝释天宫。这是第一劫时，转轮王之第一座城市。自乳轮王的春宫，称月明宫，有众多王妃居住，有檀香树围绕。夏宫，称蓝宝石精要宫，有贝叶环绕，有利于身心健康。东宫，称日光宫，有沉香环绕，体肤皆具香气。这些宫殿非常美妙，随心起风、降雨，且充满美妙歌声。自乳轮王游戏之时，能享年六帝释天之寿命。此时,长净圣王染病,无法医治。长净圣王命人叫来自乳轮王,转杯传位于他。在前来的路上听闻父王过世的噩耗,心想我需要接受继位灌顶,故前来是对的。此时,有夜叉天携带狮子宝座,其他人携带宝伞、宝冠前来,依正法进行灌顶。众神进行头饰、宝冠灌顶。又有被征服的庶民千人前来,依法进行王权灌顶。此时,有七宝出现,对此,《正法念处经》上说:一切依靠福泽而修成,宝轮非人工所制造,而由黄金自生成,大小有五百由旬,轮轴千层且美妙,向虚空日行十万由旬。《八千颂注释》上说:此轮非人工所造,有轮轴千层及轴心。在无转轮王出世时,放置于善法天跟前。若有转轮王出世,此时,把它洗净,进行开光,自善法天降于虚空之中。宝物,形如巨腿,有八角,大小一百由旬,发光,具有心想事成之效,于百余由旬之内能够祛除疾病。众人,不会于非死之时死亡,也不受任何灾害。王妃口出睡莲香气,触摸不会生烦恼,能除饥渴等苦。臣宝,一切事物不学自通,无烦恼,去除非善,对一切众生生慈悲而做功。象宝,非常温顺年轻,日行赡部洲三圈,善于在水、陆地及虚空中作战,具有千头象的力量。《出世经》上说:马宝,是具有孔雀颈者。根据《正法念处经》的说法,如睡莲与白海螺般骏马,瞬间能转赡部洲。根据《地本经释》的说法,为马王云力之幼子,身蓝而黑头。根据《名称经》的说法,西牛贺洲之桃花洲,有千匹马王围绕者,是为帝释天之马。户主,一切宝库存满金银财宝,听从国王之命,善于集中众生击败对方。《王子经》上说:宝库如眼,臣如随部之眼。七近宝中,宝剑,跟随国王左右,不出也可击败对手。皮宝,高有十个由旬,长有十二由旬,宽有七由旬,若想观看宝物及日月星辰,可降房顶,梦中可见善行,众天女弹奏乐器。衣裳,质地柔软且无味,身着此衣可除去饥渴、冷暖、劳累之苦,可抵挡火与利器。园林,国王前来时,天女与各种飞禽等前来,可尽情享用。睡衣,可增智慧,不生烦恼,如坐禅而得道。鞋子,穿上后不染淤泥,瞬间可

达百余由旬而不觉劳累。另有金银、蓝宝石、水晶石、金刚石及红珍珠等七宝。自乳轮王,一段时间走访民间时,发现众人在农田里耕作,于是问:"为何?"答:"为生产如药物般的粮食。"国王心想,若能从天空中降下二十七种之雨,那多好啊!此时,众天降了种子雨。又降布料、羊毛等雨,在王宫内降了各种宝物雨。

如此,掌管王权之时,能享用六帝释天之寿命。王询问辅臣:"还有未被我征服的洲吗?"答:"还有东胜神洲。"此时,率领八千万军队、千子、七宝前去。有王子美王继承王位,自己前往东胜神洲,在那里度过了六帝释天之寿命。又去牛贺洲,至世尊出世,经过了六帝释天之寿命。又去北俱卢洲,享用那里丰富的资源,至世尊出世经过了六帝释天的寿命。之后,入虚空,于担木山度过了六帝释天的寿命。于持轴山,度过了六帝释天的寿命。于马耳山,度过了六帝释天的寿命。于持边山,度过了六帝释天的寿命。于象鼻山,度过了六帝释天的寿命。于善见山,度过了六帝释天的寿命。于持双山,度过了六帝释天的寿命。又入虚空,住于须弥山,山高有十六万由旬,八万位于水下,八万位于地上,一面有八万由旬。有龙前来挑战时,命它们从身前过去,于是从前方跑过。又有持盘、持珠各天前来挑战,命它们从身前过去,如此射出语箭,于是从前方跑过。四天王心想,该人王有大神通,无法战胜。于是,前去告知三十三天诸神:"人王自乳轮王来了!"三十三天之诸神带着供品前去迎接,至须弥山顶时,见蓝色的园林,如夏季之云。于是问:"那是什么?"夜叉答:"天神游戏处。"那里是众天神,夏季游戏之处。又于须弥山顶见如秋季之云白色,问:"何物?"众天答:"善法集会处。"来到善见城时,见四周有上万由旬,有七座金山环绕,城门有九百九十九,有门卫把守,众天前来迎接。于善法集会处,三十二天及帝释天,为自乳轮王修建宝座,迎请他进入。自乳轮王心想,他的座位肯定在所有人的最后,若有帝释天之宝座的一半该有多好啊!当如此发心时,随即出现帝释天宝座之一半，三十三天皆坐于其内。在那里，度过了三十六帝释天之寿命。此时，自乳轮王本身就是释迦牟尼，帝释天是饮光佛。如此，自乳轮王享用了一百一十四帝释天的寿命。关于帝释天的寿命，人间的一百年等于三十三天的一昼夜，三十天是一个月，十二个月是一年。因此，千年是三十三天诸天神的寿命。若依人间的时间计算，有三千零六十万年。自乳轮王统治赡部洲时期，人们依各自的心识行事，如此丈量，行各种业，因此，称心生。

在该六王时期，人们寿命无限无量。在名声无量王时期，赡部洲大小有八万由旬，有城六千万，有宝庄严宫，厚度与宽度各有十二由旬，由七层贝叶树环绕。这些也被各种自生宝苑环绕，被神奇、美丽、无人占领的八万园所庄严。又于赡部洲出现无量名声王时，于宝庄严宫，有摄政王增喜，如正法治理天下。自乳轮王和无量名声王，各有传记。依据《阿毗达摩俱舍论》之说法，众生有过来、有痣、云颈，以及贝叶足、心识生等，如此摄于此六者。

以下是，转轮王之总说与分说。《华严经》上说，转轮王之多宝王前来观见大日如来雪海佛时，见世间有数量相当于十海尘的转轮王统治。每一个转轮王统治的世界，其数量等同于须弥山海尘；每个世界，有相当于三千大千世界十海尘的转轮王。以下，每一个王统治二千大千世界海尘数量的世界；每个世界，有大千世界海尘数量的转轮王。（每一个王都是统治四洲海尘数量世界的转轮王）[2]以下，每一个王，是统治三洲、二洲、一洲海尘数量世界的转轮王，各有海尘数量的眷属。

如此解说各转轮之王。于此所说，乃是自乳轮王（ཞོ་ལས་སྐྱེས），他统治四洲、三十三天等，为帝释天之半个宝座。

其他四转轮王等出现之情，自乳轮王右大腿生出一肉瘤，破裂后生出一妙子，取名美王。自幼有大神通，是统治四洲的转轮王。从美王之左大腿生出一子，具有三十二妙相，取名亲美王，他统治三洲。从亲美

王右腿生出一妙相子，取名具美王，具有大神通，统治二洲。自具美王左腿生一具妙相子，取名亲具美王，统治一个洲。以上四王时期，人的寿命为八万年。《阿毗达摩俱舍论》所说转轮王，有八万多。转轮王的一切统治方法，皆无针对众生的相关法令。关于统治之策，根据《阿毗达摩俱舍论》有金、银、铜、铁转轮王。说：他们分别统治一、二、三、四洲，根据各自的实力作战，以武器战胜对方。如此说。转轮金王，与其他各王议和，统一指挥，如此治理；转轮银王，战胜了其他各洲，他率部征战时，除了北俱卢洲以外，其余各洲皆听命于他；转轮铜王，作战获胜，得到了他人的敬仰，他统治二洲，其中不包括牛贺洲；转轮铁王，有大象、车、马及步兵四部，分配武器后作战，战胜而得到了他人的敬仰，听命于他，除了东身胜洲以外，统治一个洲。

根据《阿毗达摩俱舍论》记载："一时无二，如佛。"一个时间段内，不会出现两个转轮王，这是因为无上福德和业丰富所致。诸王依正法治理世间，故无害。有情众生，生于善劫，多行善，不入非善，相互不行对生命有害之业，也不需要依据经典法令治理。以上五王，称转轮五王。此时，是圆满劫。

转轮王之亲具美王之子，是善王。根据《经》上所说，自他以来，转轮王皆为一洲之统治者。众生迷恋烦恼，行为不断变恶，不知所行，不念感恩，加害他人，兴起行骗之术，善劫逐渐变弱，致使无法行善。诸转轮王逐渐失去勇气，不再出世，故，出现了力转轮王等。他们的治理方法，是根据经典法令而治。

沙门和仙人等，如何以智慧救护外部器世界和内部有情众生之情，如经典所述，要把自他皆变为利乐。若不如此，不可行，自他二者不可变为利乐。要符合世间之法，诸王听闻并了悟，依此治理各自之王政。

转轮王亲具美之子为善王，其子为妙善，其子为出续持、分支、分支车、去恶、具缘车、海、海之子、大海、夏谷尼、大夏谷尼、吉祥草、亲吉祥草、大吉祥草、善见、大善见、甚得、大甚得、甚明声、大明声、作光、勇士、具山、有山及世间等。《经》上把光翻译为火焰、明、相等。光、具光、有光及遍光，如此共有三十。遍光之后代子孙，有王一百，生于普陀城，最后是破敌王。因能破一切之敌，故称破敌王。他的后人有王五万四千，出现于兵不破城，最后是不胜而胜王。

他的后人，有王六万三千。根据《阿毗达摩俱舍论》有三万六千，出现于波罗奈斯城，最后是难忍王。此时，寿命三万年，金能佛出世。他的后人，有王八万四千，出现于干毗兰城，最后是智胜王。以往的经典上说，过去时，于此赡部洲有王梵天施者，为寻求正法，献出自己的一切，故称梵天施。他的后人，有王三万二千，出现于大象城，最后是大象施王。他的后人，有王阿摩罗达五千，出现于石城，最后是拔勒布肩王。他的后人，有王三万二千，出现于变化城与胸行城，即睡龙海城，最后是灭具相王。他的后人，有王三万二千，出现于不胜城，最后是胜赐王。他的后人，有王三万二千，出现于迦尼谷粗城，最后是生智王。根据过去的说法，于赡部洲之北方六万由旬的地方，周边皆呈四方形，此时，他将成为赡部洲之王，称具法胜部。他的后人，有王八万一千，出现于杂木拔城，最后是龙之天。他的后人，有王五万五千，出现于贝叶宝串城，最后是人之天。他的后人，有王两万一千，出现于达摩累城，最后是海之天王。《生智》上说，过去，在无数轮回中，于此赡部洲出现自在天王海之天。如此说。他的后人，有王一万八千，出现于各地，最后一位王是洛追桑波。他的后人，有王二万五千，出现于王妃城，最后一位王是除暗王。《经》上曰：除暗王之子孙后代中，于波罗奈斯城出现了一百王，最后是自在天王。他的后人，有王一百，出现于波罗奈斯城，最后一位王是自在大部。他的后人有王八万四千，出现于具根城，最后一位王是海王部。他的后人有王一千，出现于普陀城，最后的王是能苦行王。他的后人，有王八万四千，也出现于具根城，最后一位王的

名称,以往的典籍中写作狮面王。他的后人,有王十万,出现于波罗奈斯城,最后的王称人主。他的后人,有王十万,出现于不破城,最后是持地王。他的后人,有王八万四千,出现于弥特拉城,最后是巨天王。他的后人,有王八万四千,出现于弥特拉城,此时有仙人修行,他们中的最后一位是周边王。根据《经》上所载,巨天王之子为定兴王,其子为周边王,其子为周边固王,其子为巨名王,直至虚空主为止。此《经》所说,与上述略有不同。周边王的儿子是王或总王,其子为固周边王,他的后人有掘王、亲掘王、具掘王及遍掘王,善现天和齐相,闻部与法部,分别心与大分别心,分别心部与无苦,离苦与稳部,喜成与愚福,黎明王、具尘、欢喜及遍喜,镜面与复兴等。复兴的儿子是遍兴,其子为妙生、具饮食,多具饮食及能仁,他人不能及常住,非常住与巨力,巨力弱与善智,永固骑与十弓,百弓及九十弓,弓王、弓妙及弓固,十车与八车,九十车等,细车与车王,以及车固等。

如此,出现了四十九代王朝,有王固车王及其子孙后代等,共有七万七千,出自遍相城,最后一位王是虚空主。其子为龙齐救王。他的后人一百王,生于波罗奈斯。其中,最后一位王是直直王。《经》上说,王龙护之子孙后代,出百王于波罗奈斯城,并于那里统治。在他们之后,出现了直直王。此时,无上世尊如来佛,众天人之导师,饮光佛出世。如此说。在此说有王龙护,其他地方又说王龙齐救者,二者同指一王。

饮光佛,生于泽达城(ཡུལ་འཛིན),父名婆罗门梵施,母名财主。其寿命长达两万年。他身具自生之光,能普照四周一由旬之范围。其子名曰舵手。该佛涅槃时,其弟子中,最具智慧者为拔罗哈擦(བར་ཧ་ཙ);最具神通者为星王(སྐར་རྒྱལ);最圆滑者为(ཀུན་རྒྱལ)为众人之善知识。转法轮时,第一次聚集了比丘两万;第二次聚集了比丘一万八千;第三次聚集了比丘一万六千。佛法住世达七万年。此时,正处直直王之子善生王统治时期。

如此，饮光佛于波罗奈斯之一幽林修行时，有次直直王前来供养。[3]此时，有外地二婆罗门前来仙人处请事。二人见直直王鲜衣怒马，物财丰厚，便问一居士："此番之力源何？"[4]居士答："此乃受持不畏八斋戒之故。"于是，二人在主水栖处受持八戒，并一同发愿：转生为一国王身。其中，一人因持斋圆满，修得正果而转生为直直王子善生王；另一人，因破斋之故而生于龙界，时受沙雨之苦。此人因不堪身心之苦而化作人身，于国王处重受八戒，后转生于天界。善生王之后人有百王，皆生于普陀城，末代之王为具耳王。其子有二，为乔达摩与波罗达杂。乔达摩见父王依正法行事，时而又不依正法行事，便心想：吾若继位亦便如此，其罪难逃地狱之苦，为何如此？于是向父王提出祈求，要求出家修行。于一修行处，向一黑仙人顶礼拜师而出家。跟随黑仙人苦修，食用坚果、树根，饮用山中之水等，故得名仙人乔达摩。不久，具耳王驾崩，波罗达杂继承了王位。一次，乔达摩对黑仙人说："于寺中常年食用树根和果子，对健康无益。"于是在得到了黑仙人的许可后，迁移至普陀城附近的一草屋内居住。此时，城中有一妓女名叫桑姆。有一名叫具左莲根支的男子喜欢桑姆，于是派遣一女仆携带衣物和装饰品前去传唤。当女仆前去传唤时，见另一个男子携带五百银币前来嫖娼。此时，桑姆心想：若拒绝这一嫖客，就得不到银币了。于是打发女仆说："你回去禀告主人，我今天没有空，改日再来。"把女仆打发走之后，决定与银币的主人过夜。午夜时分，男子具左莲根支决定前去桑姆处，便先派出女仆询问约会地点。女仆询问一妇女："你家主人时而有空，时而没有空，原因何在？"那妇女平时与主人有些过节，于是回答道："她不是没有空，而是穿戴你赠送的衣裳同其他男子过夜。"对此，男子大怒，便命那妇女把桑姆约至一密林处。见到桑姆后便问："你为何如此行事？"答："吾等女子下贱，望大人恕罪！"然男子一气之下拔剑刺死了桑姆。女仆见此情境便大喊："杀人了，杀人了！"此时，众人闻讯赶来。男子往密

林深处逃跑时，把带血的宝剑扔在了乔达摩居住的草屋旁。此时，众人围住草屋并逼问乔达摩："你身为出家人，为何做出如此龌龊之事？"乔达摩问："何事？"众人说："你与桑姆私通，并夺取了她的性命。"答："吾于此清净处修行多年，不可能做出如此龌龊之事。"众人并不相信他的说辞，便把他捆绑后送到了国王处。国王都是无分别心者，于是下令："除去他的出家人名分，以弗戈酷刑[1](གསལ་ཤིང་།)对他进行惩罚！"于是，给他戴上迦罗瓦罗花圈（མེ་ཏོག་གཱ་ར་ཝི་རིའི་ཕྲེང་བ་།），被刽子手牵引着，在大路、集市等处游街后，于城南门外接受弗戈酷刑。此时，黑仙人时常前来，于草屋内与他相见。而今数次前来，却见不到乔达摩，于是四处寻访，最终于南门处见其受酷刑。黑仙人见状便说："喂！你到底犯了什么事？"乔达摩无法详细说明，于是简单地回答说："请住持不要见怪，我什么坏事都没有干过。"住持又说："你身上有伤，究竟干了什么事？"答："我虽身上有伤，但内心无悔。我说的是真话，若我没有干什么坏事，住持黑色的皮肤将会变成金色。"结果，住持之身体果然变成了金色，故名金色仙人。这说明他是无罪的。于是，乔达摩问住持："我死后将会转世于何处？"答："根据婆罗门之密语，无子嗣之人是不能转世的。你能繁衍后代吗？"乔达摩说："我年轻的时候就出家了，别说娶妻生子，就连女人之事也不熟悉。现在承受着如此痛苦，怎能生子？"住持说："我有个办法，你此刻要心生欲念。"住持利用法力请来小雨，微风吹拂乔达摩之身躯而去除了全身的伤痛，加之因心有欲念之故，两滴精液伴随着血液落地。出现了四不可思议地：思我地、思世间地、思众生业报地及想佛土地。于是，两滴精液便化作了两枚蛋，被阳光普照而成熟，从蛋里孵化出两个婴儿，住于甘蔗林中。此时，因阳光太过强烈而乔达摩逝世。住持于行刑处附近见有蛋壳，于是前去查看究竟时，见有两个男婴。在《诗镜注释》中说，有一男一女。知道这是乔达摩之子后，便把他们带到了修行处，并给他们取名。因为是依靠阳光孵化出来的，故取名曰种；因为是乔达摩之子，故名乔达摩；因从自己的肢体生出，故取名肢生；又因发现于甘蔗树林中，故取名甘蔗族。有些人认为，自乔达摩之两滴精血混合物生二子，金色仙人用甘蔗皮包裹，依靠日月之光孵化，故有了日种与月种之说。《阿毗达摩俱舍论》与《律经》等中，未见有关月种的记载。

不久，王波罗达杂驾崩而后继无人，于是诸臣商议王位继承人选。有人提议，长子乔达摩住于金色仙人处，可以请来继位。于是，准备大象等坐骑，又携带宝伞、王冠及宝鞋等灌顶所需之物，前往金色仙人处询问乔达摩的下落。仙人曰："他已被你们杀害了！"答："我等不曾与他相见，又如何加害于他？"仙人便详细讲述了事情的经过。众臣听了以后，便说："若是如此，不愿再听闻行恶人之名字。"仙人辩解："行恶之人另有他人，与乔达摩无关。"之后，众臣表示悔过，请仙人原谅。

此时，众人见有两个男孩前来，便问："大仙人，这是谁的孩子？"答："他们是乔达摩之子。"众人又问："他们如何生出？又各自叫什么名字？"仙人详细说明了之前发生事件的全部经过。众人感到非常惊奇，并迎请长子继位。不久后去世，又无人继位。之后，由幼子继位，称甘蔗族。

他的后人有百王，皆出现于普陀城，末代之王为甘蔗族增长王。他的大王妃生有四子：星箭面、手耳、灭大象及具足钏。他的小王妃生有四女：白女、具串、具妙串及名女。不久，诸子女之母逝世，国王显得十分苦闷。此时，众臣前去询问："国王为何心生苦恼？"王曰："诸妃已去，我心何以得安？"诸臣祈请："天下诸王若生有公主，便可娶来做王妃。""诸王子为争夺王位，多年四处讨伐。如今谁又愿意嫁女于我？"诸臣作答："我等可前去寻访！"此时，听闻有一国王之女美若天仙，于是众臣前去拜见那国王，并说："国王吉祥！"国王问："诸位有何祈求？"使者作答："甘蔗族增长王之妃子已过世，故特来迎娶贵国公主。"

那国王说:"若想娶我公主,必须答应我一件事:日后若公主生子,必须让他继承王位!"众臣:"容我等回去禀告大王。"回去后,诸使臣向增长天王如实禀告了实情。王曰:"长子皆在世,在这种情况下传位于幼子不妥。"诸臣答:"王妃可以娶来,现在暂时无法得知她能否生子。"王曰:"既然如此,那就娶来吧!"国王以雄厚的财力和威力得以娶妃,并同她嬉戏、享乐。

不久,王妃生下了一相貌英俊的男孩。国王为其举行隆重的宴会,并取名喜政,命八位奶妈抚养。男孩如同水中之莲花,茁壮成长。后来,喜政未能继位之事被其舅舅得知后,传来书信:"你最好按当初约定行事。若其不然,则以神力、勤奋及军队等做好作战的准备,我将攻破你城池。"增长天王见到书信后,十分恐惧,便召集众臣商议。诸臣祈求:让幼子喜政继位。国王曰:"诸智者,长子皆有权继位,此事该如何是好?"答:"可把诸长子流放至外地。"王曰:"诸长子无任何过失,何以能无辜惩处他们?"诸臣答:"天王,此事我们来想办法处理。"于是,众臣命人清扫林苑,并在苑内种植各种花卉,在殿内绘制亮丽的壁画,并点起香炉等。

此时,有诸王子由此经过,便问:"这是谁的林苑?"答:"是天王之林苑!"于是,诸王子踏入林苑嬉戏。此时,众臣禀告国王:"林苑已重修,请国王前去观赏!"当国王来到林苑时,听闻林苑内有人打闹嬉戏,便问:"何人在此喧闹?"诸臣答:"诸王子所为。"国王大怒:"如此实为不该,吾将严惩诸王子。"诸臣叩拜国王,并同意惩处诸王子。

当诸王子被流放时,命他们携带随从出游,并命人打开城门七日。诸臣禀告国王:"若不关城门,普陀城将可能变为空城。"于是关闭了城门。不久,诸王子带着自己的四姐妹来到了雪山附近的格丹车河边,住于仙人色迦之修行处旁。在此修建草屋,以打猎为生。

在仙人修行处度过了三年后,诸王子脸上长满了青春痘,且脸色发青。仙人见此情景便问："是何缘故？""因到了青春期而增生性欲所致。"仙人说："如此，则可与同父异母之姐妹交往。""可行吗？"答："刹帝利种失王权者，可行。"诸王子心想仙人所说有理，于是如此行事，后子孙大增而影响了仙人修行。当仙人决定迁移至别处时，问："仙人为何搬迁？"答："禅定之敌为噪音，因不能专心修行而需移居别处。"诸王子说："既然如此，请仙人在此继续修行，我等可去别处生活。请为我们指条明路！"于是，仙人托着金瓶并口诵《吠陀礼赞经文》，于江河两边划出了四个村落。他们在那里修建房屋而后来变成了城市，称四色迦城。

在此繁衍生息，子孙渐增而无法继续生存。此事被天神得知后，又指引他们去别处生活，在那里建起的城取名神示城。之后，他们商议：我们是被流放的王室后人，一直娶同种之女为妃。往后，谁也不要娶同种女为妻，并且只能娶一个妻子。有次，增长天王想起了诸王子，于是便问："诸位，诸王子现在住于何处？"诸臣答："诸王子被流放后，前往雪山附近的格丹车河边，住于色迦仙人修行处旁。后又与自己的异母姐妹交往而如今生有众多子孙。"国王问："诸位，王子们果真敢于行如此之事？""天王啊！如此行事，的确有益。"于是，国王伸出右手，并说："啊！诸王子能仁，十分能仁！"故得名释迦，意为能仁。

喜政王继位后不久去世，无后继之人。之后，其兄长星箭面、手耳、灭大象三人相继继位，也都后继无人而终。他的次弟足饰继位后，他与王妃名女所生之子为圣地王。其子为地屋王。他的子孙五万五千于迦毗罗卫城出现，末代之王为十车王。诸贤者认为，十车王生有三子：长子为大释迦，次子为释迦吠舍厘，幼子为释迦日扎巴。大释迦之后人第二十五代为兹之子璆王。《如意藤》二十七品记载：

此等父王为如此，

心想能与非能时，
便是得名释迦者。
此等种后人之城，
如此后种地行王，
已越五千五百时，
圣地之主始出世，
此乃名曰十车王。

与其他经典相比较时，发现有所不同，需要进一步考证，有些译本上所说的时间为一万五千年。其子为百车王，其子为九十车王，其子为花车王，其子为胜车王，其子为坚车王，其子为十弓王，其子为百弓王，其子为九十弓王，其子为胜弓王，其子为妙弓王，其子为坚弓王。

坚弓王有二子：狮子颊佛和狮音。狮子颊佛是天下能弓王之首。其子有四：净饭王、纯饭王、斗饭王和甘露王；其女有四：净饭女、纯女、斗女和甘露女，共为八兄妹。净饭王，身材好且英俊，无法言语。他高大强壮，勇敢憨厚，引人注目，盛气过人，聪慧无比，明辨是非，恶习未染，思想坚定，兼具圣人之德，心中有法，具有法王气度，能以正法治世。

此时，天示城有清善王统治。王心想：若能与狮子颊佛结亲该有多好。狮子颊佛也曾得授记，在自己的后人中将出现转轮王，故认为应与清善王结亲。此时，清善王妃蓝毗尼生下一女，她相貌出众、肤色美白、具贤女八才，如同仙女下凡。人们开始议论，她是人女还是仙女？《百业经》上说，非幻化之女，是因前世福德业力所致。有些人认为，她并非凡人之女，故得名幻化女。此女美若天仙，具丰富妙相，故得授记：将生一转轮王。

此时，王妃蓝毗尼又生一女，较之长女更加美丽出众，无法言语，从各个方面看，非常圆满，具备了一切美女的要素，胜过世间八千妙女。全身具备了千万妙相，无法比喻，无与伦比，使众人百看不厌。为此，众人议论她比大姐更加美丽，具备了一切妙相及女子之一切美德，故名大幻化女。诸祭司也预言：此女具有丰富妙相，无与伦比，必将生下一转轮王。

为此，清善王派出使者传信于狮子颊佛，说："吾有二女，并曾得授记：一个将生一持力转轮王；另一个将生一转轮王。二女皆相貌出众，无与伦比，美妙之处无法言语。若贵国承允，请为青年净饭王娶一女吧！"听闻此等信息后，狮子颊佛大喜，便回复说："我欲将二女皆为青年净饭迎娶，然因政事繁忙而暂且搁置了。"

此时，有一释迦日扎巴背叛了狮子颊佛，成了死敌。诸释迦族人前来禀告国王说："王子净饭十分有名且伟大，请派他前去攻打敌人！"国王未许。经释迦族人再三祈求后，国王最终同意派遣青年净饭前去攻打。净饭也不负众望，彻底消灭了叛军。此时，诸释迦族人前来为青年请功，国王下旨："诸位智者，释迦族人曾立誓言：不再娶同种之女为妻，然今要为青年迎娶清善王之两位公主！""如此，是否破了曾经立下的誓言？"王曰："誓言未破，反而变得更严了，此事对青年更有利。"众释迦族人，依王命行之。之后，狮子颊佛以福德及财力迎娶了两位公主，色迦城与天示城中的众人前来祝贺，并举行了隆重的庆典。清善王亦以五百女仆作为大幻女和幻化女的嫁妆。不久，狮旁王驾崩，净饭王于色迦城继位。此时，世间繁荣昌盛，天下太平，国王厚待民众，如同亲子。

净饭王，住于色迦大宫，其生活之富裕，可与财神、帝释天宫相媲美。由幻化及大幻化等王妃跟随，依正法治理世间。此时，于喜足天界，有白顶圣人者向诸天讲法。此时，众天祈请：

福德广大多资粮，

念思无边智慧光，

无比力量神通广，[6]

燃灯圣佛请赐教！

他住于顶源城之法高圣殿，[7] 大廊道之狮子座，[8] 为六千万天众讲法。于天之廊道处，为四洲之世间加持。聚于此处的喜足天之欲、色界诸天，于各自的家中生起坟识，宣讲相门之法，有八万四千天众发菩提心；[9] 有三万两千天持忍；三十六千万天得法眼。说：朋友们，吾将前往赡部洲，汝等寻访法甘露者，应于舍卫城、萨迦罗、广严城、赡波伽、王舍城、波罗奈斯等处入胎。如此授记。

众天回话：请知晓，这些世间被恶行所染，为九身中不应有思想者。该洲有富兰那迦叶、末伽梨拘涂梨子、珊阇夜毗罗胝子、阿耆多翅舍钦婆罗、迦罗鸠驮迦研延及尼腱陀若提子六外道师；又有婆罗门胜跑、婆罗门那多、婆罗门具善、婆罗门梵寿、婆罗门莲心及婆罗门随红进六人；己作子余行、幻化子、圣普贤、婆罗门子一切胜、仙人无难者及光护热巴坚等六修行者，共有十八位外道师护持。

下令说：汝等以各种美妙之声攻破，可以菩萨法除恶，震慑一切。

一日除暗摄众星，

无我狮声去外道，

金刚破岩除非天，

甘露寻者随入胎。

于是，众天化作婆罗门，于赡部洲为众人教授吠陀，名曰佛。又说，十二年后佛将出世。此等事件，被诸佛所闻，无数佛于灭轮城涅槃，留下舍利子，据说得名降雪仙人。十二岁时，心想要前往赡部洲。此时，时逢度化众生之时；洲为赡部洲；地为中央地；种为妙种释迦；妇女为具三十二相者。具备了此等妙相后，决定前往赡部洲。此时，于赡部洲有十六大城，究竟于何处入胎？菩萨授记：

玛迦多拿身胜种，
父母血缘皆不纯，
其地遥远不可及；
极富贡萨拉种是贱民转世；
高贵的毗巴拉王疑似断传；
广严城人多地肥具林苑，
然好斗且不敬上师与父母；
善城王势力强大而善战，
然行事鲁莽且不信因果；
灭城王虽富有，
然持邪见而如同野人；
哈德拿波利城王是迦森子种，
善行施舍且俊美，
然种姓混乱而起争；
杀人好斗者为乔之子，
能灭部落者为风之子，
能成政事者为权之子，
善修贪著者无种姓，
成天者为塔迦尔之子，
因此皆不能成。
灭城王具四部军，
王妃信法然无后。

释迦种乃无过者,
净饭王系刹帝利,
转轮王种具正统,
善男具法应供养。

又说:

满意幻化具美妙,
大仙以下应如此;
五百世亦大梵天,
菩萨以下成如此。

如此授记后,开始入胎。天众祈请:"吾等应前往何处闻法?"菩萨把自己的头饰和宝冠放置于弥勒头顶,并说:

弥勒为于喜足天,
敲响正法之巨鼓,
持法宝幢授灌顶,
终成吾子圆满佛。

之后,以白象之色身入胎。此时,母妃在梦中也得到了授记:

雪银色如日月光,
六颗犬牙顶如月,
金刚身饰金色网,
犹如圣象入娘胎。

胎如梵宫被加持,
享用无漏乐十月,
天人三十千亿成,
负水积水传雷声,
闻声如同孔雀喜,
住胎常闻菩萨声,
以法度化千亿天。

如何住胎的情况:

能仁入胎妙相身,
满月或是奶入海?
帝释天贤呈妙身,
如同镜面走象身。
此时净饭王之宫,
名具灰土呈吉祥;
三十二相源雪山,
遂出五百狮子等。

十个月以后,王妃来到了林苑,手扶一树枝,树叶与花卉俱兴,结满了果子。王妃手扶一切过去佛母所依之树枝,随吉时、伴衣饰而降生。

如同太阳出云层,
神美青年出世时,
丰富之光明三界,
如同无垢宝剑出。

此时，众天、龙部为其洗浴。
春季阳光天神道，
如弓恒河水甘甜，
无垢妙身洗浴事，
诸天龙王等所做。
四面八方走七步，
又说三界吾最胜。
下方海尘生圣男子，
饮用梵见莲花甘露；
自下方四海生男子，
身有六十八万由旬；
美妙莲花之花蕊，
梵天之圣子三千，
饮用世界之精华，
金刚身力无法胜。

与此同时，摩羯陀城王妃大莲花生子影坚王；果萨拉梵施生明王；毗萨拉稿闪弥生百军王子夏瓦；东胜神洲生无边王子。因巨光中自生一子，故名明王。另外，又生五百品德高尚种；生地海、持明等万名女子；生前有等两万王子。出一百林苑、五百处宝矿。于伏魔树大花园之中央，善生菩提树[10]，成一切事，故得名事成。此时，有情众生之母生一子[11]，非常俊俏，得名美喜 (མཛེས་དགའ)。净饭王有二子：白饭王和升饭王。白饭王，生有具善和善胜二子。升饭王，生有无阻和大名二子。甘露饭王有天施和庆喜二子。之后，众生之母是青年的姨母，[12]让她抚养。又派出生活于草坝上的八奶妈，[13]八喂奶者、八玩伴、八支玛冲巴 (བྱམས་མ་ཆུང་མ)，共三十二人，如此抚养。

莲花胎生狮子身，

如同圆月日渐壮，

威武出众众生眼，

除暗自乐莲花园。

青年降生七天后，其母于三十三天出世。[14]此时，雪域山有黑仙人，具有五先见之能。他见大地晃动、阳光普照、天降花雨后，[15]知道佛已降世。于是，带领自己的侄子梅坚（མེ་སྐྱེན།）前来。见其父净饭王手中的青年具有各种妙相，便说：如同伏魔树之花，出现于世间，要么成佛转法轮；要么将成为转轮胜王。佛陀出世后传法多年，然其只有七天的寿命。说："佛陀出世，婆罗门已老。"随后返回。

顿珠学习文字、工艺等情况，说：天人间有多少经典、文字、算数、工艺等，皆已学通并做了记录。

长大后，诸释迦长者商议为其迎娶妃子，做转轮王。为选取王妃，父王命人四处寻访顿珠中意之女子。此时，有五百释迦族人前来献女。父王询问青年，答："欲望多恶，不仅如此，吾若娶心怀积怨之妃乃是苦因，如同毒叶。情欲享用之事吾不愿拥有。"又说："之前诸佛，皆出家而成佛，吾亦愿随之。若有远离六十二狡诈之习气、具备三十二善根之妇女，可以寻访。"又写信："贤惠且美丽，出自善种，对我忠心，如同慈母般具有爱心，修善如同婆罗门，且无二心者，可以为我寻访。"诸臣携带信件前去寻访，持杖者之女说："吾具备一切善根，此人可以做吾之夫君。若青年同意，请不要退缩，否则我可能与凡人相好。"

净饭王认为，妇女狡诈且善于隐藏内心真实想法，七天后命菩萨于狮子宝座坐床，召集众女前来献技。此时，有五百释迦族女前来，然不敌青年之才气而败下阵来。不久，持杖者之女前来，青年看着她并对她微笑。"天主为何对我心怀不轨？""我并非对你不敬，而是因为你来得

太迟了。"从身上摘下千克戒指、珍珠项链赐予她。女子说:"我并非看上了这些装饰品,而是对你动了真心,这种真心永远不会变。正如檀香木的香气,即便是成了木炭也不会消失。"此事由净饭王做主,王子中意持杖者之女。王派出使者至释迦持杖者处,[16]说:"将汝之女嫁于吾子!"持杖者说:"汝之子降生于王宫之内,不懂任何艺术,吾女将嫁于精通艺术者。"[17]

净饭王愤怒,命王子七天后较量才艺。此时,五百释迦族人之高超才艺者汇聚天施城。众天领来大象,净饭王问谁能征服?具大力者以拇指压死大象。美喜前来问:"这是何人所为?"答:"天施所为!"说着"不好!"抓住大象尾巴[18]放置于门口。菩萨乘宝车前来,见此状况便问:"大象从何而来?"答:"天施具有嫉妒心和大力,故他所为。""是何人放置于此处?"答:"美喜所为!"大象尸体特别大,腐烂后村民臭味难忍。他从宝车上起身,用脚趾勾起大象尸体后抛出城外,越过了七层围墙,落于城外一由旬处。尸体下落处,地面出现大洞,现称"大象洞"。众多天人齐声呐喊:

脚趾勾起大象身,
如同山体般尸体,
犹如抛出石头般,
抛出七层围墙外。
落于远处出地洞,
轮回城及上天远,
智慧幻法具精轮,
如此解脱住天界。

聚集千万众生献才艺,以持杖者之女作证,较量剑术、制伏马和大象的方法及车战术等，又以大师、国王作证，[119]较量文字、算数等，顿珠全胜。

美喜、庆喜立马倒地；以指尖举起天施，消除傲气后放下；五百释迦族人齐上，然全部倒地。众天欢笑并说：

十方众生皆前来，
一切力大诸勇士，
共同扑向一圣子，
一经接触便倒地。

为了比试射箭，[120]庆喜于一由旬处射中一铁鼓；天施射中了四由旬外的目标；美喜射中了六由旬外的目标；持杖者本人射中了八由旬外的目标；青年射中了十由旬外的木马七次，铁鼓七次，铁猪七次。青年所需弓箭，向父王请赠，说："弓箭存于天界之先祖狮子颊佛，别说拉弓射箭，搬动也困难。"青年决定试一试，于是众释迦族人前去取来。持杖者和释迦族人等，想尽一切办法也未能拉动弓箭。青年半蹲射箭，射穿七鼓、七木马、七猪后入地而出水，[121]故有了"箭水池"地名。众天笑曰：

菩提树旁金刚座，
静坐射出空性箭；
箭除烦恼之诸敌，
断破见网得正道。

此后，持杖者献上了自己的女儿，同时迎娶了持名、兽生等六千妃子，于王宫、园林处享用。持杖者之女地莲，出生高贵且不遮面，不依新娘般装扮，引起了众人的非议。

对丈夫忠实不依恋他人，
心善女子如明月，
严守妇道且贤惠，
如此具备俊脸作何用？
若女身着千件妙衣裳，
远离羞耻之心不真实，
心有恶念巧语也不成，
如此遮面也成世间因。

多年后，听闻菩萨法声，青年出游，骑马出城。[22]出四门时，见有老人、病人、死人[23]和出家人后，心想自己要脱离轮回之苦。[24]七天后，净饭王听闻青年要出家。于是在城市周围修建七层壕沟，城门改为声传一由旬的铁板门。净饭王带兵守东门，升饭王守南门，白饭王守西门，甘露饭王守北门。城中派出巨人巡逻，以防不测。当夜与地莲妃共床，有些《经》上说是持名妃。燃灯佛授记：如来离贪欲，生罗睺罗，这符合世间之法。当夜回头看众王妃，见一些衣着不雅，有些口出恶语，有些头发散落且流出口水，有些斜眼乱语，有些身染恶臭。于是，生起了出家的念头。持名女梦见，青年卸下装饰和头冠。于是，向青年说明。回答："你的牙齿在嘴里，如同满月边上住。心中不要生起苦，安住自心随入睡！""梦境险恶且不祥，人主离开心生苦，今夜心情甚是苦，分离岂能不生苦？"说着入睡了。心想：若未得到父母许可，恐怕不可行。于是前去向父王禀报。父王说："天子！去园林的时刻未到。此处无人与你结怨，亦无任何你的敌人，深夜为何前来奏报？"青年前去牵马，坐骑亦不从。于是向臣民下达命令："今夜定能成事，你不要推辞，前去备马！"臣牵来坐骑后，四天王举起马之四腿穿越虚空。飞出释迦城、猴羊城、力士城、火城，抵达六由旬处时天色已亮。来到纯净塔前卸装，命臣回府。臣向菩萨行顶足礼后回府。菩萨于佛塔处自行剃度出家，之后，诸天为其献上了袈裟。绸缎衣裳等赐予了他人，被带到了天界。次日早上，王、王妃等于园林等处寻找时，见有人身着王子的衣裳便哭诉：

　　罗刹之身不配有，
　　美丽绸缎王子衣，
　　心苦不平向谁诉，
　　如同无心母在世。

　　之后，臣牵马、携带王子的装饰前来。地莲女牵住缰绳并哭诉："没有慈悲心的臣啊！既然圣人走了，为何不告知于我？骏马啊！我的丈夫被送到了何处？我的爱人如同无垢明月般俊俏，心怀慈悲且具妙琴声者，他在何处？"臣流着眼泪离开了人世，转世于三十三天。

　　如此，菩萨生于火阴兔年仲春初八，众星汇聚而具身，才艺圆满，与王妃、随从一同生活二十九年。木羊年三月初八出家，尼连禅河边苦修六年。于菩萨城除魔。铁阴牛年四月十五日，成佛。地莲女六年未与夫君相见，因心寒而说：

　　无缘女子心如石，
　　石成还是铁成心？
　　夫君林中修苦行，
　　无依女心岂不碎？

　　成道当晚，地莲花女生下一子。当晚明月被星曜所摄，故子名罗睺罗。净饭王说："婴儿住胎六年，非释迦牟尼之子。"地莲女把婴儿捆上石头抛入水中时，如同飞鸟般飞向了天空。《如意宝树》二十六品：

罗睺罗者此婴儿,
是否生自人主王?
为辨真假捆巨石,
入水之时升虚空。

关于六年住胎之因,《宝树》上曰:

持名之母牧羊人,
女子不明母愚痴;
六年长久岁月里,
怀胎喜悦中沉醉。
吾原合于王仙人,
婴儿亦属王之种,
六日能仁烦恼故,
如此六年后出世。

《大诗集》上说:

梵天入持情欲故,
曾与世间女子合;
迎娶明月作妃子,
是为仙人山子故。
喔瓦太之妃子,
乃是凤王之女,
经历诸多磨难后,
生有瓦若夺擦子。

> 如此显现情欲是，
> 为破众生之邪见；
> 取名罗睺罗王子，
> 精进之后终得道。

罗睺罗成年后，于世尊处出家，修得阿罗汉，脱离苦海。如此，被认为是世尊之后。

另外，说：善劫时期的佛，出自刹帝利与婆罗门种。刹帝利，被众人敬奉，最终出自释迦种。如此说。萨迦派尊者扎巴所著《印度和吐蕃之王统》[25]首次说起此事，是为善说。噶当派诸贤者认为，[26]当寿命延至六百年时，十六罗汉出世，弘扬佛法。说：释迦牟尼之子罗睺罗，也此时出世。

> 知识聚集圣妙处，
> 缘起因如虚空见，
> 不知如此慈悲心，
> 显示正法如世尊。

如此，佛动摇一切天界等，是为功绩第一；对所化对象以佛法度化，是为功绩第二；对于难以度化之六外道师，以幻化神通度化，是为功绩第三；对生为牲畜之猴王献甘露，度化大象护财等牲畜，是为功绩第四；又度化非常外道光护、非常贪欲者少喜、非常愤怒者矮人、非常懒惰者一切行、仙人王甚喜等具非常烦恼者，是为功绩第五。《大悲莲花经》上说，当问及未来由谁负责传法时，世尊对阿难与比丘迦叶说："你二人将传法四十余年，之后逐渐传习。"释迦牟尼传迦叶，他传阿难，他传麻衣尊者，他传近护，他传德德迦，他传大善见等情况见于《毗奈耶杂事》。根据《楞迦经注》上所说，德德迦传毗波迦多，他传僧人奈德，他传毗达弥多，他传比丘兹氏，他传素拿夏多，他传大马鸣，他传玛悉巴，他传龙树，他传雅利安人，他传罗睺罗波多罗，他传桑咖奈德，他传比丘阿罗汉，他传古玛罗多，他传夏巴达，他传拔苏麦多，他传恩多，他传哈迦利拿雅拿。据说，该比丘完成了三结集后，转生婆罗门海尘，于宝要跟前发心，祈愿五百事，愿自己成为如同世尊般的圣者。

注释：

[1] 转轮王，按佛教的说法，最初世界上出现人类以后，在很长时期中没有君主臣民等称呼，也没有私有财产，人们共同生活。过了很久，由于物产减少，出现土地私有，于是有偷盗、互相杀戮等现象产生，社会不得平安。于是众人一起商议，选举出一个大家信赖的人担任长官，这个被称为"农田官"的就是世界上第一个官职。农田官是百姓平民的代理人，只是为大家办事，并无任何特权。农田官要担负公共治安及产品分配等许多工作，由于任农田官的人不易找到，于是由每个家庭从自己的产品中拿出六分之一交给农田官，帮助其生活，后来这变成税收，即是最初的"六分税"。此后农田官又有了仆役，于是有了主仆的区别，逐步形成了拥有臣民、军队、土地的国王。最初的国王是转轮王，依其福分的大小，各有一黄金、白银、铜、铁制成的轮子；将轮子放开，据说轮子所到达的地区都归其领有。这些记载请阅《俱舍论》的第三章。

[2] 原文此处属于注释内容，字体较之正文文字略小。

[3] 原文བཤེན་བསྐུར་བའི་ཐུར་སོན་བ་ལ། 此处བཤེན་བསྐུར། 一词的正确写法应是བཤེན་བཀུར། 意为"供养"。

[4] 原文དགེ་བཤེན་ཞིག་ལ་ཐིས་པ། 此处ཐིས་པ། 一词应是ཐིས་པ། 意为"请教"。

[5] 弗戈酷刑，用利戈穿透肛门和顶门的一种刑罚。

[6] 原文འཆངས་མེད་སྟོབས་མངའ་མཚུངས་ཆོས་ཅན། 此处འཆངས་མེད། 字应是མཚངས་མེད། 意为"无比"。

[7] 原文ཚསགྱིགྲོབའིདངདངས། 此处གྲི字应是གྲི字；བངངས字应是བདགས字。整句可理解为"法高之圣殿"。

[8] 原文ོགྱིམསཆནཔོསངསགཞིཚངསཔརདཅསའགྲུལཔས། 此处བྱལ字应是བྱལ字，意为"廊道"。此外文中指ཅས字是藏文虚词之一种，一般正确的应写作ཞས字。此等藏文连接虚词之不妥用法，文中有多处，不知是否与作者之写作年代有关。

[9] 原文ལུཚུལབའིསྟོངབུངཆུཏུསམསགྱེད། 此处གྱི字应是བགྱིད字，意为"八"。

[10] 原文དངཚསཀྱིམིདཡངལགལམསནདོནབམསདགྱདདཔས། 此处ཁྱད字应是འགྱུད字，意为"生"。

[11] 原文བདགམོལསའུལམགསམཔས། 此处ལྱམས字的正确拼写应是བལྱམས字，意为"生"，系藏语敬语词。

[12] 原文སུམ一词应是སུ意为"姨母"。

[13] 原文སྲདམམཚའིམསབགྲུད། མཚ字应是འཚ字，意为"生活"。

[14] 原文མགྱུངས字应是བགྱུངས字，意为"生"，属于藏文敬语词。

[15] 原文སུགས字应是དགས字，具有"标志""征兆"之类的意思。

[16] 原文ོབདངས། 此处བྲངས字应是བདགས字，意为"派遣"。

[17] 原文ཆུལབལངལབའེ། 此处ཆུལབ应是སྱུརས一词，意为"艺术"。

[18] 原文སྱ一词应为ཏ意为"尾巴"。

[19] 此处བདུརུག应是དབདུ意为"作证"。

[20] 原文མནབབཔའིཞེད། 其中ཟེད字应是འཟད字，意为"比试"。

[21] 原文ཚསོ应是ཚུསོ意为"出水"。

[22] 原文དམསྐྲུནཚེས། 此处理解为མེ意为"人马"。

[23] 原文此处མཚད应是འཚད意为"死人"。

[24] 原文མརསལགས། 此处མརས应是ཐར意为"解脱"。

[25] 萨迦派尊者扎巴所著《印度和吐蕃之王统》，应是萨迦•索南坚赞之《西藏王统记》（又译《王统世系明鉴》）。

65

[26] 原文ཀགདམསཔའིཁམསཔདགནི། 此处ཀ字应是བཀའ字，是指藏传佛教"噶当派"。"噶"，藏语指"佛语"，"当"，指"教授"。"噶当"，意为将佛的一切语言和三藏教义，都摄在该派始祖阿底峡大师所传"三士道"次第教授之中，并据以修行。该派为后弘期最先创立的重要宗派，重视一切佛教经论，对藏传佛教教义学的发展影响较大。

第三章 吐蕃人的起源

关于对吐蕃有恩的王统,见古籍记载如下:

众护法与慈悲之誓愿,
佛祖神力与子民资粮,
若无持护法之诸法王,
生于边地末劫之蕃民,
将被邪恶之力所压迫,
至今无佛法之声流传,
犹如突厥[1]、大食[2]、葛逻禄[3],
廓等愚昧边地[4]无分别。
浓荫愚昧之云甚笼罩,
而今正法明灯亮边地,

一切属民幸福得安乐,
此与法王恩情有关否?
愿得吉祥!

功绩无边抵三界,
赐予众生一切福,
轮回周边皆为伍,[5]
言语解脱圣三乘。
妙身度化一切众,
不离对象分别常,
大悲释主前顶礼!
有利众生如明月,
功绩白光照四方,
照亮吐蕃睡莲[6]园,
如月观音前顶礼!
具备一切大悲功,
功德之光亮四方,
智悲利乐明分别,
阿弥陀佛度常兴。
三时胜兴文殊心,
以王之身美人主,
赤松德赞功如此,
受纳知识甚奇妙。
雪域之城乌香多[7],
生有领主热巴坚[8],
为佛为法行多事,

成就涅槃前顶礼！

修得资粮辖遍地，

释迦族人善传法，

王统月日宝之串，

为增资粮传四方。

总之，佛祖之神力所及无法言语。北方雪域之地，佛法如同太阳般兴盛。《仙女无垢经》上说：吾涅槃二千五百年后，于赭面人之境，将兴盛佛法。另外，《经》上说：吾佛将由有权势的善王和精通三藏的比丘等传承，并兴盛。如此，要弘扬佛法，需要有贤能之王，且需要有王权。

关于王之出现，今讲如下：一是雪域人之起源；二是王的出现；三是上部阿里王系。

第一节　　雪域人之起源

喜绕果恰大师所著《〈胜出灭神赞〉注释》（ཤེས་རབ་སྤུར་བུར་འགྲེལ་པ།）上说：从前于印度南方，有王嘉森（རྒྱབས་སེད།）[9]及其兄弟护国王（ཡུལ་འཛིན་བསྲུངས།）等。王嘉森有五子：右敖旦巴（གཡས་ལ་རོང་བདག）、斯珠（སྲིད་སྒྲུབ།）、晋德（འཇིགས་དགའ།）、拉尔结（ལྷར་བ་སྙན།）和那乌利乌（ནའུ་ལིའུ།）。护国王有扎恩（དག་དགུ།）、塔噶尔（ཐབས་དགའ་གཟུགས།）等兄弟百人。为夺王权使父子失和起争。[10]此时，处于大斗净时之起始。双方于战场相见时，斯珠说："我不能杀害近亲。"斯珠是遍入天所赐之子，于是遍入天来到斯珠跟前说：

孰杀人？
所杀之事，
若二者皆不能，
杀与杀事皆不存。

种、驯服皆圆满，
婆罗门犏牛与大象，
狗与卑贱之种姓，
众贤者将一视同仁。

　　用此等偈颂体文示以各种诱惑之相，引诱他。斯珠在遍入天的引领下作战，塔噶尔族之十二部被打败。此时，茹斯尼（ཇ་སི་ནི）王之大军男扮女装，携带家眷，前往雪山之中居住生活，后发展壮大。嘉森之五子掌权时，向其他人打探其余兄弟的去处。得知他们逃亡他处，于是就说："那就继续逃吧！""逃"字在藏语里称"蕃"（བོད），因此，据说把这些人叫作"蕃人"（བོད་པ）。"蕃"字在梵文里念作"博扎"（བྷོ་ཊ）。以往贤者认为，吐蕃之王是"茹斯尼"王的后人，其庶民也起源于此。

　　又说世尊于沃玛蔡（འོད་མ་ཚལ）地方，与诸阿罗汉一同时，从眉间发出如同彩虹般的五色光，射向北方雪域。在世尊看着彩光微笑时，除盖障菩萨祈请世尊："为何而笑？请明示缘由。"世尊明示：未来整个雪域，将成为观世音菩萨的净土，兴盛吾法。《白莲经》（པད་མ་དཀར་པོ）上说，佛曰：诸善男子、三世佛等谁也未能度化之地，充满魔鬼与罗刹的边地雪域，未来，将兴盛佛法，引领有情众生走向菩提道。度化此边地之天神，为观世音。为何？观世音菩萨在行菩提行时，曾于千佛驾前发愿：愿我能度化三世佛等亦未能度化的边地雪域之众生，引领他们走向菩提道；愿此等边地将成为我的所化净土；愿我将成为那里生为魔鬼与罗刹之身的众生的父母；愿我将成为度化有情众生的舵手；愿我将成为除暗之明灯；愿三世佛等一切如来所传佛法传入边地，并永久盛行；愿一切有情众生皈依佛法，修得正身，享用正法；愿我能度化一切有情，边地也能成为宝洲。如此祈愿。

一些古籍[11]记载：中部雅砻之上部锦托山、[12]贡布日山上，森林和岩石之间曾生活有许多罗刹女时，为将雪域变为观世音之净土和兴盛佛法，派观世音之化身猕猴菩萨前来与罗刹女结合。据说他们的后人，于此戏耍，故称此地为"孜塘"[13]（རྩེ་ཐང་）；于此寻觅食物，故称"索塘"[14]（ཟོ་ཐང་）。

他们发展壮大后，成了吐蕃人的祖先。

据说现在的人，易怒、食肉及赭面者为母之血统；智慧且具慈悲心者为父之血统。

又说，曾有王岗托（རྒྱལ་པོ་གངས་ཐོ་）之子列桂（ལེགས་བ་གོད་）的一后人的传说传遍吐蕃及中原卡隆（རྒྱ་ནག་གི་ལ་ཡད་）以上雪域大部。阿罗汉尼玛工巴（དགྲ་བཅོམ་ཉི་མ་གུང་པ་）把克什米尔（ཁ་ཆེ་）的冰雪融化迁移（བཞུ་གྲོལ་），（把冰雪）从嘚登巴（དད་འདན་པ་）带到了恭恭[15]（གུང་གུང་）地方。

此后，出现许多大城市时，吐蕃之积雪亦逐渐融化。

上部三地，被片石山、雪山和江河所阻断，被众多厉鬼罗刹统治；中部乌斯藏四茹[16]（བོད་དབུས་གཙང་བཞི་རུ་），有岩石、沙山及草坝包围，如同水渠，罗刹和猴群生活于此；下部朵康地方，有森林、草坪及树林，是许多野兽和鸟类栖居之所，然无人居住。一段时间，雪域之境由洽（ཧྲི་）氏所统治，地名曰洽域萨藏（ཆ་ཡུལ་ས་མཚན་）；之后，由杜（བདུད་）统治，地名曰杜域卡热果古（བདུད་ཡུལ་ར་ར་ས་གོད་ར་）；之后，由穆（དམུ་）氏统治，地名曰穆域穆塘（དམུ་ཡུལ་དམུ་ཐང་）；之后，有玛桑九兄弟（མ་སངས་སྤུན་དགུ་）统治，地名曰六索卡（ལོ་ཡར་དྲུག）。此后，如上所述出现了吐蕃之人，由十二小邦统治，地名曰加玛（རྒྱད་མ་）。他们的后人，据说是魔和夜叉的化身。

在朵康地方（ཡུལ་མདོ་ཁམས་ཅན།），有王嘎当巴隆杰[17]（ཀ་དགས་པ་ཞིང་རྗེ།）；在下朵康地方（མདོ་ཁམས་སྨད་ན།），有王乌尔布[18]（རྗེ་ཨུ་སྦྱུར་གྱི་རྒྱལ་པོ།）；在后藏上部地方（གཙང་སྟོད་ན།），有王托嘎尔[19]（རྗེ་ཏོ་རྗེ་བོད་དཀར།）；在娘若地方（ཉང་རོ་ན།），有王罗芒德[20]（ལོང་མང་རྗེ།）；在布域地方（སྦུས་ཡུལ་ན།），有王布杰什赞[21]（སྦུབ་རྗེ་ཅིག་ཤིང་བཙན།）；在塘若地方（ཐང་རོ་ན།），有王隆绒嘎尔波[22]（རྒྱལ་ཀློང་རུམ་དགར་པོ།）；在雅砻地方（ཡར་ཀླུང་ན།），有王娘杰宗王[23]（ཉང་རྗེ་ཟུང་གི་རྒྱལ།）；在彭域地方（འཕན་ཡུལ་ན།），有王古赤达[24]（དགུ་ཁྲི་གུང་གི་རྒྱལ།）；在玛尔域地方（མར་ཡུལ་ན།），有王巴香[25]（བར་གང་གི་རྒྱལ།）；在琼隆地方（ཁྱུང་ལུང་ན།），有王聂韦当米恰[26]（སྙན་ཞིས་ཤོང་མི་ཆ།）；在颇素杰塘地方（ཕོ་སུ་རྒྱལ་ཐང་ན།），有王东朗芒孜[27]（སྟོང་ལམ་མང་རྩེ།）；在吉隆地方（སྐྱིད་རོང་ན།），有王斯玛松[28]等诸王统治（གཉིས་བར་གཟུངས་ཀྱི་རྒྱལ་པོ་རྣམས་ཀྱིས་དབང་བྱས་སོ།）。

第二节　王的出现

关于吐蕃王的出现，雪域最初的王为聂赤赞普。关于他的来历，过去的史书中有几种不同的说法。有些人认为，影坚王的幼子为多琼（སྟོབས་ཆུང་།），他的儿子是昂茨巴（ལྔ་མཆོགས་པ།）。有些人认为，果萨拉色王（ཀོ་ས་ལའི་རྒྱལ་པོ་གསལ།）有五子，其中一子名曰桑贝室利（བསམ་དཔལ་ཤྲི།）。此人身具妙相，诸观相师授记曰："此人具有大福泽，将于王离世前继位。"王心想，他将弑父王，或迫害兄弟而夺权，于是把他投入了狱中。[29]此时，诸婆罗门授记说：若把王子送至雪域，将有益于众生。于是由四人举于肩上，送至吐蕃中部之拉日金托山顶[30]（ལྷ་རི་གྱང་ཐོ།）。《布顿佛教史》（བུ་སྟོན་ཆོས་འབྱུང་།）上说，贝萨拉王（བདེ་ས་ལའི་རྒྱལ་པོ།）恰吉（འཆར་བྱེད།）之子具目绀青者，[31]手足缦网者，引起众人恐惧而把他装入铜匣后，抛入恒河之中。后被人救起并抚养。

74

长大后，因听闻自己的身世而悲愤不已，于是逃入了雪域。据说在雪域，被吐蕃之猎人发现后用肩座迎请。据《柱间史》（བཀའ་ཆེམས་ཀ་ཁོལ་མ།）记载，曾有大释迦（ཤཱཀྱ་ཆེན་པོ།）、释迦吠舍厘（ཤཱཀྱ་ལི་ཙྪ་བི།）和释迦日扎巴（ཤཱཀྱ་རི་བྲག་པ།）三种，聂赤赞普是释迦日扎巴的后人。

《大方广菩萨藏文殊师利仪轨经》（འཕགས་པ་འཇམ་དཔལ་རྩ་རྒྱུད།）上授记拉喇嘛益西沃时说：圣地拉登[32]（ལ་དན།），位于雪山之中，有王名拉喇嘛（རྒྱལ་པོ་བླ་མ།）者，生于利杂基（ལི་ཙྪ་བི།）等种。他修行密法有成，终享大成就。具有大智慧，成为人主。继王位，执政八十年。如此，说他是释迦族人利杂基之后。然其他译本中又说，他是大释迦种。说：在拉登（ལ་དན།）圣地，具有《宝箧经》，为观世音之净土，具大智慧者（在那里）成事。此说认为，他修成了夜叉[33]（གནོད་སྦྱིན།）。

又有一些人认为，古乌香贝尔顿珠（ཀོའུ་ཤཾ་བྱེ་རྡོན་གྲུབ།）一同生有夏尔贝之子（ཤར་བྱེའི་བུ།）、嘉森（རྒྱལ་བསེན།）和百军（དམག་བརྒྱ་པ།），他们的后人是聂赤赞普。

大贤者卡且[34]（མཁས་པ་ཆེན་པོ་ཁ་ཆེ།）认为，十车王（རྒྱལ་པོ་ཤིང་རྟ་བརྒྱད་པ།）生有三子，长子为大释迦（ཤཱཀྱ་ཆེན་པོ།），次子为释迦利杂基（ཤཱཀྱ་ལི་ཙྪ་བི།），幼子为释迦日扎巴（ཤཱཀྱ་རི་བྲག་པ།）。利杂基的一后人，来到了世尊跟前。此时，有许多释迦族人出家，世尊对青年利杂基吩咐说："利杂基如同鸭子般前行，于山岩间修行。后成为吐蕃之王，后人将于雪域继承吾法。"这与《大方广菩萨藏文殊师利仪轨经》所说拉喇嘛为利杂基之后的说法相符，卡森且[35]（ཁ་ཆེན།）也同意这个说法，认为关于聂赤赞普，各种史籍说法基本一致。[36]

又说先祖森格章（སེང་གེའི་འགྲམ།）之子为塔答支吴思（མཐའ་ཡས་སྟོབས་ཀྱི་ཤེས།），其子为释迦弥钦（ཤཱཀྱ་མེད་ཆེན།）。他掌权时，生有子释迦杰瓦（ཤཱཀྱ་རྒྱལ་བ།），其子为释迦桑杰（ཤཱཀྱ་བཟང་རྒྱལ།），其子为具各种妙相之释迦森格室利（ཤཱཀྱ་སེང་གེའི་དཔལ།）。

过去，净饭王（རྒྱལ་པོ་ཟས་གཙང་།）命释迦桑登（ཤཱཀྱ་བཟང་ལྡན།）、玛迦巴（མ་

འགགས་པ།）及拉金（ཤུར་སྒྲིག།）等五百人前去世尊处出家时，担心他们回国争权。为此，王下诏："从今往后，释迦族人不可过问世俗权力！并为此加持。"

释迦桑杰派遣其子释迦森格师利作吐蕃王时，由四快步人（ཀང་འགྲོགས་པ་བཞི།）抬送至吐蕃之拉日金托（ལྷ་རི་གྱང་ཏོ།）山顶。后来，他统治赞康果西[37]（བཙན་ཁང་གོང་བཞི།）地方，有山岩间的众有情所尊崇而长期在那里称王。一次，前往雅拉香波[38]（ཡར་ལྷ་ཤམ་པོ།）山顶时，被猎人[39]（རྔོན་པ།）们发现。猎人们问："何人？来自何方？"因不懂吐蕃语而手指天空。于是，猎人们（ཕྱིར་ག）对众人说："他从天而降。"

众人前去观看，见他十二小邦[40]（རྒྱལ་ཕྲན་བཅུ་གཉིས།）者，身材高大威武。众人商议，尊他为国王[41]。于是，由四人举于肩座之上而迎请，故，得名聂赤赞普[42]（གཉའ་ཁྲི་བཙན་པོ།）。

于雅砻之上部琼结地方之山顶，修建青瓦达孜宫[43]而住。有如此说法。

一部很旧的吐蕃文献[44]中说，三有（སྲིད་པ་གསུམ།）之中，也有最巨者释迦牟尼之后裔。《出离经》（མངོན་འབྱུང་།）中所说："轮回中断生（སྲིད་པར་སྐྱེ་བཟློག།），"此说有理，目前仍有顿珠（དོན་གྲུབ།）之子罗睺罗（སྒྲ་གཅན་འཛིན།）在世。

又说，当人寿六百岁时，有诸多阿罗汉弘扬佛法。《楞伽经》[45]（ལང་ཀར་གཤེགས་པ།）上也说："未来，吾涅槃后，大释迦种将对佛法有益。"如此，多次授记。

因此，释迦弥钦种，王子森格室利有缘作吐蕃主，多年于山岩间作由王茹巴迪（རྒྱལ་པོ་རུ་པ་ཏི།）繁衍而来之众人主。又作猕猴与罗刹女所生之吐蕃人之王时，前往拉日江托山顶观望，见雪山之中雅拉香波山最高，农田之中雅砻那西（ཡར་ཀླུངས་སྣ་བཞི།）最肥沃。来到拉日瑞巴[46]（ལྷ་རི་རོལ་པ།）山顶，下凡人间，至藏塘果西[47]（བཟང་ཐང་སྒོ་བཞི།）。

此时，被苯波（བོན་པོ།）等十二有识之士（ཡོན་ཏན་ཅན་གྱི་མི་བཅུ་གཉིས།）所见，

76

问"来自何处？"见那人手指天空。[48]众人心想：那人定是一位来自上天的赞普（བཙན་པོ།），应尊奉为吾王。于是，用手杖写下古语（རེས་གའི་བརྗོད་བཟླས་པ།），用肩座举请，名曰聂赤赞普。此乃吐蕃赞普之首。

此时，修建雍布拉康岗[49]（ཡུམ་བུ་བླ་མཁར་གྱི་ཟུར།）；措米辛翻译出了穆杰之苯（མཚོ་མི་གཤེན་གྱི་དགེ་རྒྱལ་བོན་བསྒྱུར།）；降服松巴之苯波阿隆杰瓦[50]（སུམ་པའི་བོན་པོ་ཨ་ལོང་རྒྱལ་བ།）。

一、天赤七王

聂赤赞普（གཉའ་ཁྲི་བཙན་པོ།）娶那木姆穆（གནམ་མུ་མུ།）之女吕坚（ཀླུ་བཙན།）为妃，生有穆赤赞普（མུ་ཁྲི་བཙན་པོ།）。穆赤赞普与萨丁丁（ས་དིང་དིང་།）之女甲吕斯玛（འཇའ་ཀླུ་སི་མ།）生有丁赤赞普（དིང་ཁྲི་བཙན་པོ།）。丁赤赞普与索鲁杰（སོ་ཀླུ་རྒྱལ།）之女生有索赤赞普（སོ་ཁྲི་བཙན་པོ།）。索赤赞普娶叶巴赞（ཡེར་པ་བཙན།）之女为妃，生有叶赤赞普（ཡེར་ཁྲི་བཙན་པོ།）。叶赤赞普与达吉拉姆噶尔波（གདགས་ཀྱི་ལྷ་མོ་དཀར་པོ།）生达赤赞普（གདགས་ཁྲི་བཙན་པོ།）。达赤赞普娶色吉拉姆（སྲིབ་ཀྱི་ལྷ་མོ།）为妃，生色赤赞普（སྲིབ་ཁྲི་བཙན་པོ།）。色赤赞普与拉姆尊隆杰（ལྷ་མོ་བཙུན་ལུང་རྒྱལ།）之子为直贡赞普（གྲི་གུམ་བཙན་པོ།）。

直贡赞普与拉尊米日江（ལྷ་བཙུན་མི་རི་ལྕམ།）生有三子，幼子为恰赤（བྱ་ཁྲི།），后取名布德贡杰（སྤུ་དེ་གུང་རྒྱལ།），统治吐蕃全境。有如此说法。

总之，为吐蕃众人之福泽而生之聂赤赞普，与众敬王同，应被众人所敬仰。征服魔与夜叉等，统辖十二小邦。俊俏身强，聪慧且见识广，功大精通方法，严守誓言，法令严厉（བཙན་བཞག་པས་བཀའ་ཁྲིམས་བཙན།）。[51]有四护卫部守护人身安全。勇士四十四千户抵御外敌（དཔའ་སྟོབས་ཆེ་བའི་བཞི་བཞིའི་སྟོང་སྡེ་བཞི།）。平民四十四千户平内政（གཡུང་སྟོབས་ཆེ་བའི་བཞི་བཞིའི་སྟོང་སྡེ་བཞི།）。八峡谷区所献财宝，堆满了密库（རོང་རོང་བརྒྱད་ཀྱིས་ཕུལ་བའི་རིན་ཆེན་གཏེར་གྱི་མཛོད།）。十二集市积财富（ཚོང་འདུས་བཅུ་གཉིས་ནས་ནོར་གྱི་དཔག་བསགས་བྱེད།）。对有功者，进行奖励。

贤者明辨（དཔའ་འམཛངས་ཀྱིས་གོ་བསྒྱུར་བྱེད།）。对罪行进行惩处，从而断除了恶渊。五擦那（འཚམས་ཀྱི་སྣ།），用金银宝物装饰内部。五勇士部（དཔའ་བའི་སྣ།），用虎狮纹装饰。五久那（མགྱོགས་ཀྱི་སྣ།），赶出宝库。王之恩德，如同太阳。庶民之

畜牧产品（འབངས་ཀྱི་ཞིང་།），堆积成山，如海水般用之不尽。王之功绩，是于雅砻上部修建雍布拉康宫（ཡོལ་བུ་ཕྱག་བླ་མཁར།），在此居住而治理和平盛世。有些人说，在温（འོན།）地方，修建拉根宫（བླ་རྒན།），然宫址位于雅砻之上部，故不能成立。

有些《王统》上说，聂赤赞普，由赞琼（བཙན་ཕྱུག）、二奴氏（ཕྲུགས་གཉིས།）、涅氏（གཉེན།）、二角氏（གཙོག་གཉིས།）、库氏（ཁུ།）、二艾氏（ཨེགས་གཉིས།）等六庶民部（འབངས་རྩ་དྲུག）迎请，由热桑达尔瓦（ར་སངས་དར་པ།）与琼波（ཁྱུང་པོ།）作随从（འཁོར་བྱས།），由米那（མི་ནག）与斯希（ཞི་ཞི།）担任大臣（བློན་པོ་བགྱིས།），作众黑头人之主。

七赤王（ཁྲི་བདུན།）、一丁王（སྟེངས་ཅིག）、六列王（ལེགས་དྲུག）、七德王（སྡེ་བདུན།）、四赞王（བཙན་བཞི།）等二十六位是吐蕃最初之王。吐蕃之王统，又分十五个半幸福王及特别幸福的三个半王等，共有四十位蕃王，这是全吐蕃之幸福时代，然佛法并非特别兴盛。如此说。

七赤王是，聂赤赞普之子为木赤赞普（མུ་ཁྲི་བཙན་པོ།），其子为丁赤赞普（དིང་ཁྲི་བཙན་པོ།），其子为索赤赞普，其子为叶赤赞普，其子为达赤赞普，其子为色赤赞普。对此，说法不一，多有前后矛盾者。

《王统密极小册》（རྒྱལ་རབས་གསང་བ་ཡང་ཆུང་།）上说，七赤王之王陵建于天上，如天神之体般消失而无遗体。他们头顶有虹光且长寿，然不知享年如何。

据说，此时国王长寿，然王子能骑射时（སྲས་ཀྱིས་ཕྱག་པས་ཁྱབ་ཙམ།），父王皆如彩虹般升天离去。吐蕃故人多曰（བོད་ཅིང་མ་རྣམས་མང་ན་རེ）：此说不合天理，故不能成立。此时，边地有恶俗，王子继位后，父王便死去（ཡབ་ཆུང་དུ་གཤེགས་པར་ཟེར་རོ།）。这是可能的。

此等说法（升天说），亦非可破。此时，吐蕃人并无善恶取舍之能。

赡部洲边地之边地，名绀兹（གན་ཙི།）之地方，据说有如此邪法（ལོག་ཆོས།）盛行。《不动如来续》（འཕགས་པ་མི་གཡོ་བའི་རྒྱུད།）中，也曾说起与此相同的

天瑜伽 (དེ་དག་དང་འབྲེལ་བའི་ལྷའི་རྣལ་འབྱོར་པ་མཉམ།)。《世间法》(ལུགས་ཀྱི་བསྟན་བཅོས།) 中说：

精通法者有两派，
是为佛法与外道。
除此而外诸愚者，
随创宗派也是有。

如此，除内外道，另有宗派 (མི་ཁས་པའི་གྲུབ་མཐའ་རྣམས།)，由魔加持之臣所假造。曾有名叫塌窝香根者 (ཐོ་གར་གཤེན་རྒྱན།)，在母胎中停留八十四年 (མའི་མངལ་དུ་ལོ་བརྒྱད་བཅུ་རྩ་བཞིར་གནད་པ་ཞིག་བྱུང་།)，他的邪法传入汉地 (རྒྱ་ནག)。

卡且 (ཁ་ཆེ།) 地方有行邪法者，为青裙师，被国王赶向了大食 (སྟག་གཟིག)。此邪法曾传入蒙古 (སོག་པོ།) 地区。该法认为：自己所杀之牲畜，将转生至自己的随从；死时，妻儿、随从、财宝等一同埋葬，视作自己可享用；弑父者，将转生天神 (ཕ་བསད་པ་རྣམས་ཀྱི་ལྷར་སྐྱེ།)；于峡谷等处煨桑烟，可增福资粮等 (གྲོག་ལ་སོགས་པར་བསང་། བསོད་ནམས་སུ་འདུ་བ་སོགས་སུ་བྱད།)。

色赤赞普之子，是直贡赞普 (གྲི་གུམ་བཙན་པོ།)，其子是夏赤 (ཤ་ཁྲི།)、娘赤 (ཉ་ཁྲི།) 和恰赤 (བྱ་ཁྲི།)。直贡赞普时期，在吐谷浑出现了许多苯 (གྲི་གུམ་གྱི་རིང་ལ་འཞིན་རྣམས་བོན་མང་དུ་བྱུང་སྟེ།)。此法甚恶、极凶 (འདི་ནི་གཡག་ཏུ་བཟང་པ་དགག་པའི་གནས་ཏེ།)。《陀罗尼经》(རྣང་གི་མདོ་ལས།) 上曰：

诸不信吾法者，
集受苦业不断。

说：一对夫妇有一子，子患病 (ནད་པས།) 后问其母："何为皈依处？" (སུ་ལ་སྐྱབས་སུ་འཛིན།)。母答："可询问天苯波！"苯波供养地方保护神并向其祈祷，[52]说："可向你派遣天神，杀牲畜及人吧！完全可以解脱。"[53]如此授记。

79

父母卖身换取金子，购得牲畜及人以供养。[54]此事向世尊禀报后，世尊下诏:(ཞལ་གྱིས་བཞེས།) 其母将转生为诉哭者 (དེའི་མ་ངུ་འབོད་དུ་སྐྱེས།)；其父将转生为阿罗汉 (པའི་བསླབ་འཛིན།)；子将转生为擦瓦 (ཚ་ཚོན།)；天苯波将转生为无压迫之地 (ལྷ་བོན་པོ་མནར་མེད་པར་སྐྱེས་སོ།)；未死人 (མ་ཤོང་བའི་མི) 将转生于三十三天，因心生信仰之力而向佛祖顶礼。如此说。

又，吐蕃中部之温地方 (དབུས་ཀྱི་ཡུལ་འོན་གྱི་ལུང་ལ།)，生一具驴耳人。此人系辛氏 (ཏུ་ར་ཀ་གཤེན་ཡིན་ཅིང་།)，具大智慧 (ཤེས་རབ་ཆེན་པོ།)，故得名辛绕 (གཤེན་རབ་ཅན།)。又因耳长，得名米沃 (མི་བོད།)。众苯波称：温米隆仁 (ཡུལ་འོན་མི་ལུང་རིངས།) 地方的顿巴辛绕米沃 (སྟོན་པ་གཤེན་རབ་མི་བོ།)。此人九岁时，带着本地的鬼 (ཡུལ་འདྲེ་བཞི་ར་ཏ།) 入住非人之地 (མི་མིན་གྱི་གནས་སུ་ལུགས།) 十一年，或十二年里未曾与人交往。约二十岁时，重回人间，为活人供养天神 (གསོན་པོའི་ལྷ་མཆོད།)。为病人、噩梦者等，作承侍者 (རིམ་འགྲོ།)，为供施所需，施赎身物品和躲 (སྒྱུ།)，以降伏厉鬼，知何处有何厉鬼，以及鬼神所好等，并做相应法事。因地方众鬼 (ཡུལ་འདྲེ་རྣམས།) 信仰此人，故名扬四方。王也请他入宫做法，故，苯波盛行。

此时，有臣罗昂者 (བློན་པོ་ལོ་ངང་།) 犯上作乱，王不敌而亡。有人说，王因头顶挥舞宝剑而砍断了光绳 (འོད་ཀ།)，引起天神不悦而亡。王权被夺，三子被流放于工布[55](ཀོང་པོ།) 地方。此时，吐蕃日渐衰弱，故称"中顶王"(བར་གྱི་བྱིང་།)。顶王之王陵，据说建于岩与平坝之间，位于章木章穷山 (རི་གུང་ལོ་ལྡེན་ཆུང་གི་རྫོང་ལ་ཡོད།)。因罗昂常压迫 (གཞན་ནམས།) 庶民，故，众民共同商议，前去迎请幼子恰赤，尊封其为王 (ཕུ་བོ་སྲས་དར་རྒྱ་ལོ་བཟུར།)，更名布德贡杰 (སྤུ་དེ་གུང་རྒྱལ།)。二长兄分别作工布和娘波 (ཉང་པོ།) 王。[56](布德贡杰) 与臣韦之子达尔拉吉[57](བློན་པོ་དབངས་ཀྱི་བུ་དར་ལ་སྐྱེས།) 一同作战，为父王报仇，杀罗昂，夺取政权，收复失地。

该王时，开采金银矿，修建桥梁等。

恰赤之子为阿秀列 (ཨ་ཤོ་ལེགས།)，其子为利秀列 (ལི་ཤོ་ལེགས།)，此王于青

80

瓦达孜地方建都城。因宫堡坚固，故常住于此。其子为热秀列 (རེ་ཤོ་ལེགས།)，其子为古茹列 (གུ་རུ་ལེགས།)，其子为仲吉列 (འབྲོང་ཞེར་ལེགས།)，其子为托秀列 (ཐོ་བོ་ལེགས།)。他们被称为地之六列王 (ས་ཡི་ལེགས་དྲུག)。

六列王之王陵，建于青瓦山下。下葬时，王所属财宝皆一同埋葬。

托秀列之子为杰森森德 (རྒྱལ་བཞིན་བཞིན་བཙན།)，其子为德推聂 (ཐེའུ་ཕྲུལ་གནམ།)，其子为绛雄赞德 (གཅམ་གཤུང་བཙན་བཙན།)，其子为色虐烈德 (སེ་བསྙོལ་ལི་བཙན།)，其子为德兰 (ཐེ་ལམ།)，其子为德虐巴 (ཐེ་བསྙོལ་པ།)，其子为色虐色德 (སེ་བསྙོལ་སེ་བཙན།)，其子为陣赞德 (བྱིན་བཙན་བཙན།)。他们被称为水之八德王 (ཆུའི་ལྡེ་བརྒྱད།)，王陵建于水中，下葬时，王所属财宝皆抛入江河之中。

据说，在此之前，王皆娶天女与鲁姆（龙女）为妃。

此后，王与庶民通婚。陣赞德之子为托日库赞 (ཐོ་རེ་ཁོང་བཙན།)，他娶萨直杰那布 (ཟ་བྲི་རྒྱལ་ནག)为妃，生子赤赞那木杰 (ཁྲི་བཙན་གནམ་རྗེ།)；他娶麦萨鲁杰旺 (སྨན་ཟ་ཀླུ་རྒྱལ་དབང་།) 为妃，生子赤扎蚌赞 (ཁྲི་བཟར་དཔུང་བཙན།)；他娶麦萨鲁杰 (སྨན་ཟ་ཀླུ་རྒྱལ།) 为妃，生赤托杰托赞 (ཁྲི་ཐོ་རྗེ་ཐོག་བཙན།)。他们共同被称之为四赞王 (བཙན་བཞི)。他们的王陵为如同牙帐般的封土，建于琼波多之沟口 (མཆོད་པོ་མདོའི་མདའ་བན་འོར་དུ།)。在此之前，由人作人王，共传二十六代。

二、拉托托日聂赞

赤托杰托赞，娶茹贡萨东擦姆 (རུ་གོང་བཟའ་སྟོང་རྒྱལ་ཚ་མོ།) 为妃，生子拉托托日聂赞 (ལྷ་ཐོ་ཐོ་རི་གཉན་བཙན།)。此王于土鼠年，生于翁布拉岗 (འོན་བུ་བླ་གང་།) 宫。[58]他在位时，始兴佛法。据说王享年一百二十岁，于火猪年去世。王于土鼠年，生于翁布拉岗宫。在位时，正法始兴。对此，《仙女无垢经》里曾授记："吾涅槃后两千五百年，于赭面人地方将兴起佛法。"王六十岁时，住于翁布拉岗宫。此时，随日出之光芒，天降金宝箧于王身前。打开后，发现内有《宝箧经》《诸佛菩萨名称经》《六字真言》及一肘长金制佛塔等。不知此等为何物，故，取名"玄秘之物" (གཉན་པོ་གསང་བ།)，置于宝库供养。夜里，王在梦中得授记：五代后，将有人能认得此物。

又说，王供养玄秘之物而得加持。六十岁时，白发变黑，重生乳牙，壮如青年。国力强盛，诸边地之王自愿前来称臣，特别吉祥。王说：吾之后人，在雪域，遇何种灾害，皆可向它（玄秘之物）祈祷而化解；不管有何愿望，皆可依它实现。

有人说，于王之明月宫（རབ་གསལ་ཟླ་བའི་ཁང་པ།）里天降佛经雨时，同时出现了《六字真言》等。然此说不可成立。《后传经》（དཔལ་རྩོམ་ཕྱི་མའི་ལུང་།）上授记：吾涅槃后一百一十二年，法之精要，将传扬三天界。赡部洲之东南边界，在名曰白（དཀར།）的山上，有持大悲之王名杂（རྒྱལ་པོ་ཙ།）者，手持金刚。有缘之人，将成就圣菩萨。对此，要时常生起信仰。此说（明月宫降经雨），与上述授记不符。两千五百年之说，也与一百一十二年之说不符。据说，王是普贤菩萨之化身。在此之前，有苯教徒辅佐国王。据说拉托托日聂赞之王陵，位于琼结[59]（འཕྱོངས་རྒྱས།）之沟口，大小如一座小山。王娶虐萨(ཁ་བོན་ཟ་བཞེས།)为妃。又说，王娶拉隆萨芒波支（ལྷ་ལུང་ཟ་མང་པོ་སྦྱིན།），生子赤聂宋赞（ཁྲི་གཉན་གཟུངས་བཙན།）。王陵位于顿噶尔山脚（རི་བོ་དུང་དཀར་པོའི་འདབས།）。他娶卓萨杜绛[60]（འབྲོ་བཟའ་དགུང་འཛོམས།）为妃，该妃子又名卓萨季涅谛玛（འབྲོ་ཟ་རྒྱུད་གཉེན་ཏེ་མ།），生卓聂德茹[61]（འབྲོ་གཉན་དེ་རུ།）。子十五岁时，父王过世（གཤེགས།），享年五十七岁。王陵位于穆禄象波沟口（དམུ་ལུགས་ཤང་པོ་མདའ།）。

卓聂德茹娶钦萨·鲁杰芒措（འཆིམས་ཟ་ཀླུ་རྒྱལ་མང་མཚོ།）为妃，生一子为眼瞎者。子七岁时，父亡，享年四十四岁。众臣辅佐幼子继位（རྒྱལ་ས་བཟུང་།）。王向先祖遗物"玄秘之物"祈祷并供养，在他人的引路下转经而得加持。故，见达日山上有盘羊在吃草[62]（རི་སྟག་རིའི་ཁ་ལ་གནག་གི་ཟན་འཛིན།），得名达日聂斯（སྟག་རི་གཉན་གཟིགས།）。他继承了先王遗志（ཆབ་སྲིད་ཀྱང་ཡབ་མེས་ཀྱིས་བྱས་ཉིད་བྱེད།）。此时，出五幻化臣：芒赤多日（མང་ཁྲི་དོ་རེ།）、秀布杰多日（ཤུད་པུ་རྒྱལ་དོ་རེ།）、郑玛格普茹拉吉（འབྲིང་མའི་གོ་རུ་ལྕགས།）、拉布果噶尔（སྦུ་བུ་མགོ་དཀར།）和聂昂东斯（གཉན་ངག་སྟོང་གཟིགས།）。诸王臣之功绩：是法令严明（བཀའ་ཁྲིམས་བཙན།），著经典（གཞུང་ཡིག），做犁与轭（ཤོང་གཤོལ་བཞག་པ།），圈养牲畜（ཕྱུགས་ལ་བཞུགས་པ།），评估财宝价值（ནོར་གྱི་རིན་བཏགས།），做工有佣金（མིའི་གླ་རྔན།），圈养牛羊群（ཕྱུགས་འབྲུ་སྟོབས་སུ་སྐྱོལ་བ།），积草（རི་རྒྱལ་ལ་རྒྱུན་པོར་མཐོན་པ།）等。他执政五十年。他的王陵，建于贡仁沟口（གུང་རི་རིས་ཀྱི་མདའ་ན།）。

达日聂斯，娶沃果尔萨顿赞吉卓麦（འོལ་གོར་ཟ་སྟོན་བཙན་གྱི་འབྲི་མོག），生子囊日松赞[63]。王八岁时，父亡，享年五十岁。王子继位，建强巴米久林宫[64]（བྱོན་པ་མི་འགྱུར་གླིང་།）。此时，灭东方之汉、突厥[65]（གྲུག），森波杰[66]（ཟིང་པོ་རྗེ།），西方之聂秀王[67]（གཉན་ཞུར་གྱི་རྒྱལ་པོ།）等。部分药典和历算等传入吐蕃。此时，强卡拉荣（བྱང་ཀ་ལ་རོང་།）地方，或称仲尼列蚌森（འབྲོང་ནི་ལེ་བོང་སེང་།）地方，有一名叫塌卡茹仁（སྟུང་ཀ་ཡ་ཡ་ཡ་ར་རིང་།）的牦牛杀死了来往的马匹（མི་རྟ་།），谁也无法穿越此地（འགྲོ་ས་མ་བྱུང་།）。为此，王囊日松赞，乘坐骑妙孔雀，[68]率领随从前去捕杀。有次，看见了牦牛，于是前去追赶，夜晚时分，终于把它赶到了一湖边的山沟内。此时，有一名叫穆·蚌姜仁姆（དམུ་དར་བོང་རྒྱ་རིང་མོ།）之人前来拜见国王。此人身材魁梧，壮如马匹。王问："能否降服野牛？"答："能！"于是，他手持两块石头前去。投出一石，正中野牛一角而落入湖水，湖水沸腾；投出另一石，又中牛之另一角而起火冒烟。如此，杀死了野牛。此时，一部分牛肉驮于马背之上，其余由蚌姜仁姆背回。在赶马回来的路上，王问："如此速度，何时能回到家中？"答："半个月后。""若加快速度，或许七天。快马，今夜就能到家。"于是加快了速度，至雪山旁的一湖泊边时，坐骑累死了。王也因吃了牛肉后，喝了冷水之故而亡。[69]

如此，王囊日松赞执政三十二年，四十岁离世。王陵，位于贡仁索卡都噶尔之沟口（གུང་རི་བས་སོག་ཁ་མདའ་དཀར་གྱི་མདའ་ན་འོག་ཏུ།）。

三、松赞干布

囊日松赞，娶蔡邦氏珍玛朵缇工噶尔（བཙན་མོ་སྐྱོ་བཟའ་འབྲི་མ་ཐོག་གི་སྦལ་ཀོང་དཀར།）为妃，[70]生松赞干布[71]（སྲོང་བཙན་སྒམ་པོ།）。他于世尊出世后的两千八百二十九年

的火牛年，出生于强巴米久林宫。对此，《经》（ལུང་ཆེན་པོ）上说：

噶吉（དགའ་བྱེད）之后八百年，

护月（ཟླ་སྐྱོང）二百三十一，

杰芒（བརྗེད་མང）七百二十四，

拔乃（བལ་གནས）八百一十四，

果恰（གོ་ཆ）二百四十二。

如此，与泥婆罗王卫色果恰（འོད་ཟེར་གོ་ཆ）同辈。

松赞生于火牛年，

观音化身十三岁，

父后执政六十九，

八十二岁之鼠年，

渗入热萨观音像。

又说卒于色木岗，

总之生为观世身，

大悲王者吾顶礼！

火牛年，（王）生于强巴米久林宫，长相俊俏，具一切妙相，头顶有无量光佛像。出生时，宫内出现各种吉祥奇妙相，王臣皆欢喜，为王子取名赤德松赞[72]（ཁྲི་སྲོང་བཙན）。头顶的无量光佛像，用绸缎裹起。直至四岁，未曾出宫。此时，据说人们曾议论：囊日松赞之子，有两个头。《遗教》中说：布达拉[73]（པོ་ཏ་ལ）山上，住有观世音，得知度化雪域众生之时机已成熟而发出身光，落于强巴米久林宫内的囊日松赞和次邦氏王妃身上。此景，于众有情所见各异：诸天与夜叉，见一道白光；众菩萨，见观世音亲临雪域；王，见一妙子入娘胎。

父亲过世时，王赤松德赞[74]（ཁྲི་སྲོང་ལྡེ་བཙན）心想：如今父王已经过世[75]，若是让我继位掌权，该有多好！此时，有普贤菩萨从左边为他洗浴；文殊菩萨从右边为他穿戴宝冠；无量光佛为其灌顶；诸天为其降花雨，并封其为法王。如此，他十三岁继位，征服边地各小邦，把吐蕃全境划分六大奎（ཁམས་ཆེན་པོ་དྲུག）。诸小邦前来献年贡（དཔྱ་དང་ལོ་འབབ་འབུལ），尊他为顶饰（གཙུག་རྒྱན་དུ་འཛིན）。

总之，王之功绩无法言语。首先，打开先祖拉托托日聂赞时期的"玄秘之物"时，发现其用印度文撰写。心想：若把它翻译成吐蕃文，有益于众生，并且互通书信时，也需要有自己的文字。于是，命吞鲁热卡之人阿奴（ཨ་ནུ་ཐུ་མི་ཨ་ནུའི་བུ་ཞེས་བྱ་བ）携带黄金与十六名随从，前往克什米尔学习文字。他们从婆罗门李坚（བྲམ་ཟེ་ལི་བྱིན）处学习克什米尔（ཀཱ་ཤི）文字；从班智达拉日巴森格（པཎྜི་ཏ་ལྷའི་རིག་པ་སེང་གེ）处学习梵文。吞弥（ཐོན་མི）本人品性良好，故被印度、克什米尔人称之为桑布扎（བཟང་པོ），意为"吐蕃贤者"（བོད་ཡངས་དཀར་པ）。迎请精通多种印度文之婆罗门李坚前来吐蕃，与王于乌茹尊姆蔡（དབུ་རུ་བཙུན་མོ་ཚལ）地方相见。李坚向王行礼致敬，并献许多梵文偈颂体祝词。王甚喜，命其创制文字、翻译佛经，为雪域众生造福。

吞弥与朗康巴果恰（གླང་ཁམས་པ་གོ་ཆ）二人，从梵文译出二十四个字母，又新创六个字母而确定了三十个吐蕃字母；把十六个元音字母，缩减为四个；字体，以克什米尔字体为主（གཟུགས་ཀཱ་ཤི་ལའི་ཡི་གེ་དང་འདྲ་བའི་གཟུགས་སུ་བསྒྱུར）。于拉萨玛茹宫（སྤྲུལ་པའི་མ་རུ），留存献新文（ཡི་གེ་འབུལ）。又造副词（འབྲུད་ཚིགས་བསམས）。之后，王命其为王之本尊神弥勒佛与观世音撰写颂词。于是，吞弥撰写颂词如下：

面相清秀比雪山，
宣讲一切解脱道，
能除一切恶业俗，
是为圣尊弥勒佛。

颂词与神像，至今仍留存于尊姆蔡地方。又造一吐蕃文献新词，其内容如下：

如来利乐圣智慧，
能见禅定之静相，
能断愚障[79]之护主，
将除三时恶魔部。

据说，此等偈颂体"献新"内容，曾留存于四方。

于强钦之廓（གྱང་ཆེན་གྱི་གླིང་）地方，修建神殿，供养观音圣像及颂词等，是为吐蕃文字及神殿之首。吞弥曾造《三十颂》《音势论》等八部语法著作后，国王也曾闭关学习文字四年，并依据梵文经典翻译佛经，曾尝试翻译《幻化经》（སྒྱུ་འཕྲུལ།）等，取得了成功。后，翻译了《宝箧经》（ཟ་མ་ཏོག）、《白莲经》（པད་མ་དཀར་པོ།）、《宝集总持》（འདུས་པ་རིན་པོ་ཆེའི་ཏོག་གི་གཟུངས།）、《宝云经》（མདོ་སྡེ་དཀོན་མཆོག་སྤྲིན།）、《五王经》（རྒྱལ་པོ་མདོ་ལྔ།）等许多佛经。此时，依吐蕃民众所求（འབངས་ཀྱི་གསོལ།），王曾对臣民下诏：吾若不依佛法治理，后人将会依先祖而行，对众生不利。如此，不仅今世不可得乐，也有来世堕入三恶趣之危险。因此，吾为利众生，供养三宝，依正法治世，行十善。又立强身健体（ལུས་ཀྱི་དཔའ་རྩལ།）、学习经典、赡养父母，尊敬、善待堪布与上师，尊敬历辈法王，歌颂、敬仰沙门及有学识的婆罗门等，以及多数庶民不饮酒等内容的《十六法》，引领吐蕃之人皈依佛法。众人视王为正直之人，故取名松赞干布。

之后，派遣使者，携带大量黄金前往印度，迎请化身比丘师利拉阿嘎热玛底（སློབ་དཔོན་དགེ་སློང་ཤྲཱི་ལ་ཨ་ཀར་མ་ཏི།）。又于印度南部迎请一檀香树上自生的一肘长十一面八臂观音像。又，取来一根蛇形檀香木（ཡང་ཙན་དན་གྱི་སྦྲུལ་གྱི་ཚུལ་པ་གཅིག）、一根布达拉之檀香木（པོ་ཊ་ལ་ནས་ཙན་དན་གྱི་ཤིང་གཅིག་ཚུལ་པ་གཅིག），一捆海草

86

(རྒྱལ་མཚོའི་པ་མ་སོགས་ཤིག），一格茹城（གྲུབ་ཆེར་ཀེའི།）之佛塔，三世佛舍利各一，菩提树，取自八圣地之沙粒一升，尼连禅河边的曾被世尊钵水湿润过的沙粒一升，奇宝一升，作为建造十一面观音圣像的材料与装藏。

（王）娶泥婆罗王卫色果恰（བལ་པོའི་རྒྱལ་པོ་འོད་ཟེར་གོ་ཆ།）之女赤尊公主[80]（བལ་མོ་བཟའ་ཁྲི་བཙུན།）为妃，她是忿怒仙女的化身（ཁྲོ་མོ་གནོད་སྦྱིན་གྱི་སྤྲུལ་པ།）。随她的嫁妆，迎请不动金刚佛、弥勒法轮及檀香木制度母像。

此时，东边汉地，有王森格赞（རྒྱལ་པོ་སེང་གེ་བཙན།）者。此人聪慧英勇，征服了北边的霍尔（ཧོར་གྱི་རྒྱལ་ཁམས།）国，占领其领地而当王。与吐蕃通好，相互赠礼，互遣使者，非常友好。唐太宗[81]（ཐང་ཐའི་ཙུང་།）有公主名文成公主（ཨུན་ཤིང་ཀོང་ཇོ།），相貌出众，据说是度母之化身。各地之王，纷纷派遣使者前来迎娶，其中有边地大霍尔人（མཐའ་བཞིའི་ཧོར་ཆེན་པོ།），有吐谷浑人[82]（ཐུ་ཡུ་ཧུན།）。虽然他们反复前来提亲，然皆不得公主而返。吐蕃王也前去提亲，然未嫁公主。[83]国王不悦，二十五岁时，领军十万东征，灭吐谷浑，直逼松州（ཛང་ཆིའུ།）。遣使送上金甲（པོ་ཁ་ལ་གསེར་གྱི་གཞུ་བརྙན་སྤྲད།），说："嫁女！若不应允，将派军攻城。"汉人未嫁女，暗中偷袭吐蕃营地，死千余人。此时，战事日久，军队回师。后，臣噶尔[84]（མགར་པོ་ལ་གས།）携带五千两黄金，及各种宝物，前去提亲。王森格赞，嫁女文成公主于铁牛年。由江夏王（གྱང་ཞཱ།）带兵护送。吐蕃也派兵前去迎亲，双方相遇于汉蕃边界之萨河（སཱ་དུ།）之地。随公主之嫁妆，迎请佛祖释迦牟尼十二岁等身像[85]。

关于此圣像，说：世尊住于祇陀林（རྒྱལ་བྱེད་ཚལ།）时，"为众生积资粮，请赐身语意所依处"！文殊如此祈请。世尊微笑着发出了四道光，分别射到了梵天、帝释天、遍入天及工巧天身上。他们承允为三圣像作施主与工匠。各种财宝，汇集于工匠跟前。世尊加持，工巧天使用神通，首先依菩提佛塔形造法身，具宝伞、塔顶，[86]高有大梵天一弓长，明亮如彩虹，由世尊开光。被迎请至天界，又被智勇与飞天（ཡི་ཤེས་ཀྱི་དཔའ་བོ་དང་མཁའ་འགྲོ།）迎请至西方邬仗那金刚林（རྡོ་རྗེའི་ཚལ།），未着地，坐于虚空。它的妙

相，无法言语触及，或如烟塔，又称降神塔。

其次，报身像，由遍入天作施主，用各种天人宝物所造，为大日如来像。双手合前，头戴宝冠，宝冠上有一弓长月，宽达八由旬。同遍照雪海佛，由世尊亲自开光，住于外大海。肚脐以下位于水下，度化水中众生[87]。半身浮出水面，度化陆地上的众生。双肩有诸鸟。每月十五日，月光普照大海时，无相之水为其沐浴。从外海捞取宝物的众商主，坐船其旁经过，并供养[88]。

第三，化身像，为用各种天人宝物所造世尊十二岁等身像，帝释天作施主，身色如纯金，[89] 双手显镇地势。见其面，具有能除三时之疾病与痛苦、得解脱之功德。世尊亲自开光加持，如同亲见佛祖。于天界住百年。之后，由智慧飞天迎请，于邬仗那住百年。以神通入虚空，于金刚座住百年。之后，入法身像过千年时，授记："要度化众生！"

此时，汉地最初有周王（ཅིའུ་དང་）统治一百年；之后，秦始皇（ཇི་དང་）父子，统治七十年；之后，汉高（ཧན་གོ་）祖统治十二代；之后，由东琼之弟斯达钦（དུང་ཆུང་གི་གཅུང་པོ་སི་ད་ཆེན）掌权时期，觉沃佛（ཇོ་བོ）被请至汉地。过了一千一百六十年时，出现了唐王（རྒྱལ་པོ་ཐང་），他与吐蕃赞普囊日松赞是同一时代的人。他的儿子唐太宗僧格赞（ཐང་ཐའི་ཛུང་སེང་གེ་བཙན）与吐蕃赞普松赞干布是同一时代的人。为了在吐蕃弘扬佛法，文成公主迎请觉沃佛入吐蕃。与此同时，养蚕、酿米酒等技术也传入了吐蕃。

有些史籍记载说，迎娶公主时，冲[90]（ཧོར）与大食[91]（སྟག་གཟིག）等国也派遣使者前来迎亲。为争得公主，曾与他国使者发生玉珠穿线等斗智事件等。此事是否属实，需要考究。若想了解详情，请参阅有关史料。

赤尊公主有意于吐蕃修建神殿，然未能建成。王得知此事后，命文成公主进行堪舆。[92]堪舆结果认为，吐蕃之疆域如同一仰卧的魔女。[93]为镇住此"魔女"，于其右肩上修建噶蔡神殿[94]（ཁྲ་འབྲུག་གི་འདུར་བ་གཙང）；左肩膀上，修建昌珠寺[95]（ཁྲ་འབྲུག་བཀའ་གདམས་གླིང་གི་གཙུག་ལག）；右脚上，修建藏章神殿（གཙང་

འབག་ཏིང་ཚན་དགེ་གནས་ཀྱི་ལྷ་ཁང་།)[96]；左脚上，修建仲巴江神殿（གྲོམ་པ་རྒྱན་རྣམ་དག་གླིང་མེད་ངྷ་གི་ལྷ་ཁང་།)[97] 等，于吐蕃四茹（རུ་བཞི།）修建了四座神殿。于右肘上，修建了工布布久神殿[98]（ཀོང་པོ་བུ་ཆུའི་ལྡེམ་ཡུད་དུ་བཤག་ནི་ལྷ་ཁང་།)；左肘上，修建了洛扎康亭神殿[99]（ལྷོ་བྲག་ཁོ་མཐིང་།)；右膝上，修建了噶扎神殿（ཀ་ཚལ།）；左膝上，修建了札东孜神殿[100]（པྲ་དུན་རྩེ།）。如此，修建了四镇边寺。右边的手掌上，修建了强蔡隆虐神殿（བྱང་ཚལ་གྱི་ལུང་གནོན།)；左边手掌上，修建了康丹隆塘卓玛神殿 [101]（ཁམས་སུ་ལྡན་གྲོང་ཐང་སྒྲོལ་མ།)；右边的脚掌上，修建了芒域强珍神殿 [102]（མང་ཡུལ་བྱམས་སྤྲིན།)；左边脚掌上，修建了门域蚌塘神殿[103]（མོན་ཡུལ་བུམ་ཐང་།），是为四再镇边寺。

又说，共建八座镇边及再镇边寺。于汉地修建果噶久托梅寺（རྒྱ་ནག་གོ་ཀ་ཅུ་ཐེམ་མེད་ཀྱི་ལྷ་ཁང་།)；于朵康地方修建隆塘白迴寺（མདོ་ཁམས་སུ་གྲོང་ཐང་དཀར་འཁྱིལ་གྱི་ལྷ་ཁང་།)；于吐谷浑境内修建吉茹斯档寺（འཛི་ཡར་གྱི་གི་ཟུ་ས་དངས་ཀྱི་ལྷ་ཁང་།)；于于阗境内修建萨辛哈止寺（ལི་ཡུལ་ས་སེང་ཧ་འཛིན་གྱི་ལྷ་ཁང་།）；于芒域吉隆地方修建强珍益翁格杰寺（མང་ཡུལ་སྐྱིད་རོང་དུ་བྱམས་སྤྲིན་ཡིད་འོང་དགེ་རྒྱས་ཀྱི་ལྷ་ཁང་།)；于克什米尔境内修建热朗旺青杰贝寺（ཁ་ཆེའི་ཡུལ་དུ་ར་ལུང་དབང་ཆེན་རྒྱས་པའི་ལྷ་ཁང་།）；于工布境内，修建普久塔列雍仲孜寺（ཀོང་ཡུལ་དུ་སྤུ་ཆུ་ཐ་ལས་གཡུང་དྲུང་བརྩེགས་ཀྱི་ལྷ་ཁང་།)；于门地方修建巴卓吉曲旺青杰贝寺（མོན་པ་སྤྲ་སྐྱེར་ཆུར་དབང་ཆེན་རྒྱས་པའི་ལྷ་ཁང་།)。

又说，修建巴卓吉曲寺等许多神殿后，于沃塘湖（ཨོ་ཐང་མཚོ།）上用石木建屋，以龙泥（ཀླུའི་འདག་པ།）铺墙，再用山羊运土填屋顶，建起了惹萨幻化神殿。于北净室（བྱང་འདུན་ཐབ་ཁང་།）堆积有许多檀香木与龙脑（ཀ་སུར།）等妙香时，自生十一面观音圣像。中央净室，供养佛祖及八近侍弟子像。右边净室，供养燃灯佛主仆像。左边净室，供养纯铜制弥勒法轮主仆像等。又，于中央净室，供养不动金刚佛。

公主修建热木且神殿（ར་མོ་ཆེའི་གཙུག་ལག་ཁང་།），供养觉沃仁波切像。之后，王前往五台山（རྭ་བ་རི་རྩེ་ལྔ།），修建了一百零八座神殿并立石碑，如同法令般的功绩刻于其上。

又，王娶西方象雄王李米夏（ཞིང་མི་ཤ）之女李托美（ལི་ཐོག་སྨན）与吐蕃之赤江（བྲི་བཅང）为妃。于红山与药王山（ལྕགས་པོ་རི）之上修建宫殿，两座山之间用铁链筑桥。于山岩之间修建神殿，共建九百多座宫殿。诸先祖广泛开创如法治世之道，吐蕃民众皆皈依佛法，今来世皆有望得乐，如此治理。

此时，迎请印度大师古玛热（ཀུ་མ་ར）与婆罗门香迦热（བྲམ་ཟེ་ཤང་ཀ་ར）；泥婆罗大师室利智（བལ་པོའི་སློབ་དཔོན་ཤྲི་ཡ་མཉྫུ）；克什米尔大师达奴达（ཁ་ཆེའི་སློབ་དཔོན་ད་ནུ་ད）、迦奴达（ག་ནུ་ད）、婆罗门李坚（བྲམ་ཟེ་ལི་བྱིན）；汉地大师摩诃衍（རྒྱ་ནག་གི་སློབ་དཔོན་ཧ་ཤང་མ་ཧཱ་ཡ་ན）；由吞弥·桑布扎（ཐོན་མི་སམྦྷོ་ཊ）及其弟子达摩果咔（དྷརྨ་ཀོ་ཥ）和拉隆多吉白（ལྷ་ལུང་རྡོ་རྗེ་དཔལ）等做翻译，译出了大量佛经。

此时，吐蕃千户划分为四翼，征服东边之杂人与辛人（གཟའ་མི་དང་གཤིན）、南部之洛与蕃（ལྷོ་བོད་དང་བོད）、西部之象雄（ཞང་ཞུང་ལུང）以及北部的霍尔等国（བྱང་ཧོར་གྱི་རྒྱལ་ཁམས）。

"五代后，将出王名德（ལྡེ）者，此时将兴盛佛法，并出众多出家之人，可作供养对象！"如此授记，从而开创了吐蕃之佛法。

王之头顶有无量光佛像，是为观世音菩萨之化身。此等历史，多记载于于阗二僧人所造之史书以及其他史书。

王十三岁继位，八十二岁土狗年过世，立于本尊神十一面观音像前[104]。赤尊、文成二公主留遗言：释迦牟尼佛像从惹木且神殿迎请至幻化神殿，供奉于南净室殿内，用土墙封门后其上绘制文殊像；不动金刚佛像，迎请至惹木且神殿供养。臣民中，若有人想念王与公主，可供养观音圣像并祈祷。

又，王说：雪域之地，五代后将出扶持佛法之王，佛法大兴而成道；再过两代，将出王牲畜名者，将佛法灭尽而堕入恶趣；再过数代后，将有象征性佛法问世，供养佛祖舍利。于雪域，最后五百年时，如同将灭

90

之油灯复燃，佛法将大兴。吾之五乘法，可将托付于一护法之王。

此时翻译的五乘法，为《月灯》《诸佛菩萨名称经》《宝云经》《涅槃经》《业智品》。有些人称其为王之五经。如此，为蒙萨赤江（དབའ་བཟའ་ཁྲི་བྱང་）与大臣朗钦波[105]留下遗言后，王将手置于赤尊、文成二公主头顶时，两位公主随即变为莲花与睡莲，与王一同渗入了十一面观音像。有些吐蕃民众认为，王死于彭域[106]森姆岗（པན་ཡུལ་ཟམ་མོ་སྒང་）地方。

此时，有超度亡灵、供施等善行，[107]然因流行过去之恶习，加之有些权臣干预之故，用衣裳与随身用品等于穆日墓波穷普之沟口（དམུ་རི་འབོམ་པོ་ཕྱུང་པུའི་ལུང་མགོ་དག）修建了王陵。于贡日索卡（གུང་རི་སོག་ཀ）之右边，建有公主陵，其旁有赤尊、努萨麦噶尔（སྣུབ་བཟའ་རྨད་དཀར）、门萨赤米珍（མོན་བཟའ་ཁྲི་མི་འཛིན）、钦萨赞美朵（ཕྱིམས་བཟའ་བཙན་མོ་ཏོག）、库萨拉姆列（ཁུ་བཟའ་ལྷ་མོ་ལེགས）陵等，六位王妃之陵至今可见。此时，诸臣依遗言，互换觉沃佛像，[108]于门墙之上绘制文殊像等，详情见于《遗教》。

松赞干布之子为贡松贡赞（གུང་སྲོང་གུང་བཙན）。关于他的事迹，说：

贡松十三继位之，

在位五年十八亡，

据说父王又执政，

火狗之年生芒松。

如此，王娶三或四位妃子，蒙萨赤玛聂江（མོང་བཟའ་ཁྲི་མ་གཉེན་བྱང་）妃生贡松贡赞[109]，在位五年，十八岁亡，王陵建于贡钦敦噶尔之沟口（གུང་ཆེན་མདུན་དཀར་དགུའི་ལུང་མགོ）, 位于索卡之左边（སོག་ཀའི་གཡོན་ངོས）。

据说，于父王之前过世而父王晚年又掌权，故称半代。他娶吐谷浑妃子芒姆赤噶尔（འ་ཞ་བཟའ་མང་མོ་ཁྲི་དཀར）, 于火狗阳年生芒松芒赞[110]。

年过一纪祖父亡，
芒松十五继王位，
在位二十七年后，
卒于后藏巴尔塘。

如此，十三岁继位，由尚蔡邦氏（བཙན་པོ་ཆུངས྄）与噶尔氏（མགར་）任大臣。此时，汉、蕃之间，时而友好交往，互赠礼品；时而失和，为争夺地盘而战。不久，大臣噶尔去世。铁马阳年，吐蕃军队开往汉地，占领畏兀儿（ཡུགུར）等地。汉王命九大臣领兵十万，攻抵拉萨（ལྷ་ས）。吐蕃由臣噶尔之子为主将，击退汉军。王辅政十二年，[111]执政十五年，水鼠阳年卒于后藏巴尔塘地方，享年二十七岁。王陵名奥协尔沙波（བང་སོ་ཞོལ་བཞི་ཧྲ་པོ），建于穆日暮波山脚（དབུ་རི་དབུ་པོ）。

杜松未生父先亡，
水鼠阳年生札地，
二十九岁卒江地，
角珠孔赤等守陵。

芒松娶卓萨赤杰赤玛卢（འབྲོ་བཟའ་ཁྲི་རྗེ་ཁྲི་མ་ལོད）为妃，生杜松芒波杰隆朗[112]（འདུས་སྲོང་མང་པོ་རྗེ་རླུང་ནམ）。据说，杜松芒波杰尚未出生，其父已故，留于襁褓（སྐྱེད་ཐུར་བཞུགས）。他水鼠阳年，生于雅砻札[113]（ཡར་ལུངས་སྒྲགས）地方，成年前，由臣噶尔之长子掌管内政；臣噶尔之幼子及侄子，处理外事。故，王无权，人们惧怕（噶尔氏家族）。

王成年后，领兵攻打位于前线的手握军权的噶氏子孙。因受到了王的惩处，长子赤江[114]（ཁྲི་འབྲིང）拔刀自刎；幼子赞普（བཙན་པོ）及侄子芒杰（མང་རྗེ）投奔了汉王。此时，汉王是那杰武则天（རྒྱ་པོ་ན་རྗེ་འུ་ཛེ་ཐེན）。吐蕃人前去投奔时，汉地由武氏老妇（ཀྱིའི་རྒྱི་ཁན་མོ།）掌权。汉王心喜，（噶氏幼子）赞普被任命为大臣，芒波杰（芒杰）被任命为左路将军（མང་པོ་གཡོན་རུ་དཔོན་དུ་བསྐོས།），并赐铁制金印，许诺：不管他们叔侄将犯何种过错，皆不予追究。

杜松芒波杰时期，由角珠当巴尚炯杰（ཅོག་གྲུ་འདམ་པ་ཞང་སྟོང་རྗེ།）任大臣。东至汉地之甘州（གར་རྒྱུ་གཱག་ཆུ།），南至泥婆罗辛衮（བལ་པོ་བཟི་རྒུན།）、刘田（ལིའུ་ཏེན།）、恰乌直萨扎加孜（བྱ་འུ་ཟི་ས་བྲག་རྒྱ་མཚོ།），西至洛瓦根仁（ལོ་བོ་བ་གར་རིན།）、拜域囊贡（བལ་ཡུལ་ནང་གོང་།），下至西噶尔以上（ཤང་གྱི་ཤེལ་གར་ཆོད།）收于治下。此时，从汉地传入茶与各种乐器。此时，吐蕃出现了许多有名的大力士，赤顿域尖（ཁྲི་བདུན་ཡུལ་བྱིན།），能越过九号长的山沟；[1115] 朗赛江仁扎（སྣང་གསལ་རྒྱང་རིང་བཀྲགས།），能生擒野牦牛；[1116] 阿托郭赞（ཨ་སྟོག་གོད་བཙན།），能生擒狮子；[1117] 角若鲁贡（ཅོག་རོང་ཀླུ་གོང་།），能用箭射穿粗达二号长的树木；卓达赞（འབྲོང་སྟག་བཙན།），能用水攻陷险要之堡寨；[1118] 一人能把一装满黄金的鹿皮袋举过头顶。[1119]

王二十九岁继位，铁龙阳年，卒于南诏[1120]（འཇང་ནག་གྱི་ཡུལ།）。王陵建于森格兹加赞日敖协尔之右边（གནད་སེང་གེ་བརྩིགས་པ་ནས་བཙན་གྱི་སྤོས་བཞིན་གྱི་གཡས་ལོགས།）。由角珠孔赤（ཅོག་གྲུ་ཁོང་ཁྲི།）守陵。杜松之子为祖丹（གཙུག་བཙན།）。

赤德祖赞铁龙年，
春季生于丹噶宫，[1121]
年末父亡后继位，
六十三岁水马年，
卒于亚卓那蔡地。

杜松芒波杰娶钦萨仓玛朵（འཆིམས་བཟའ་ཚང་མ་འཚོ།）为妃，生赤德祖赞梅阿聪[1122]（ཁྲི་ལྡེ་གཙུག་བཙན་མེས་ཨག་ཚོམས།）。成年后，心想先祖松赞干布时期，曾授记五

代以后将出王名"德"者，那定是自己。于是，于拉萨修建卡扎钦浦朗杰神殿[123]（ཁྲ་བ྄ག་བ྄ཆེན་ཚོགས་རྒྱལ།），于兑布修建卡尔达神殿（དཔྲ་ཡ་མ྄ག྄་ནོན།），于朵麦修建林曲赤孜（མད྄ོ་སྨད྄་ད྄ུ་གླིང་ཆ྄ུ་ཁྲ྄ི་རྩེ།），于扎玛地方修建噶曲夏果神殿[124]（བྲག་དམར་ད྄ུ་བཀའ྄་ཆ྄ུ་ཤ྄་སྒོ།），于旁塘修建噶觅神殿[125]（འཕང་ཐང་ཀ྄་མེད།），于噶曲修建彭穷（ཀ྄་ཆ྄ུ་འཕན་ཆུང།）、扎玛止桑[126]（བྲག་དམར་མགྲ྄ིན་བཟང།）等许多神殿。由郑迦玛拉果咔（བྲན་ཀ྄་མ྄་ལ྄་ག྄ོ་ཀ།）与艾若那古玛热[127]（ཨ྄ཻ་ར྄་ན྄་ག྄ུ་མ྄་ར།）翻译出了《金光经》（མད྄ོ་སྡ྄ེ་གས྄ེར྄་འོད྄་དམ྄་པ།）与《百业经》（ལས྄་བརྒྱ྄་པ།）两部以及其他许多佛经，大力推行佛法。

水马阳年，卒于亚卓[128]拔蔡（ཡ྄ར྄་འབྲོག྄་བག྄་ཚལ།），享年六十三岁。王陵位于垂日祖拉那木山上（འཕྲུལ྄་ར྄ི་གཙ྄ུག྄་ལ྄ག྄་ནམ྄ས྄་ཀྱ྄ི།）。梅阿聪之子为江擦拉温[129]（འཇང྄་ཚ྄་ལྷ྄་དབོན།），为其迎娶汉王宗宗（རྒྱ྄་རྗ྄ེ་ཀྲུང྄་ཀྲུང།）之女未成，最终嫁王弟之女金成公主（ཀིམ྄་ཀེང྄་ཀ྄ོང྄་མ྄ིན྄་ཀ྄ོང྄་ཇོ།）。公主嫁妆中，有许多丝绸及各种工艺。此时，汉地之少量星算术传入吐蕃，其中有占卜吉凶之术。[130]公主入蕃时，江擦拉温被臣所弑，故嫁其父梅阿聪。公主寻访释迦牟尼佛像并供养，生一具妙相之子。

马年春生赤松于扎玛，
年近十三父王已过世，
随即继位四十三岁时，
卒于五十六岁木牛年，
皆说卒于松卡[131]颇章宫。

梅阿聪娶金成公主（མཛངས྄་ཀྱ྄ི་མ྄ིན྄་ཀ྄ོང྄་ཇོ།）为妃，于铁马年春扎玛（བྲག྄་དམར།）地方生一具相子[132]（མཚན྄་དང྄་ལྡན྄་པ།）。数月后，前往旁塘地方封王时，[133]王子被大妃那囊氏（སྣ྄་ནམ྄་མ།）抢走，作那囊氏之子而得名赤松德赞[134]。他自幼聪慧，具大智大悲，派遣桑希[135]（སང྄་ཤི།）等四百人前往汉地寻求佛法。

此时，汉地有一先知和尚，他预言将有菩萨之化身吐蕃使者前来，并指出了他的相貌特征等。使者到来后，王隆重接待，并赐许多佛经。返回吐蕃时，汉王指派了一汉僧至吐蕃。抵达吐蕃时，发现赞普梅阿聪已去世，王子年幼，众臣禁佛且迫害僧侣。释迦牟尼佛像欲送回汉地时，三百人也未能举起而埋于土沙中。拉萨[136]成了屠宰场。此时，大臣那囊赤托杰塘（ཉང་ཙེ་མོ་ཁྲི་བཟང་།）背部撕裂而亡（འབལ་ར་བ་རྒྱབ་གས་ནས་ཤི），臣角珠吉艾杰荣（ཅོག་གྲུ་བ་དགྱེས་མཆེད་།）身瘦而亡。众人议论，是佛像埋于沙子之故。于是，用两头骡子运送佛像至芒域吉隆（མང་ཡུལ་སྐྱིད་རོང་།）地方。卡扎（མཁར་བྲག）与止桑（མགྲིན་བཟང་།）两座神殿被毁。此时，有一僧臣名拔赛朗（བྲག་སལ་སྣང་།），被王子派往芒域卡拉（མང་ཡུལ་ཁྲི་ལ）。桑希见吐蕃禁佛后，把佛经藏于岩石之中。

四、赤松德赞

赤松德赞，十三岁，土马阳年继位，于多颇章宫[137]（ཏྲག་པོ་བྲང་།）继承先祖遗志。桑希得知此事后，取出先前埋藏于岩石间的佛经献上。王信仰佛法，命加觅果（རྒྱ་མེ་མགོ）、阿涅达（ཨ་ནནྡ）二人翻译，被臣尚仲巴吉（ཞང་གྲོལ་བ་སྐྱེས）等人阻止。支持佛教的众臣，把桑希派往芒域。赛囊前往印度，朝拜玛哈波德（མ་ཧཱ་བོ་དྷི）、那烂陀寺，于泥婆罗拜见臣寂护[138]（ཞི་བ་འཚོ་དགོན་པ），并迎请至芒域，从他学习佛法而发心。他提出要邀请大师前往吐蕃时，大师说：我与吐蕃王，曾于饮光佛前一同发心，并祈祷将于边地修建神殿，弘扬佛法。因此，若能前去吐蕃传法，将有益于众生。如此授记。

给他（赛囊）赐名益西旺波（ཡེ་ཤེས་དབང་པོ།）后，前往泥婆罗。拔·益西旺波来到吐蕃中部，于隆促宫（ལོང་ཚུགས་ཐོག་མ）与王相见。与王讨论佛法之时，他介绍了此时位于泥婆罗的这位印度高僧（རྒྱ་གར་གྱི་སློབ་དཔོན་ཨ་ཙརྱ་བོ་དྷི་ས），说他继承了龙树之法脉，曾听闻文殊法等。王心喜，于是说："我将命人供养，你暂时先躲藏起来！"同时，王命尚娘桑（ཞང་ཉང་བཟང་།）、郭赤桑（འགོས་ཁྲི་བཟང་།）等支持佛法的大臣弘扬佛法。尚娘桑说："玛尚位高权

重，又厌恶佛法，故，此事难成。"郭氏说："我有一计，可除去玛尚仲巴吉。请依我所说行事！"于是，王臣商议，根据郭氏之计谋，诱使玛尚仲巴吉活人入墓，并用巨石封门。命益西旺波携带黄金及各种宝物，前去迎请寂护大师。

之后，派出了芒钟那扎（མང་གོང་ན་ཛ）、尼·旦赞董斯（ཉི་བྲན་བཙན་གདོང་གཟིགས།）、章加热列斯（བྱང་རྒྱ་ལེགས་བཞེགས།）三人前去迎接，他们同大师在芒域地方相遇。芒钟那（མང་གོང་ན）和大师留在那里，其余返回拜见赞普并报告此事。此时，众尚伦说："要考察是否传习了南部泥婆罗的恶咒。"[139]于是，派遣桑希、森贡拉隆斯（སེང་གོང་ལྷ་ལུང་གཟིགས།）和钦觅曼（འཆིམས་མེ་མན།）三人前去查明。因语言不通，故请克什米尔人阿难陀（ཨ་ཅེ་ཡན།）做翻译，询问阿阇黎，得知所传之法甚妙，不必担心。[140]大师说："目前，世界上，以人形传法者中，无人能超越我。"他们相信了大师的说法，于是迎请至吐蕃。赞普举行了隆重的欢迎仪式，并进行高规格供养。于隆促宫（བོང་ཆུང་ཕོ་བྲང་།），克什米尔人阿难陀做翻译，大师用四个月的时间讲解《十善法》《十八界》《十二因缘》等。此事激怒了吐蕃众神，故，红山被雷击，旁塘宫被洪水冲毁，人牲被疾病感染。此时，民众起来抗议，说这是因传习佛法所致。[141]于是，大师再一次被送回了泥婆罗。不久后，赞普重新扶持佛法，拔赛囊被派往汉地寻法。桑希等三十人，被派去泥婆罗迎请大师。此时，有一汉地和尚预言：六天后，将有圣马鸣之化身前来（འཕགས་པ་རྟ་སྐད་ཀྱི་སྤྲུལ་པ།）。如此，拔赛囊如期到来，受到了汉王热情接待。他从一和尚取经，返回后作礼物献给了赞普。王说：阿阇黎还没有请来，你也去请阿阇黎吧！于是，他被派往泥婆罗。益西旺波与桑希，迎请阿阇黎来到扎玛止桑（བྲག་དམར་མགྲིན་བཟངས།）时，受到了王与随从等的热烈欢迎。他们向大师顶礼、供养后，向他学法。大师说：学法将会引起吐蕃鬼神的不满，也会影响疆土与国王的寿命。要降伏吐蕃之鬼神，有一名叫莲花生[142]的大师具神力，可前去迎请。赞普梦中得授记，就命拔赛囊

（ཐང་རྗེ་གསལ་བ་ཅན）与森果拉龙二人，带领那囊多吉杜迥（སྣ་ནམ་རྡོ་རྗེ་བདུད་འཇོམས）、结若那斯得（ལྕེ་ཁྱུ་བ་སི་དེ）、钦释迦师利（མཆིམས་ཤཱཀྱ་ཤྲཱི）、章德杂雅热西达（བྲང་ཏི་ཛ་ཡ་རཀྵི་ཏ）、秀布白吉森格（ཤུད་པུ་དཔལ་གྱི་སེང་གེ）等五人前去迎请。大师心喜，来到芒域贡塘（མང་ཡུལ་གུང་ཐང）与他们相见。大师与随从来到吉隆沟时，有古格象雄之战神（གུ་གེ་ཞང་ཞུང་གི་དགྲ་ལྷ）杰默幕紫梅（རྒྱལ་མོ་མུ་རྩེ་སྨད）拦路，把众山山体连接起来挡住大师前进的去路。被大师降伏灌顶，取名雪山多吉衮桑（རྡོ་རྗེ་ཀུན་བཟང）,作佛教护法神，成了十二地母（བསྟན་མ་བཅུ་གཉིས）之首。又一路降伏众多吐蕃之鬼神。来到亥波日（ཧས་པོ་རི）山，与赞普相见。来到玛卓沟（མ་བྲོག），降伏一切吐蕃鬼神。命十二地母护法，阻止外道传播。之后，大师被迎请至桑耶寺[143]，举行建寺选址仪式，由寂护大师负责。[144]仿照乌丹扎布日神殿（ཨོ་ཏནྟ་པུ་རིའི་གཙུག་ལག་ཁང），于火兔阴年奠基，建桑耶寺。王本人修建三层乌孜大殿（དབུ་རྩེ），象征须弥山。上下亚卡神殿（ཡ་སྒོ་ཁ་འོག），象征日月。又建十二洲，于那木达陈康林（རྣམ་དག་ཁྲིམས་ཁང་གླིང），出家修行；于千绕江白林（མཆིམས་ཕུ་འཇམ་དཔལ་གླིང），讲习佛法；于达焦仓旺林（བརྡ་སྒྱུར་ཚངས་པ་དབང་གླིང），翻译佛经。以上是东三洲。

南三洲是，于除魔密咒林（བདུད་འདུལ་གསང་སྔགས་གླིང），授灌顶；阿尔雅帕洛林（ཨཱརྱ་པ་ལོའི་གླིང），迎请大师；扎角罗杂林（བྲག་དམར་ཀེའུ་ཚང་གླིང），翻译梵文佛经。

西三洲是，于大日如来洲，分大小乘；于甘丹强巴林，授记；于不动禅定洲，修禅。

北三洲是，于宝器洲，立佛法胜利宝幢，供宝串；于无上菩提洲，发心；于宝库白哈尔洲，存储宝物。

不属于十二洲者，另外，大妃子蔡邦萨玛尔杰美朵准（ཚེ་སྤོང་བཟའ་དམར་རྒྱལ་མོ་བཙུན་མེ་ཏོག་སྒྲོལ་མ）,修建康松桑卡林（ཁམས་གསུམ་བཟང་ཁང་གླིང）；朴雍萨杰姆赞（ཕོ་ཡོང་བཟའ་རྒྱལ་མོ་བཙུན），修建布蔡色康林（སྤྲུལ་ཚངས་གསེར་ཁང་གླིང）；卓强秋曼（འབྲོ་བཟའ་བྱང་ཆུབ་སྨན），修建格结其玛林（དགེ་རྒྱས་བྱེ་མ་གླིང）。[145]

97

另外，为除八边地不同语言者，[146]修建许多神殿。为震慑东边之汉地而修建多吉神殿（ རྡོ་རྗེའི་གཙུག་ལག་ཁང་ ）；为除南部之门（ རྒྱ་སྒོའི ），修建蚌塘孜隆神殿（ འབུམ་ཐང་རྩེ་ལུང་གི་ལྷ་ཁང ）；为震慑西方鲁（ ཀླུ ），修建白结神殿（ དཔལ་རྒྱས་ཀྱི་ལྷ་ཁང ）；为除北方乌底答跋渣（ དབང་དུ་བསྡུས་བཙ་ར ），修建卓孜神殿。另外，修建东边工曲（ ཀོང་ཆུ ）、南部洛扎卡曲（ ལྷོ་བྲག་མཁར་ཆུ ）、西部曲杜（ ཆུ་ཚོ་འདུས ）、北边羌曲等神殿（ བྱང་རྫོང་ལྷ་ཁང ）和四修行处（ སྒྲུབ་གནས ）。又于昌珠[147]修建云旦如意源或罗曲普钦（ ཡོན་འབྱུང་ཡིད་བཞིན་གཏེར་ལྷོ་ཆོས་སྤུག་ཆེན ），于噶蔡[148]修建夏木巴（ ཀ་ཚལ་དུ་ཤམ་པ ），于森林中修建德丹林神殿（ དགས་གསལ་བའི་ལྡན་ལ་གླིང ），于仲巴[149]地方修建格增噶卫隆（ གྲུབ་པར་དགའ་མཛད་དཀར་པའི་ལུང ），于拉萨修建叶巴[150]（ ཡེར་པ་ཡིད ），于桑耶寺修建恩巴桑杰青朴[151]（ བསམ་ཡས་སུ་མཛད་པར་སངས་རྒྱས་མཆིམས་ཕུ ）以及藏章[152]（ གཙང་ཆང ）等，这些是偏远修行处。土兔阴年，由阿阇黎寂护、莲花生开光，吐蕃传兴佛法，是桑耶寺开光成功之因缘。建成后庆祝了十三年。有些《传记》中说，莲花生大师于吐蕃滞留十三年。有些说，于吐蕃停留十八个月，完成一切度化功业后前往吉隆，桑耶寺开光时又入吐蕃中部。之后，据说于色香冲列地方（ གསེར་གང་ཞོལ་ལ ）入天，于啊尧林（ རྔ་ཡབ་གླིང ）降伏罗刹，成金刚身（ རྡོ་རྗེའི་སྐུ་བགྱིས ）。据说目前依然在世。

羊年，请来说一切有部之十二比丘，为证吐蕃人是否能出家修行，莲花生让七人初试出家受戒。寂护作堪布，韦仁青（ དབས་རིན་ཆེན ）出家，是吐蕃首位出家僧人，具五预言（ མངོན་ཤེས་ལྔ ）。他作堪布，益西旺波受戒出家，成为对吐蕃特别有恩者，佛曾授记：他是马鸣菩萨。仁青旺波（ རིན་ཆེན་དབང་པོ ）也受戒出家。以上是最初受戒者三人。之后出家者，是朗苏噶达瓦玛热西达（ གླང་སུ་ག་ཏ་ཝ་མ་ར་ཤྲཱི་ད ）。最后受戒者三人，分别是瓦果尔·贝若遮那（ དབའ་གོར་བཻ་རོ་ཙ་ན་ར་ཤྲཱི་ད ）、藏·德文扎热西达（ ཙང་དེ་བྱནྡྲ་ར་ཤྲཱི་ད ）和昆·那跟热西达（ འཁོན་ན་གནྡྲ་ར་ཤྲཱི་ད ）。

关于他们的历史，绘于桑耶寺壁画。其中，有释迦牟尼、舍利子、罗睺罗、龙树[153]、清辨论师、妙隐（ དཔལ་སྦས ）、益西娘波和寂护等。莲花生大师把昂雪[1154](དགག་སྣེད།)的沙滩变为草坝（ཚེའུ་གཤོངས།），使江水入沟等。有赞普沐浴之水的银宝瓶，被抛入空中，出如奶天水，献于赞普。因诸臣使坏，又把大师赶回去了。[1155]另外，迎请印度大师毗玛拉米扎[1156]（བི་མ་ལ་མི་ཏྲ།）和佛密（སངས་རྒྱས་གསང་བ།），然未能前来。王寄去了书信。

吐蕃悉补野之王，
梅阿聪子赤松德赞，
具有神通之王臣。
松赞干布观音身，
大悲菩萨后不断，
六道众生具大智，
五毒一切六续根，
赤杰托赞等后人，
皆立十善法而行事。

贤德木噶尔跋（གཞུབས་མ་ག།）、贝秀达森哈（བི་ཤུད་ཏ་སེང་ཧ།）等，以及吐蕃译师，七觉士，曲吉朗瓦（ཆོས་ཀྱི་སྣང་བ།）、僧人朗卡（བནམ་མཁའ།）、卓·仁青德（འབྲོ་རིན་ཆེན་སྡེ།）、那木巴米达巴（རྣམ་པར་མི་རྟོག་པ།）、释迦沃（ཤཱཀྱ་འོད།）等做翻译，翻译了许多佛经。迎请持咒者达摩格德（དྷརྨ་ཀིརྟི།），于瑜伽金刚界等坛城处除魔。于密咒林，灌顶。克什米尔班智达诺那米扎（ཛྙཱ་ན་མི་ཏྲ།）、达纳师利（དྷ་ན་ཤྲཱི།）等，于那达陈康林[1157]（སྣ་ནམ་འཕྲིམས་ཁང་གླིང་།）立法；汉地和尚等，于不动禅定林坐禅。于翻译仓巴林（བསྒྱུར་ཚོགས་པའི་གླིང་།），做翻译。于宝库白哈尔林（པེ་ཧར་གླིང་།），存放宝物。于贝若遮那林（བཻ་རོ་ཙ་ནའི་གླིང་།），讲法等，全面兴佛。

龙年，于丹噶尔宫[1158]（ལྡན་དཀར་ཕོ་བྲང་གས།），大译师百慈（དཔལ་བརྩེགས།）、鲁益旺波（ཀླུའི་དབང་པོ།）等，为所有翻译出来的佛经编撰目录。阿阇黎寂护授记："莲花生大师立十二地母作护法，因此，外道将不会传至吐蕃。但

是，佛法将会分裂为两派。此时，可迎请我的弟子莲花戒[159]前来辩论，将能平息纷争。"之后，大师被马踢死了。由白央（དཔལ་དབྱངས་）讲法，益西旺波于洛扎[160]（ལྷོ་བྲག་དཔལ་གྱི་ཕུག་）地方修行时，来一汉地和尚摩诃衍[161]之弟子。说，身语之法，施舍、受戒等不能得解脱，如同黑云遮日。因此，彻见心性，方得解脱。这是《般若经》之修行法门。说其他《经》也有如此修法，专注心性可超越六年施舍功德。心中有物，是轮回。见心中无一物，便得解脱。

引进顿门派经典，持断见，不主张行善。多数吐蕃人喜欢此法，依此学习。白央等少数人，依寂护大师之法学习。因见行不和而起争。王命曰："依寂护大师之法行事吧！"众顿门派愤怒，拔剑而扬言要杀死渐门派。王心中不安，命人去请益西旺波。第三次去请时前来，并对王说："我对此事不满，然堪布之遗言如此。"王回忆起了堪布的遗言，于是命人前去迎请莲花戒。和尚得知此事后，请来《般若经》等以备辩论之需。他们不修其他佛法经典，专攻坐禅仪轨口诀《禅卧轮》（བསམ་གཏན་ཉལ་བའི་འཁོར་ལོ་）及其证成（དེ་རིགས་པས་སྒྲུབ་པ་ལྟ་བའི་རྒྱན་སྒྲ་），破净等。[162]怀疑原文不精准，[163]为破净寻禅词，以《禅辩复》《正行八十经藏》作根据；[164]《经义释》（མདོ་སྡེ་དགོངས་འགྲེལ་），被视作非佛所言而藏起来。[165]

迎请莲花戒大师，于桑耶寺，王与诸贤者作证，所有人收起武器，手持花环。准备向胜者献花，并决定放弃失败者的观点。若不如此实行，将被王惩罚。如此盟誓。莲花戒一派，有一些持印度佛法者及郭大师等少数；汉地堪布一派，有王妃卓萨强秋（འབྲོ་བཟའ་བྱང་ཆུབ་），斯门祖玛玛（གཉལ་གཙིགས་ཙ་）等，汇聚众多人数。

此时，莲花戒问："汉地之法如何？"汉地和尚说："你们的佛法，需要从皈依、发心开始，如同猴子爬树顶，是下爬之法。[166]吾法非行事所能成道，需要修分别心才能得道。[167]如同大鹏鸟降落树顶，[168]是上升之法，是为白一能法。"[169]对此，大师认为意喻皆不能成立。首先，喻不能成立，

100

大鹏鸟难道是在空中生出圆满翅膀而降落树顶呢？还是先生于岩石之间，待翅膀丰满后翱翔空中再降？前者是不能成立的。根据第二种情况，正好说明了我方的观点是正确的，而不能作为顿门派观点的证据（喻）。对此，堪布对喻的问题进行了反驳。大师接着说：不仅你的喻有误，而且意也是不能成立的。修无分别禅心，是阻止一方思量，还是所有？若是阻止一方，那么，睡觉和晕倒等是属于无分别心，因为，阻止了一方面的思量。若说，阻止了所有思绪，那么，你修行分别心时，是否需要一修分别心思量先行？若不需要，那么，三界众生皆生禅心。因为，思修之分别心不需先行，也能修禅故。若修无分别心之思量需先行，那么，这就是分别心，故，修无分别心之立论不成立。例如，当需要保持安静时，你说："不要说话！"事实上，这句话已破坏了安静的氛围。[170]以引经据典，通过缜密推理进行辩驳后，汉地堪布，变得没有了勇气。王说："请回答！"堪布说："如同头顶被雷击，不知如何作答。"王说："若是如此，那就向大师献花环，弃白一能（དཀར་པོ་གཅིག་ཐུབ་）法，依不违背经典之印度法行事吧！往后，谁再遵行白一能法，将受到严厉惩处。"如此，向吐蕃全境颁布法令。收集汉地佛经，埋藏于桑耶寺，作为伏藏。

汉地堪布心灰意冷而回到住处，然留一只鞋于辩经场。据说，此事另有寓意，是向诸随从授记：佛法将灭时，将见少许吾之法脉。后来，诸贤者上师说：至今亦未断法脉，有少许持"识心即是解脱"见者，即是"留鞋"之因缘。汉地堪布（རྒྱ་ནག་མཁན་པོ་）头顶着火，面向西方极乐世界而亡。侍寝者为主的随从等，以石敲击各自睾丸而自杀。此等情况，在此不再一一赘述。欲知详情，请参阅《杰协》（རྒྱལ་བཞེད་）、《韦协》（དབའ་བཞེད་）等史料。如此，王臣和大师、大译师等，于吐蕃弘扬佛法。如同把脚下之小石子尊奉为头顶的装饰般，王广泛供奉僧侣，对吐蕃特别有恩。因此，人们常说：

世尊无二圣者寂护师，
持咒无上沙弥莲花生，
贤者之庄严莲花戒，
赤松德赞妙思者。
黑暗雪域如有日出，
正法之光普照四周地，
具有无上恩德者四人，
吾等吐蕃民众常顶礼。

如此说。

王之疆域如何？王是菩萨的化身，某夜梦见：有四王各献一铠甲。四将帅穿戴铠甲，攻打印度。在印度一佛塔内有如来舍利，要把它请来。醒来时，发现枕边有四套铠甲。王依梦中所现行事，自印蕃边界开始，走出了三十三千万由旬的距离。[171]在此以下，全收于治下，并取来舍利。桑耶寺的每一座佛塔内都入一颗舍利，其余入白塔。

火猴年，攻打汉地，取渭州（ཞིའུ）、白州（ཕེའུདཀརུ）等二十四城。汉地与吐蕃之间，建立驿站。[172]后来，出汉王太宗（རྒྱའི་རྒྱལ་པོ་ཐའེ་ཙུང），不愿向吐蕃献礼。[173]又，水羊阴年，吐蕃起兵，太宗逃往陕州（ཞན་ཇོར་གཤེར་བཞུར་ཏོ）。吐蕃军抵达汉地之北霍尔（བྱང་ཕྱོགས་ཧོར་སྐྱབས）地方，汉臣迦胡帝（རྒྱའི་བློན་པོ་ཀ་ཧུ་ཏི）投靠吐蕃。吐蕃立王室高王（རྒྱལ་རིགས་ཀའོ་དབང）者为汉王，统治汉地。宣布诏书（འཛམ་ནའ་འཐམས་སུ་བ་ཐུག་ཏུ）。

如此，该王时期，于桑耶寺修建学经院，于青朴建修行处。隆粗宫（སོ་བྲང་ཆུང་ཁུག་གུ）修建幸福源城（གྱུར་ཆིན་སྐྱིད་པའི་འབྱུང་གནས），仓贝迥乃（ཚོང་པའི་འབྱུང་གནས）两座神殿。如此有许多城市，到底有多少无法得知。他的大臣，由郭·赤桑亚拉（འབྲོ་ཁྲི་བཟང་ཡ་བ་ལ）、秀布·白吉森格（ཤུད་པུ་དཔལ་གྱི་སེང་གེ）、昂热巴鲁贡（དར་ར་པ་གོང）、尚·杰擦拉朗（ཞང་རྒྱལ་ཚ་ལྷ་སྣང）、娘桑（ཉང་བཟང）、沃协尔

（ཡོད་པ་བཞིན）、钦·直琼（འཆིམས་བཞེར་ཅུང）等担任。王臣等依佛法治世，使吐蕃之人得乐。收复边地各部，东汉地，南印度，西巴蒂斯坦，勃律，以及北霍尔，等等地方。二法（政治、佛法）功绩卓越。他在位时期，苯教衰弱，佛教兴盛。他手心有睡莲印，据说是文殊之化身。此等见于旧史籍，以及正统史书。

十三岁继位，五十六岁木牛阴年死于松卡尔（ཟུར་མཁར）。又说，他死于六十岁。王陵建于垂日垂场外（འཕྲུལ་རི་འཕྲུལ་སྒང）。先祖赤德祖赞娶有六个妃子，其中，汉王亚江（རྒྱ་རྗེ་ཡའ་འཛང），即王宗武之女（རྒྱལ་པོ་ཙོང་གྲུ་གྱི་སྲས་མོ་ཡིན）金成公主之子为赤松德赞。他娶有三个妃子，其中，蔡邦萨玛尔杰措曼（ཚེ་སྤོང་ཟ་དམར་རྒྱལ་མཚོ་མན）生有四子：牟德赞普早年夭折；牟诺赞普（མུ་རིག་བཙན་པོ）出家；牟尼赞普[174]，执政一年零九个月。

五、牟尼赞普

牟尼水虎札玛生，
二十五岁继王位，
在位一年九个月，
被母杀于班普地。

如此，此王于水虎阳年生于札玛。成年后继位，父王说："王妃雍萨杰姆尊（ཡོངས་ཟ་རྒྱལ་མོ་བཙུན），是我前世的母亲，你也要娶她为妃，要善待她。"于是，他娶杰姆尊为妃。此时，于工布地方修建江布蔡[175]（གོང་ཡུལ་བྱང་བུ་ཚལ）神殿。于桑耶寺，创立经、律、论三藏供养法会。他于之前王子时期，以及后来执政时期，对吐蕃全境实施三次平均财富之法令。有一次，集中王妃、大臣、庶民，[176] 向先祖松赞干布以来历代各王献所依三宝献财，然庶民所献财物（大小不一）。特别是，（王臣与庶民之间差距悬殊）。（于是决定）我父子所献田产以及对出家人的供养，决不减少，皆

按所需增加供奉。[177]后人子孙，也需要如此行事。为此，请护法、王臣之颈神[178](ཅེ་འབངས་ཀྱི་མགུལ་ལྷ།)、男神（ཕོ་ལྷ།）等作证，按世俗之法盟誓，誓词封印后保存。

此时，吐蕃与汉地之间的关系，并没有因为父王时期的关系而变得和睦。后来，关系变好，于弥药[179](མི་ཉག)之地哈拉县（ཧ་ལ་ཤན།）相会，划分边界。吐蕃之边界，包括恰之兰州武威（ཕྱིའི་བྲག་ཤིག），洲渭州（ཞིའུ་ཞིན་ཀྱིའུ།），临洮（ཤེད་ཀྱིའུ།），汉地之南边忻州（ཤིན་ཅིའུ）至金朗之间（གུང་ལང་།）；汉地之北边，金朗地方至戴杜海（ད་དུ་ཧའི）西南之间，黄河北边以下。汉之边界，包括济州田千汗（ཀེ་ཅིའུ་བན་ཆེན་ཧན།），凉州（ཡང་ཅིའུ།），忻州斯尊山（ཤེད་ཏུ་སི་ཙོན།），戴杜以上（ད་དུ་ཧའི་ཆད་དབང་བར་བསྣུན་བར་བགྱིས།）。二者之边界，留松州[180]（སུང་ཅིའུ།）、夏州（ཤ་ཅིའུ།）、塔图人（ཐ་ཐོའི།）等，留空地，两边都不予占领。

属于吐蕃的地方，植被都向着吐蕃生长。此时，他的母亲想趁机报复杰姆尊（རྒྱལ་མོ་བཙུན།）。之前，她被父王宠爱而无法治她，如今因成了妃子而又无可奈何。为报复杰姆尊，决定毒死儿子，在食物中投毒。食物被送至王宫时，送食者手上写着"食物有毒"几个字。王看见后说："若母亲敢给儿子的食物投毒，儿子就敢吃下去。"于是，吃了有毒食品而死于雍布拉岗宫。执政一年零九个月，二十六岁半过世，史称半代。王陵，位于森格孜之右前方（སེང་གེ་བཙིགས་ཀྱི་གཡུད་གཡས་ན་ཡོད།）。

弟牟底赞普[181](མུ་ཏིག་བཙན་པོ།)，因杀死了尚·杰瓦拉朗（ཞང་རྒྱལ་བ་ལྷ་སྣང་།）之子而受罚流放。被流放者之王陵，赤丁玛日山之吉乌登布（ཁྲི་གདིངས་མ་རིའི་སྐྱེ་ཅེམ་ཏུ་བྱ་ཡོད།）。幼子，是赤德松赞[182]。

弟赤德松赞木龙年，

秋天生于扎玛地，

二十四岁长兄卒，

在位三十一年后，

104

五十四岁火鸡年，

　　死于扎之山沟内。

　　如此，赤德松赞（ཁྲི་ལྡེ་སྲོང་བཙན་），于木龙阳年秋生于札玛。四岁继位，此时，为测试而献宝冠。因宝冠过重，颈部呈如柄，知能执政，取名赛那列颈云（སད་ན་ལེགས་མཇིང་ཡོན་）。由钦·多吉直琼（མཆིམས་རྡོ་རྗེ་སྤྲེའུ་ཆུང་）和角珠萨（ཅོག་གྲུ་བཟའ་）二人担任大臣。建杰德噶尔琼多吉英[1183]（རྒྱལ་སྡེ་དཀར་ཆུང་རྡོ་རྗེ་དབྱིངས་）神殿。迎请班智达莲花戒等。尼·若那古玛热（སྙ་རཏྣ་ཀུ་མཱ་ར་）等翻译了许多佛经。破之前和尚之法余留，依先祖法令刻于石碑。三十一岁继位，五十四岁，火鸡年秋，死于扎沟内（བྲག་གི་གྲོག་）。王陵位于垂日杰钦（འཕྲུལ་རི་རྒྱལ་ཆེན་）背后。赛那列颈云，娶卓萨芒波支（འབྲོ་བཟའ་མང་པོ་རྗེ་）为妃，生藏玛（གཙང་མ་）、达玛（དར་མ་）、拉杰伦珠（ལྷ་རྗེ་ལྷུན་གྲུབ་）、热巴坚（རལ་པ་ཅན་）及赤钦（ཁྲི་ཆེན་）五子。

　　长子藏玛，视王权、钱财如梦幻，与一百庶民受戒出家。虽皈依佛法，然为防患未来而被达玛流放。来到卓木（གྲོ་མོ་）时，众僧尽力挽留，说："不能是能法！"未在此停留。有僧众跟随，来到白钦曲沃日山[1184]（དཔལ་ཆེན་ཆུ་བོ་རི་）时，应僧众之请而暂住，为教导吐蕃民众而著一书。修建查纳（བྱང་ཆུབ་སྣང་བའི་ལྷ་）神殿。之后，不听劝阻，前往卓木地方，最终于门蚌塘（མོན་འབུམ་ཐང་）地方去世。

六、赤祖德赞热巴坚

　　五兄弟中的最幼者，赤祖德赞[1185]热巴坚（ཁྲི་གཙུག་ལྡེ་བཙན་རལ་པ་ཅན་），《白莲经》上说：未来，北方有多乔城（མདོ་ཆེ་རྫོང་）名扬四方，此地有人主热巴坚者（རལ་པ་ཅན་），富裕，有福气，身材魁梧，有信仰。此人将无上供养吾之塑像及僧侣等。过千劫之后，他将于名叫桑吉（བཟང་ལྡན་）的妙庄严界修成遍相佛。如此授记。

赤祖德赞热巴坚，
火狗阳年生温江多；
生为三弟有知识，
十二岁父亡而继位；
在位二十四年后，
统治赡洲三分二；
是为金刚持化身，
死于铁鸡三十六。

如此法王，火狗阳年，生于温江（ཨོན་ཅང）。十二岁继位，取名赤祖德赞（ཁྲི་གཙུག་ལྡེ་བཙན）。他娶昂蔡玛（ངང་ཚུལ་མ）为妃。大僧臣角珠·牛达布达斯杰（བན་ཆེན་ཅོག་རོ་ཀླུའི་དབང་སྲུང་རྗེ）、卓赤松杰达（འབྲོ་ཁྲི་གསུམ་རྗེ་སྟག）等人担任大臣。建温香多城（ཨོན་ཞང་མདོ་རྫོང་འཛིན）。为建乌香多白美扎西格培神殿[186]（དན་བྲོན་དེན་བ་ཤེས་དཔལ་འབྱོར་གྱི་གཙུག་ལག་ཁང་），从于阗[187]（ལི་ཡུལ）请能工巧匠，从泥婆罗[188]（བལ་ཡུལ）迎请许多造像师及石匠，建九层神殿。下三层及门等，用石头建成；中三层及门，用砖头建成；上三层及门，用木头建成。金顶九层，每层金顶之飞檐之间（རྒྱབས་རེ་རེའི་བར་ལ），有僧侣研习佛法场地。上层金顶，有金龙、玉龙装饰，起风时，如有宝伞盖顶。中层墙面上，飞檐下，有网格装饰，[189]四周立有宝伞、胜利宝幢及宝串，其上有丝绸宝冠及法铃。金顶上的金龙，高同后山。如此神殿，汉、蕃、尼等地少有，精妙无比，使见者起信。起大风时，金顶四周系铁链，拴于四尊石狮。上三层供养王之本尊；中三层住传法僧侣；下层是王臣等讨论佛法的地方，其上两层飞檐是讲法、闻法之处。殿内各佛堂之墙壁上，绘制事续、瑜伽续等众天的壁画。

王说，过去先祖时期，寂护大师（མཁན་པོ་ཞི་བ་ཚོ）、益西旺波（ཡེ་ཤེས་དབང་）、尚娘桑（ཞང་ཉང་བཟང）、臣赤协尔（བློན་ཁྲི་བཞེར）、桑希（སང་ཤི），译师德瓦

古玛（ དི་ཁོ་མེ།）、吉其珠（ཇི་ཁྱི་འབྲུག）、婆罗门阿难陀（བྲམ་ཟེ་ཀུན་དགའ།）等，从汉地、于阗、萨霍尔[190]、克什米尔等地，翻译了许多过去吐蕃所没有的佛经。然所译佛经，术语不尽统一，学习困难。后，又请天下之堪布杂那弥扎（ཞི་བོ་གཉེན་བཟོ་ཝི་ཏི་མི་ཏྲ།）、波若罗婆第（པྲ་རེན་ར་བི་ཏི།）、师利兰婆第（ཤྲི་ལེན་ར་བི་ཏི།）、达罗师利（ཏ་ར་ཤྲི།）、婆第弥若（བོ་ཏི་མཉོ།）等；请吐蕃之堪布惹那罗师达（རཏ་ན་ར་ཤི་ཏ།）、达摩师利（དྷརྨ་ཤྲི།）、凯巴曲巴（མཁས་པ་མཆོག་བཅུད་པ།）、罗那德那（རཏྣ་ཛྙཱ།）、杂亚若达（ཛ་ཡ་མཉོ།）、智师利（ཛྙཱ་ཤྲི།）、惹那师利（རཏ་ན་ཤི་ལི།）等，把大小乘诸经典，从梵文译为吐蕃文，统一术语并编撰目录。规定，为使众人便于学习，此等做法永不变更。如此下诏。对过去所译佛经，进行术语厘定。

下三道法令：说一切有部，密法外、事、瑜伽三部之外，其余诸法皆不得翻译。

王与松赞干布、赤松德赞三人时期，制定法令，规定：偷取他人财物，要进行相应的赔偿，如偷取白银一两，要多赔偿八分之白银。[191]同时，依印度之做法统一了度量衡。

每一出家人，赐予七户人家。往后所译佛经，要写明翻译时间及译者等信息。三藏之首，要注明："向佛祖、菩萨及圣文殊顶礼！"不属于此类的经文，一律不再翻译。对过去所译经典，与三藏不符者不可取。如此教导。

此时，吐蕃攻入汉地，占领此前先祖未能占领的地方。东方巴鲁巴县之山脉，如同丝绸帘子，黑汉之地，立石碑，碑上刻：此地以下归吐蕃所有。[192]南方，洛奴（ལྷོ་ནུབ་གསོ་ཙོ།）、门（མོན།）、印度（རྒྱ་གར།）、李（ལི།）、恒河、海边铁柱子上系有狮子以上；[193]西方，大食边界巴达夏东门（པ་དག་ཤ་དང་གྱི་སྒོ་ཤར།）；北方，霍尔之地萨霍尔（ཧོར་གྱི་ཡུལ་ས་ཧོར།）、外海边沙粒山（ཕྱིའི་རྒྱ་མཚོའི་འགྲམ་གྱི་བྱེ་མ་ར་ཅན་གྱི་རི་བརྒྱད་པའི་ལྡེའུ།）等收于治下。总之，统治赡部洲之三分之二。四面八方之小邦，每三年派使者前来纳贡。特别是，有汉王献

礼、[194]纳贡等情况如下：往后不与吐蕃反目，不与吐蕃动武。汉、蕃众臣来拉萨证盟，[195]以天、龙等作证，誓词刻于石碑。该王于吐蕃各地，先后修建神殿一百零八座。笃信佛法，于是，问众臣："有何办法，可将出家人供奉于我头顶？"答："王之发髻两侧系上丝带，让出家人坐于其上，以示供养，如此甚好。"于是，如此行事。此后，僧侣称乌德（དབུ་）。尚论臣（ཞང་བློན）等无论权势大小，无法与出家人相比。此等做法，以立法形式加以确认。对先祖时期所建各神殿的供养，比此前更加优厚。对三宝的供养，要先于本尊神。鲁坚赞（ཀླུའི་རྒྱལ་མཚན）对王忠心耿耿，一次，被韦·杰多日（དབའ་རྒྱལ་ཏོ་རེ）挑拨陷害（说他迫害三宝等）。此事被东董本琼（སྟོང་བཙན་གྱི་བན་ཆུང）听到而上奏国王，结果他被王惩处。[196]了解事实真相后，领主卸帽，向鲁益坚赞行礼表示歉意，共行九礼。左、右、中座献给僧侣，上师坐于第一扇门对面。[197]

人们向众出家上师顶礼，并供养、赞颂等，其待遇如同国王，他人无法比拟，如此盛行（ཕྱག་དར་མཛད་པ་ལ）。僧侣，得名杰（རྗེ）或觉沃（ཇོ་བོ）。如此，王敬奉三宝，扶持佛法。把政权交付僧侣，引起其他大臣不满而背地里商议禁佛。天子藏玛（ལྷ་སྲས་གཙང་མ），被流放于卓木江协（གྲོ་མོ་རྒྱང་གཞིགས）。诽谤王妃（བཙུན་མོ）与本阐波白吉云旦（བན་ཆེན་པོ་དཔལ་གྱི་ཡོན་ཏན）私通，结果本阐波被杀，王妃自刎。王三十六岁，铁鸡年，被韦·杰多日（དབའ་རྒྱལ་ཏོ་རེ）和角珠列扎（ཅོག་གྲུ་ལེག་གཟིགས）二人杀害。王陵位于赤丁玛日顿噶尔内。[198]据说，在此之前，吐蕃王臣共建神殿一千零八座。吐蕃大兴佛法九十年，或九十一年，但是，具体年代无法断定。在这祖孙四王时代，出现了大量的佛教僧团。传说，赤松德赞之子有茹孜赞普（ཙེ་བཙན་པོ），他于牟尼赞普之后执政七年。此说需要考证。以上四王时期，被称之为非常幸福的三个半王统。

七、朗达玛

次子达玛猴头身,[199]

十五父亡十九岁,

弟弟死后继王位。

此前六月如法治,

铁鸡阴年末禁佛。

如此六个半月后,

人王变为魔王心;

一年半月后狗年,

菩萨贝吉多吉杀。

如此,王生于水羊阴年,十五岁时父王过世。三十四岁时,弟赤热巴坚卒。之后,达玛自己掌权。此时,印度有四外道婆罗门未能被度化。四人施火供而自刎,并祈祷:愿自己死后转生为摧毁吐蕃之四厉鬼。他们四人的愿望如实实现,领主赤达玛、角若·列扎拉董赞（ཅོག་རོ་ལེགས་སྒྲ་ལྷ་བཙན།）、韦·杰多日那（དབའ་རྒྱལ་ཏོ་རེ་སྟག་སྣ།）、呗·果协尔列巴（འབལ་འཁོར་གཞོན་ལེགས་པ།）四人,分别身附黑厉鬼、天底乌噶波（གནམ་གཏེང་དཀར་པོ།）、地台乌卓波（ས་མཐེབ་）、江荣之白谛（བྱང་རོང་གི་དཔའ་སྟེ།）四魔。由台乌让阿多哲（ཐེའུ་རང་ཨ་མདོ་ཕྲེ།）作内臣。前半生,于巴卓达噶普地方（སྤ་འབྲོག་སྟག་ཕུ།）修建一座神殿。学习佛经。五个半月的时间里,正常治理。之后,臣那囊·萨赤松（སྣ་ནམ་ཟ་ཁྲི་བཙུན།）等人行诸多不合佛法之事,王之内心也附了魔,开始禁佛。于拉萨建刑场。先祖松赞干布时期,拉萨建有许多神殿,供养释迦牟尼佛像。同时,为吐蕃谋福德,在有因缘的地方都建有神殿和佛塔。当吐蕃开始衰败时,出现了战争与饥荒等。此时,人们开始把出现如此不幸之事的原因归结为神殿、佛塔等,王命人把释迦牟尼佛像抛入江河。众臣将其埋藏于地下，又将弥勒法轮像抬上马车从王跟前走过，以此表示欺王。

大昭寺之门上，绘制僧人饮酒图。桑耶寺与小昭寺的门被封。佛经集中起来，埋藏于岩石之间。班智达与译师等，停止翻译佛经，有些逃跑，有些被驱逐。

温香多（ཨོན་གདོང་།）开光仪式未能完成，出家僧人有些被赶出；有些被迫拿起弓箭打猎。为防止重新皈依佛法，出家受戒者身上打上烙印（མེལ་ཚེ་བརྒྱབས།）。汉地、突厥、南诏、苏毗[200]等民众，无辜惩处。因此，疆土从边疆开始逐渐失去。此时，汉地有一座吐蕃之山因倒塌而黄河之水回流三日。如此，出现了各种凶兆。吐蕃内乱，王政与法政皆被搅乱。

此时，有一名叫拉隆贝吉多吉（ལྷ་ལུང་དཔལ་གྱི་རྡོ་རྗེ།）的人，在扎叶巴（བྲག་ཡེར་པ།）修行。当他见僧人前来狩猎时，问其原因，得知王朗达玛禁佛。他对佛法感到惋惜，又对王产生了慈悲之情。他骑上一匹被黑炭涂黑的白马，身穿一件内白外黑的羊皮袄，手持铁弓铁箭，来到拉萨。此时，他见王正在读碑文。于是，下马说："我是黑鬼。"说着下跪，准备射箭，然王以为是在向他顶礼而未加防范。他一箭射中了达玛王。朗达玛说："要么早了三个月，要么晚了三个月。"贝吉多吉说："要如此杀死恶行王！"说着，骑马逃跑了。此时，众人说："天神赞普被杀死了，赶快追杀凶手！"人们向四处追杀时，他蹚过了拉萨河。马身上的黑炭被水冲刷而变成了白马，又把皮袄反过来穿后，说自己是白色天神。如此逃跑后，未被人们追上。他携带《阿毗达摩集论》《律经》《噶玛夏当》（ཀརྨ་ཤ་ཏ།）三部经书，逃往朵康[201]。据说，在山岩中修行的娘·丁增桑波（ཉང་ཏིང་འཛིན་བཟང་པོ།）、玛·仁青乔（རྨ་རིན་ཆེན་མཆོག）等人，被人称之为刽子手。朗达玛之王陵，位于僧格孜（སེང་གེ་བརྩེགས།）和杰钦陵（རྒྱལ་ཆེན་བང་སོ།）之间，因内有许多宝物，故称阔罗坚（བང་སོ་འཁོར་ལོ་ཅན།）。

在此之前，吐蕃有王四十二代。其子为沃松[202]。

沃松永丹兄弟传，

沃松水猪阴年生；

生于雍布后继位，

三三木羊旁塘亡。

永丹死于三十六，

二人时期始乱世；

外失疆土内乱政，

祖孙别无平庸者。

朗达玛妃子，蔡邦萨杰姆（ཚེ་སྤོང་རྒྱལ་མ）有遗腹子，生于王去世后四个月，水猪阴年于雍布拉康宫。害怕受到大妃子的迫害，所以，夜里以酥油灯守护，故称沃松，意为"光护"。大妃子，也假装怀孕，抱来丹巴杰斯（བསྟན་པ་རྒྱལ་གཞིགས）与仲萨杰（འབྲོང་ཟ་རྒྱལ）之七孙子中的最幼者，谎称昨夜自己所生。众臣前去查探时，发现婴儿长有乳牙，于是说："昨夜所生之子，不可能有乳牙，然而有母亲权势护佑。"因出生时，就因为母亲护佑而起争议，故称永丹，意为"母护"。

此时，吐蕃赞普之位空了四个月。之后，由沃松继位。因大小王妃起争，疆土一分为二。沃松与永丹相争，永丹之叔叔巴卡协尔东列（འབའ་མཁར་ཤེར་སྟོང་སྲས）支持永丹一方，占领乌茹。乌腰[203]（དབུར་སྨད）相争，永丹胜。沃松被迫退居后藏。此时，尚娘桑（ཞང་ཉང）支持沃松，献拉孜宫（ལ་བརྩེ），又嫁女角珠萨杰姆列（ཅོག་གྲུ་ཟ་རྒྱལ་མ）为妃子。沃松从拉隆贝吉多吉学习药师佛仪轨，因受此加持而继位掌权。根据先祖之遗言遗风，依佛法治世。沃松的下半生，统治朵与乌斯藏三地（མདོ་དབུས་གཙང་གསུམ）。三十三岁，木羊阴年，死于雅砻旁达尔（ཡར་ཀླུང་འཕང་ཐང）。王陵位于拉日登布前，如金刚之封土。[204] 他娶角珠萨拉尊（ཅོག་གྲུ་ཟ་ལྷ་བཙུན）为妃，生贝阔赞（དཔལ་འཁོར་བཙན）、格阔赞（དགེ་འཁོར་བཙན）及雍仲阔赞（གཡུང་དྲུང་འཁོར་བཙན）三子。

八、贝阔赞

贝阔水羊生旁塘，[205]
年过十三父王亡；
直至十八继位时，
期间建庙敬佛法。
不尽先祖显愚钝，
三一水牛雅耆亡。

之后，由长子贝阔赞执政，由姜阿颇（བྱང་ཨ་སྤོ།）任大臣，修建娘堆孜神殿（ཉུང་སྟོད་རྩེའི་གཙུག་ལག་ཁང་།）等八座神殿，[206]又造《般若经》等，为扶持佛法而举行盟誓活动。有意重修过去先祖时期未能扩建的神殿，重兴佛法。[207]安排两个弟弟辅佐，[208]然二人对此不满而联合起来夺取了叶茹（གཡས་རུ།），与长兄所占领的约茹（གཡོན་རུ།）进行对抗。对此，班智达佛密（པཎྜིཏ་སངས་རྒྱས་གསང་བ།）预言：

赤松德赞之重孙，
二热夏[209]（རག་ཤ།）使子孙分离；
吐蕃疆土一切小宫堡，
孙子以下政治已衰弱；
服务少而娶民女，
四方村落皆乞讨；
夏季王者恋游戏，
迎娶民女失尊严；
往来过客见赞普，
如同遇见普通人，

不见行礼少威严，
王同过客路边宿。
贤者所译诸经典，
为增王者知识故，
一切三藏诸经典，
为利子孙且保留。
不顾资浅力小因，
五十九岁译三藏，
年过六十而离世，
据说生于其他界。

有此等许多教诲。他对众臣说：善言相劝诸臣喜，为利子孙世间法。对修行者说：不显狡诈与傲慢，若有疑问需向他人请教。[210]此等教诲，以书信方式献给了国王。据说，佛密住于冈底斯山时[211]，王赤松德赞命阿智师利（ཨ་མཉྫུ་）、章噶木底噶果恰（གྲང་གུ་ལྟི་ག་ཀོཧ）、钦·释迦色巴（མཆིམས་ཤཱཀྱ་གསལ་བ）三人前去迎请时，他说："文殊菩萨不同意我去吐蕃，那么，我们就像到了吐蕃一样做事吧！"赐予《金刚界佛修法》、《大日如来经》（རྣམ་སྣང་མངོན་བྱང་གི་བསྒྲུབ་ཐོག）、《外禅定广释》（བསམ་གཏན་ཕྱི་མའི་རྒྱ་ཆེར་འགྲེལ）、《劝王经》（རྒྱལ་པོ་ལ་གདམས་པ）等经文。如前所述，赐予许多有关未来的授记、预言等。如同上述授记，乌斯藏一带的政法已衰，吐蕃已分裂。

第三节　　上部阿里王系

一、吉德尼玛衮

贝阔赞（དཔལ་འཁོར་བཙན།），三十一岁，水牛年，于雅砻香波（ཡར་ཀླུང་ཤམ་པོ།）地方被涅（སྙགས།）氏所弑。[212]吉德尼玛衮[213]（སྐྱིད་ལྡེ་ཉི་མ་མགོན།），生于猪年。二十八岁，虎年，前往上部阿里地方，统治上部之疆土。羊年，于尼松宫堡（ཉི་བཟུང་རྫམ་མཁར།）继位执政。五十九岁，鸡年，离世。

吉德尼玛衮，获得了父亲贝阔赞所赐之本尊药师佛，因供奉本尊之原因，庶民起义未殃及（他）[214]。因有阿里一带兴盛佛法之因缘，加之佛与菩萨之加持，吉德尼玛衮来到了阿里。在如同香积山、人与龙王等共享圣法之境，有金翼禽王大鹏鸟等天空中飞翔的雪域高原，有众山之王冈底斯雪山。释迦佛祖曾为上部地区兴盛佛法而加持，因此，那里是赡部洲之圣地。特别是为弘扬佛法，大阿罗汉亲临此地时，曾有侍从一千五百阿罗汉。

在冈底斯神山附近，有圣湖玛邦雍错（མ་ཕམ་གཡུ་མཚོ།），四大河从这里流向四方。于湖水之中沐浴，并向湖里抛入牙齿、指甲及头发等，有去除各种罪孽之功德。此事迹传遍印度和吐蕃各地。

在阿里地方，为弘扬释迦佛法，也为众生之福德，吉德尼玛衮走上了上部地区[215]。

最初，象雄[216]地方之上下（གངས་ཁྱུང་ཡུལ་སྟོད་སྨད།）等被孜氏（ཙེ།）所统治。这期间，有王那秀木苏仁爱格（སྣ་ནམ་སྒྲུབ་རིན་ཆེན་མགོ།）者，此人以智慧、勇敢而名扬四方，被众人敬奉为"觉沃"[217]（ཇོ་བོ།）。过了十一代王之后，出现了王那秀拉卡根孜（སྣ་ནམ་ལ་ཁ་མགོ།）。他有一女嫁给了中部的大王松赞干布。此时，象雄势力强大。再过了六代以后，出现了那秀王李坚穆斯恰（བྱུར་གྱི་རྒྱལ་པོ་ལི་ཁྲི་མུས་སད་ས།）。他是辛绕米沃（གཤེན་རབ་མི་བོ་ཆེ་གཤེན་ལ།）的化身，精通苯（བོན།）、文字与算术（ཡི་གེ་རྩིས།）及占卜术（མོ།）[218]等。此时，依苯教修行而得成就，苯教经典学修大兴。

与此同时，于古格[219]（གུ་གེ）地方，出现了象雄五兄弟（བར་ཁྱུར་མ་མཆེད་ལྔ།），他们源自古印度王茹巴尼（རྒྱལ་པོ་རུ་པ་ཎི།）种。

五兄弟是，芒卫尔敖仓萨格孜（མང་ཞུར་འོད་ཚན་གསལ་གྲེད།）、蒙卫尔（མོན་ཞུར།）、金卫尔东季擦（སྐྱིན་ཞུར་སྟོང་རྒྱུད་ཚལ།）、秀卫尔衷协尔东格擦（ཤུགས་ཞུར་ཞུ་གཤེར་སྟོང་གསལ་ཚལ།）和茹木卫尔夏谢尔孜（རུམ་ཞུར་བ་ཞིས་རྩེ།）。他们的神是三百六十位基格（གྱི་གོད་སུམ་བརྒྱ་དྲུག་བཅུ།）之中的力量最大者。芒卫尔的神，是世间的玛木姆杂梅（མང་ཞུར་བའི་ལྷ་སྲིད་པ་ཡོངས་ཀྱི་མ་མོ་མཚོ་མེད།）；普卫尔神，无神话（ཕུགས་ཞུར་བའི་ལྷ་སྒྲུང་བྱུང་མེད།）；擦卫尔神，是罗刹那木如古（ཚ་ཞུར་བའི་ལྷ་སྲིན་པོ་གཀ་རུ་གུ།）。芒卫尔之地（མང་ཞུར་བའི་ཡུལ།）是其旺[220]（བྱི་ཞང་།），有列[221]罗仲拉色卡尔宫（གླིང་ལོས་སྒྲོང་ལ་སད་མཁར་མཁར།）。金卫尔（管理）色之拉孜[222]（སྐྱིན་ཞེར་བ་ཞིས་སྒྲོལ་གྱི་ལྷ་རྩེ།）。

在此之前，五茹之间有联姻关系，[223]统一管理（ཡིད་གཅིག་བྱ་བྱེད།），统一指挥，[224]至聂秀王第四代为止，（神）任大臣，能左右王权。[225]

他们五（神）的功绩是：芒卫尔消灭了三界之赞神（མང་ཞུར་ཁམས་གསུམ་གྱི་བཙན་བཏབ་བཏན་བའི་ནང་།）。英雄事迹，是消灭了勃律[226]王塔拉那波（འབྲུག་ཡུལ་གྱི་རྒྱལ་པོ་ཐ་ལ་ན་པོ།），开起了北边的商道[227]。

木波隆吞杰白朗（མོ་པོ་ཀླུང་རྟོར་རྒྱལ་པ་བ་བྲང་།），示贤者幻化神通（འཛངས་བ་འི་ཆོ་འཕྲུལ་བསྟན་།），镇压普兰王聂克衮[228]，东边白狮子关进了笼子[229]。

金卫尔多吉列尔王（སྐྱིན་ཞེར་རྡོ་རྗེ་ལེར་རྒྱལ་པོ།），攻下尼第宫（ཉི་ཏིའི་མཁར།），占领章拉第咋（བྱང་ལ་ཏི་ར་རྩ།），擒王索那热咋（སོ་ན་རེ་རྩ།），洛隆黑琼鸟之口未开[230]。

秀霍尔祖扎协尔拉朗（ཤུགས་ཧོར་གཙུག་གཟའ་གཤེར་ལ་སྣང་།），用方法（ཐབས།）、译仓（ཡིག་མཚན།），破解了象雄黑仙人的恶咒，[231]被奉为上师。他割断了西方红牛

之舌。[232]

茹木卫尔阿杰松协尔，心存预知未来之识，[233]未迎娶先祖嘎秀王之女朗玉巴尔玛，[234]于是，五氏族解体（ཨུ་ལྡིའི་ཆོས་ལུགས་ཤོར།）。

此后，五氏族娶了东·陆协尔的五个女儿（ཨུ་ཞུ་བཞིའི་སྒྱུ་ལུ།），生有五男五女。陆协尔，为五女及其女婿们留下遗言后就去世了。[235]在这之前的历史，称五氏和东氏（ཨུ་ལྡི་ཁོ་པོ་སྟོང་དང་ཐུག）（统治时期）。此时，孕秀尔王（ཀ་ཞུར་གྱི་རྒྱལ་པོ།）李本恰（ལི་བེན་ཁ།）、得桑恰（དད་བཟང་ཁ།）与崩玛恰（དཔུང་དམར་ཁ།）三兄弟心附魔体，每年杀一琼波人以祭祀。[236]（此时），大臣是古古琼（ཀུ་ཀུ་ཁྱུང་།）、琼隆唐仁姆（ཁྱུང་ལུང་བར་རིང་མོ།）、琼崩当茹斯（ཁྱུང་དཔུང་དར་རུ་སི།）和格辛当米仁姆（དཀར་གཤིན་དང་མི་རིང་མོ།）。四人失策（ཐོས་ནོར་ས།），同意惩处五氏。[237]为讨好象雄之神，[238]以琼波神代替绵羊来祭祀，[239]导致属民愤怒而起来反抗[240]，失去了拉神的密语（ལྷ་ཡི་གསང་ཆོས་ཤོར།）。与五氏商议，派遣崩当（大臣名：琼崩当茹斯）前去引诱拉氏。[241]大拉氏堆擦五兄弟（ལྷ་ཆེན་པོ་སྟོང་ཚ་སྤུན་ལྔ།），对王未失去信心，对王有敬仰之心（རྗེ་ལ་བློ་ལོག），成了王的侧翼。[242]

于是，芒卫尔康松参嘚（མང་ཞེར་ཁམས་གསུམ་ཚོན་ཐག），以陷阱捕获老鹰；[234]金卫尔多吉协尔（ཀྱི་ཞེར་རྡོ་རྗེ་བཞེར།），用铁链拴住了雪山上的白狮（གངས་ཀྱི་སེང་གེ་དཀར་པོ།）；秀卫尔祖协尔（ཤུགས་ཞེར་བཟུགས་ཤིག་བཞེར།），把欲界天神之子（འདོད་ཁམས་ཀྱི་ལྷ་བུ།）关进牢房；穆罗鲁拖协尔（མོ་ལོ་ཁྲུག་ཐོག་བཞེར།），征服了森林中的老虎（དགག་ཀྱི་ནགས་ཀྱི་སྟག་བསྒྲུང་ལ་བཙོན།）；茹木杰松协尔（རུམ་རྒྱལ་གསུམ་བཞེར།），把阳光变成了幻化套绳（ཉི་ཟེར་འཕྲུལ་གྱི་ཞགས་པ་འབྱུང་མཁན།）。（王之）头盔高于雪山（དབུ་ཞོག་ནི་གངས་ལས་མཐོ།），政治大兴，成了吾等大王（འཁོར་ལ་བས་ཆེ་བའི་རྒྱལ་པོ།）。

于是说，现在要让老虎变为守门狗，孔雀变为家禽，野驴变为坐骑。[244]派弟嘚桑恰（བྱང་དད་བཟང་ཁ།）[245]去捉孔雀，派幼弟崩玛恰（ཡང་ཆུང་དཔུང་དམར་ཁ།）去捉老虎，派格古琼（ཀུ་ཀུ་ཁྱུང་།）去北方捉野驴。

东擦五兄弟与琼臣（ཁྱུང་བློན།），拟派人前去迎请吉德尼玛衮。于是，就派去了琼波·赤登久色（ཁྱུང་པོ་ཁྲི་ལྡན་སྐྱུ།）、格辛阿仁姆（དགེ་གཤིན་ཨ་རིང་།）及若央若（ རལ་ཡར་རོག）三人。

愿世间一切吉祥！

虎年上半年，神圣赞普赤扎西吉德尼玛衮（དཔལ་ལྷ་བཙན་པོ་བཀྲ་ཤིས་སྒྲིག་ལྡེ་ཉི་མ་མགོན），住于拉孜扎卡尔宫（ལྷ་རྩེ་བྲག་དཀར་པོའི་མཁར）时，收到了上部之琼·崩当仁姆（སྟོད་ཀྱི་ཁྱུང་བྲུང་བྲུང་རིན་མོ）的来信。内容如下：啊！天神赞普！汝，为与蕃猴议事，请看初三之月！黑色外漏，白色卷起。[1246]请速速前来！

若是懒惰，对如同酥油般的黄金谷地，只能望而兴叹了。[1247]正中王之心怀，王与大臣江阿波布（རྒྱན་པོ་ཆེན་པོ་ཅང་ཨ་པོའི་བུ）、江列儿（ཅང་ལེགས་སླེ）、恰仓瓦卓康布（ཕྱག་ཚང་བ་འབྲོག་མཁན）、侍寝者（གཟིམས་མལ་བ）、索巴鲁（སོ་པ་ལུ་སོག་པ）等，王与民、少量随从，准备前往。

听说上部阿里，无佛法，有少许苯（བོན་ཅིག་ཙམ་ཆེན་གསལ）。可能会引起，愚昧之天神与罗刹，傲慢苯波（བོན་པོ་དྲེགས་པ་ཅན）的嫉妒。于是，心想：要同乌斯藏地方的有能力的密咒师，或能对抗各种密法的僧侣一同前去。[1248]在寻访具备如此能力的僧侣时，听闻角若郑仓（ཅག་རོ་འཇེང་འཚམས）地方有僧人名叫达古那扎巴（བདག་ཆེན་ཧྲ་གུ་ན་པ），此人具有大知识与非凡的能力，能震慑一切鬼神。又有钦氏僧人杰瓦西绕（འཆིམས་བཙུན་རྗེ་བཙན་པོ་རྒྱལ་བ་ཤེས་རབ），也具有如此能力。向二人下诏时，两位僧人说："虽王命重如高山，然不知我等属民可否提请一些要求？若能，待王统治上部阿里之后，要为我等赐予农田、城堡等。"对他们的要求做了承诺。

二十八岁，虎年，离开优戒拉孜宫（ཨོནྡ་གཡུང་ལྷ་རྩེ），[1249]王与大臣江阿波布（རྒྱན་པོ་ཆེན་པོ་ཅང་ཨ་པོའི་བུ）、江列儿（ཅང་ལེགས་སླེ）、恰仓瓦卓康布（ཕྱག་ཚང་བ་འབྲོག་མཁན）、格协尔扎西赞（དགེ་བཤེས་བཀྲ་ཤིས་བཙན）、角珠啦列（ཅོག་གྲུ་ལག་ལེ）、侍寝者曲吉拉（གཟིམས་མལ་བ་ཆོས་ཀྱི་ལ）、玛尚僧（མ་ཞང་བན་དེ）、两大僧人（བན་ཆེན་གཉིས）、另外，臣巴卓（བློན་པོ་པ་གྲོ）、仁青堆（རིན་ཆེན་སྟོད）、岜恰钦波（བློན་པོ་ཆེ་པོ）及其两个儿子，以及尚·杰瓦云旦（ཞང་རྒྱལ་བ་ཡོན་ཏན）、多拥瓦·尚梅钦波（མདོག་གཡུང་བ་ཞང་མེ་ཆེན་པོ）、侍寝者索巴鲁等，王臣五十人，踏上了北道。

与来自象雄的迎接队伍五十一骑士路上相遇。于兔年夏，来到了世间宗堡热拉卡玛。[250]琼·崩堆仁姆，对聂秀王李坚恰（གནའ་ཤུར་གྱི་རྒྱལ་པོ་ལི་བྱིན་ཧ）说："大王！神圣的中部地方的天神之子吉德尼玛衮，据说是来抢王位的（རྗེ་ཆགས་ཤིང་ལ་རྫོང་བརྒྱད་ཀ）。请率领象雄万户军（ཞང་ཞུང་ཁྲི་སྡེའི་དམག）前去迎战。"（王）从玻璃宝座上下来，从琼隆银堡[251]（ཁྱུང་ལུང་དངུལ་དཀར）, 带领象雄万户军前去，来到热拉（ར་ལ）地方作战。万户军皆反（ཁྲི་སྡེའི་དམག་ཐམས་ཅད་ལོག）。聂秀王，装扮成果果（གོག）, 在黑暗处点灯逃跑。虽装扮成了钢铁米仁（ལྕགས་ཀྱི་མི་རིང）, 然被铜针穿透头顶而亡。随部玛尔恰达（མར་བྱ་ད）和拉林（ལ་ལིང）因害怕而背叛了国王，占领了杂让[252]堡寨（ཙ་རང་གི་མཁར）。

嘚桑恰（དད་པ་བཟང་ཁྱ）占领俄罗地方（ཨ་ཞའི་ཡུལ）；格古占领普兰下部翁默地方（ཕུ་ཧྲང་གི་སྨད་ཧོང་མོ）。

此时，把政权献给了吉德尼玛衮。（此时），东擦五兄弟（སྟོང་ཚ་ཕྱག་ལྔ་ཞུ་བ་འདྲ་ལོ་ལྔ）递报告的表现各异：芒卫尔，心胸宽广且威武，如同飓风推动大经幡；默罗瓦（མོ་ལོ་བ）, 口气大且实力雄厚，如同悬崖上的瀑布；金卫尔，心胸宽广且威武，领土面积大（ཟིན་ཆེན）, 如同卓松钦（སྒྲོག་གསུམ་ཆེན）抛向虚空；茹木卫尔，沉稳，如同实针穿线；秀卫尔，正直，不动摇，如同山间的流水。

玛尔域[253]（མར་ཡུལ）等小邦（རྒྱལ་ཕྲན）遣人前来顶礼、献敬语。

之后，大面积分封。欲界六神（འདོད་ཁམས་ལྷ་དྲུག）、虚空八小神（བར་སྣང་གི་ལྷ་ཕྲན་བརྒྱད）及四门神（སྒོ་སྲུང་བཞི་པོ་འཇའ་བ）分封如下：于东门，安排觉色娘杂利瓦（ཇོ་སྲས་ཉང་ཙ་ལི་བ）守护；南门，安排设觉色角若达巴（ཇོ་སྲས་ཅོག་རོ་ངད་པ）守护；西门，安排聪萨巴拉贝萨纳波（ཚོངས་པ་ལ་བེ་ས་ན་པོ）守护；北门，有达尔巴那波（སྟར་པ་ནག་པོ）守护。

首先，东擦五兄弟和鲁松协尔之子（ཀླུ་གསུམ་བ་ཞེར་གྱི་བུ）充任欲界六神，赐印章（བཀའ་ཏགས་ཀྱི་རྒྱ་རིས）及身份标志（ཆེ་ཏགས）。

以琼隆之格辛巴（ཁྱུང་ལུང་གི་དགེ་ཤིན）、咯塘之角如（ཁྱང་གི་ཅོག་རོ）、敦卡

尔之忠辛巴（དུན་མར་གྱི་གྱུང་གཤེན་པ།）、巴旺之森噶尔（པག་ཞང་གི་སེང་དཀར།）、塘之聂秀（ཐང་གི་གཉུག）、拉格巴之拉终（ལྷག་པ་གི་ལྷ་འབྲོང་།）、颂囊之朵仲（སོང་ནང་གི་གཏོ་གྲུང་།）和当之琼波（དང་གི་ཁྱུང་པོ།）作虚空之八神（བར་སྣང་གི་ལྷ་བརྒྱད།）。

图且之三内人（ཐུགས་ཆེན་གྱི་ནང་མི་གསུམ།），是比噶尔瓦（ཞེ་གར་བ།）、迥古拉巴（ལྗང་དགུ་ལག་པ།）及敦卡尔之当堆巴（དུན་དམར་གྱི་དུང་སྟོད་པ།）。江列吉之七官员（བྱང་ལེགས་སྐྱེད་དཔོན་གཡོག་བདུན།）及仆人聚于此地，在那里建宫殿。此时，达古那萨瓦（དྲ་གུ་ནག་མོ་བ།），举行摧毁之赎命仪轨（རྣམ་འཇོམས་ཀྱི་འཆི་བླུ།），依正确火供进行长寿灌顶，[254]（王）寿命延长了十三年。得授记曰：能活至五十九岁。

龙年，元月十五，塔协尔·扎西赞（དཀར་བཞིན་བཀྲ་ཤིས་བཙན།），被迎请至普兰（པུ་ཧྲངས།），来到了古格之北后方（གུ་གེ་བྱང་རྒྱབ།）。右转冈底斯山[255]（གངས་ཏི་སེ།）与玛邦湖[256]（མཚོ་མ་པང་།）。前往麦那荣地方（སྨན་ནག་ཀྱི་རོང་།），来到了基德林（སྐྱིད་དེ་གླིང་།）。

蛇年至马年期间，勉强统辖领地，并无大的成就。但是，于基德林（སྐྱིད་དེ་གླིང་།）修建两座小神殿，立药师佛诸仪轨。羊年，卓森噶尔（འབྲོང་སེང་དཀར།），献尼松宫（སྙ་མ་གཉིས་ཟུང་ཁང་།）。娶卓氏之女卓萨阔迥（འབྲོ་ཟ་འཁོར་སྐྱོང་།）为妃，收阿里三围于治下。

此前的历史，据说主要见于《大方广菩萨藏文殊师利仪轨经》（ཡང་དག་པར་རྫོགས་པའི་སངས་རྒྱས་ཀྱི་འཕགས་པ་ལ་འཇམ་དཔལ་གྱི་རྩ་བའི་རྒྱུད་ཅེས་བྱ་བ།）和《大悲白莲经》（སྙིང་རྗེ་ཆེན་པོ་པད་དཀར་པོ།）等。据说在《经》中所授记之人，乃是指拉喇嘛益西沃（ལྷ་བླ་མ་ཡེ་ཤེས་འོད།）。

他肩负在雪域弘法之重任，为阿里之有缘众生赐降佛法甘露雨，指明与各自业力所适的三解脱道，离苦得乐。他依佛法治世，名扬天下，雪域各地，皆传其盛名之宝幢。此时，出大量贤者，各自著书立说，宣扬佛法。正法，如天明后的日出，普照雪域大地。成为众生如法善行之所依、伴行、所处，广传菩提行，显各种妙幻方法，度化诸有情。是为此人。关于他的事迹，我的上师另著有详细的《传记》。

二、上部三衮

为吉德尼玛衮，献上了格卫尔扎西赞（དགེ་བཞེར་བལ་བཞི་བཙན།）之女卓擦阔迥（འབྲོ་ཚ་འཁོར་སྐྱོང་།）后，生有三子，名曰"上部三衮"（སྟོད་ཀྱི་མགོན་གསུམ།）。长子是贝吉衮（དཔལ་གྱི་མགོན།），次子是扎西衮（བཀྲ་ཤིས་མགོན།），幼子是德祖衮（ལྡེ་གཙུག་མགོན།）。父王为三子分封领地：长兄贝吉衮的领地为玛尔域（མར་ཡུལ་རྒྱུད།），庶民为黑帽人。辖境包括毕罗孜拉达克以下（འབྲི་ལོག་ལ་དགས་ཀྱི་མན་ཆད།），属于上等牧民。[257] 茹为雪噶（གངས་སྐས།）、曲隆（ཆུ་ལུང་།）和曲水（ཆུ་གད།）。战士之耳饰，为红白色及月日形绿松石。[258] 铠甲为斯拉钦（སྲ་ལུ་ཞིན་ཆེན།）。头盔为具白光者（དཀར་འོད་ཅན་དཀར་གསལ་བ།）。随从为达布曲（སྟག་བྱུད་འདུང་ཅན།）。[259] 坐骑是犏牛。[260] 如此，赐予许多宝物。[261]

弟德祖衮（ལྡེ་གཙུག་མགོན།）的领地，是格格江（གོ་གོ་གཙང་པོ།）以上，他治理下边孜贡（བྱིན་རྩེ་གོང་།）以上的区域。宫为雍噶尔夏桑（ཡུལ་གཁར་ཞང་ཟངས།）。庶民为杜芒（འབངས་དོ་མང་།）之民众。耳饰为绿松石登通（སྟོན་གཡུ་ལྡེམ་ཐོང་།）。

铠甲为闷钦赛瓦（ཁ་བཞུན་ཆེན་གསལ་བ།）。头盔为谛尔冬噶钦（ཨོམ་ཏེར་སྟོང་དཀར་ཆེན།）。"钦"为具光飞鸟（ཆེམས་འོད་འཕུར་བྱ་ཆེན།）。随从为仲孜贡（སྦུག་བྱུད་འབྲོང་ཅན།）。上等牧民（བྲུའི་འབྲོག）活动于敖浦孜卫龙（དབུག་ཅེ་འགྲིའི་གཙང་ལུང་།）地方。赐此等大妙相、军队及村庄等许多。后来，兄弟失和而起战事。次子扎西衮前去调节，相互交换领地。[262] 兄长管理噶尔夏与桑噶尔[263]（གར་ཤར་ཟངས་གར།）地方，弟弟管理玛域（མར་ཡུལ།）地方。后来，贝吉衮死后，王陵也建于那古[264]（ན་གོ།）地方。

扎西衮，如同五指中的中指，位于中间，[265] 又如白右旋海螺（少有），智慧突出（མཁྱེན་དུན་གྱི་གནས་རྒྱལ་ཆེ་བ།），生为大人物（ཆེ་བར་འཁྲུངས།）。王臣之间关系和睦，[266] 有男人气质且做事公正（སྩོལ་འཆལ་བྱས་པ་དྲང་།），心善且有慈悲心，开拓疆域（མཐའ་རིས་ཐབས་ནས་དར།），敬仰三宝且信奉佛法。依父辈遗训，修建右扎神殿（གཡུ་སྒྲ་ལྷ་ཁང་།），主殿中央主供药檀八岁弥勒佛像，四周墙壁上绘制许多佛像，立许多供物。疆土，涵盖上至叶茹江以下（ཡར་གཡས་རུ་གཙང་པོ་ཡན་ཆད།），西至格格江以上（ཁྱུ་ཀི་ལགས་པོ་མན་ཆད།）的广大领土。有城古格与普兰，有宫尼松宫（མཁར་ནི་གསུམ་གསུམ།）。牧区有三湖区（འབྲོག་མཚོ་རྫོང་གསུམ།）：嘉、尼玛与巴尔噶（གྱ་དང་ཉི་མ་པར་དགའ），蚌朗（བོང་ལང་ལེགས།），以及如同黑蛇下山般的荣布达地区以上（རོང་བུ་སྦྲུལ་ནག་རི་གཞུང་ལུགས་མན་ཆད།），[267] 被岩石山包围（གཡས་རིའི་སྐོར་བ།）。耳饰，为绿松石青钦（གཡུ་ལོ་ཆེན་རྡེལ་ཆེན།）、青琼（ཆེ་ཆུང།）。恰坚为仲孜仁（འབྲུག་གཟི་རིང།）。铠甲为补叶（སྤུན་གཡས།）、森钦（སིལ་ཆེན།）。头盔为冲涂噶尔茹（དབང་ཕྱུག་ཐོག་ཐོར་གར་ཙལ།）。秦为吉格朵蔡仁（སྐྱལ་གཏིག་གཏོར་མཚལ་རིང།）。赐予此等大量财宝及领地。

三、阔日与松恩

次子扎西衮娶桑卡玛（བཟང་ཁ་མ།）为妃，生有二子。长兄为阔日（འཁོར་རེ།）[268]，幼弟为松恩（སྲོང་ངེ།）。阔日统治普兰（གུ་གེ），松恩统治古格（གུ་གེ）。阔日，完成了始建于父王时期的右扎神殿（གཡས་བྲག་ལྷ་ཁང།）扩建工程；[269] 在擦擦岗（ཚ་ཚ་སྒང།）新建了大法轮（转经筒？），名曰右章大法轮（གཡས་བྲང་ཆེན་པོ།）。又有（他所创建的）赤德神殿与大转经筒。[270] 为这些神殿提供供灯，并供养僧侣。赐寺属农户，每户向神殿上供黄金、马匹等不计其数。[271] 阔日时期，后藏与绒（གཙང་དང་རོང་།）之边界，阔日拉托（ར་ཏོ།）地方以上，收于治下。于藏地设立集市，并宣布相关法令。[272] 为各地（官员）赐属民，立小茹（翼）。[273]

四、拉德扎西赞

长子阔日（ར་རེ།）有三子，分别是拉德扎西赞（ལྷ་སྡེ་བཀྲ་ཤིས་བཙན།）、神圣之子达摩拉（ལྷ་སྲས་དྷར་མ།）和神圣之子敖达阿杂（ལྷ་སྲས་འོད་དུངས།）。长子扎西赞，既扶持佛法，又对治下民众仁慈，适时治理父王所赐辖地普兰（གུ་གུང༌།），[274] 内外古格（གུ་གེ་ཕྱི་ནང།）及东边疆土等。次子达摩拉（དྷར་མ།），自幼出家为僧。敖达阿杂（འོད་དུངས།），死于十四岁。拉德扎西赞为黑脸，不好言笑。[275] 他于加玛卡恰尔（གྱུ་མ་ཁ་ཁར།）[276] 地方修建了佛殿。因此，在上部山地边界，虽（佛法）基础薄弱，[277] 然因有觉沃（ཇོ་བོ།）神像而有了檀板声（

བྱུང་བའི་ཞེས།)。于此修建神殿，称宝积白吉神殿 (རིན་ཆེན་ཅེགས་པ་དཔལ་གྱི་གཙུག་ལག་ཁང་།)。在神殿内建造银制神像，三尊神像建于一基座之上。

（拉德有三笑）见银制神像而笑，是为一笑。建造神像时，因采取了从左右两边缝隙补钉与注入方式进行铸造，因而显得非常优美。[278]加之，有贤者克什米尔工匠协助，于花形椭圆形井内铸造，[279]因而是举世无双的精品。中间的文殊神像，以纯银按噶热式建造 (གར་གགས།)，背景架和左右之观音、金刚持神像以黄铜 (རགས།) 建造。三尊神像之大小，与王本人等身。主尊系银制神像，工艺精美，目前未见闻印度、中原及吐蕃其他地方有此等妙像。神像建造后，举行了盛大的开光仪式。见此王有一笑，是为二笑。油灯、供物数量之大无法言语。在此不一一赘述。一次，赤德[280] (ཁྲི།) 来到神殿。因傍晚时分渡过了孔雀河，因此，回到王宫 (རྒྱ་མཁར།) 时，发现坐骑疲惫（身有汗水），毛发、马鞍之间沾有金粉。[281]于是，王问："是因为过河的原因吗？"答："是因为用金子建造神像以及诸班智达奉献（金粉）所致。"另外，在卡恰 (ཁ་ཆན།) 及其分寺香章 (གནང་ཛང་།) 等处，修建十四座法轮 (ཆོས་འཁོར།)。在托林地方修建了面积为80柱的大神殿[282]。

在玛尔域 (མར་ཡུལ།) 地方，修建了悉卫尔强巴色塘 (ཤེ་ཞིར་བྱམས་པ་གསེར་ཐང་གི་ཞལ་ཡས།) 神殿。三十六岁时，（王）于大班智达智达罗 (རྫ་ན་ཏྲ།) 和大译师仁青桑波[283] (རིན་ཆེན་བཟང་པོ།) 等跟前，在众多比丘中受戒出家。得法名达摩巴罗跋 (དྷརྨ་པཱ་ལ།)，意为"法光"。先后迎请智达罗 (རྫ་ན་ཏྲ།) 等贤者班智达，由译师仁青桑波翻译出了《药典八支》 (སྨན་དཔྱད་ཡན་ལག་བརྒྱད་པའི་གཞུང་།)，由克什米尔人达噶 (ཁ་ཆེ་ཟླ་དགའ།) 为其作注。

又译《月光经》 (ཟླ་ཟེར།) 等。由遍入天密著《五坛城》 (དཀྱིལ་འཁོར་ལྔ་པ།)、婆罗门夏利怙杂 (བྲམ་ཟེ་བཤི་ཧོ་ཙ།) 所著《医马经》 (ར་སྨན་གཞིའི་བསྟན་བཅོས་ཆེན་པོ།) 以及其子善力 (ལགས་སྟོབས་ཀྱིས་མཛད་པ།) 所著《医马经》 (རྟའི་སྨན་གཞུང་གི་བསྟན་བཅོས།) 和王子森格坚 (རྒྱལ་སྲས་སེང་གེ་ཅན།) 所著《医马经》等亦如实译出。另外，为翻

译《出离经》（མངོན་པར་འབྱུང་བའི་མདོ།）、《鸠那罗传》（ཀུ་ན་ལའི་རྟོགས་པ་བརྗོད།）、《金光传》（གསེར་འོད་ཀྱི་རྟོགས་པ་བརྗོད།）、《殊胜颂》（ཁྱད་པར་འཕགས་བསྟོད།）、《适颂赞》（བསྔགས་པར་འོས་པ་ལ་བསྔགས་པ།）、《佛灌顶颂》（སངས་རྒྱས་དབང་བསྐུར་བའི་བསྟོད་པ།）、静光所著《〈忏悔经颂〉注释》（བཤགས་པའི་བསྟོད་འགྲེལ་སངས་རྒྱས་ཞི་བས་མཛད་པ།），阿底峡[284]大师所著《般若经精要》（ཤེས་རབ་ཀྱི་ཕ་རོལ་ཏུ་ཕྱིན་པའི་དོན་བསྡུས་པ།）、《九偈颂》（ཚིགས་སུ་བཅད་པ་དགུ་པ།）及护光循奴所著《九偈颂注》（དེའི་འགྲེལ་འོད་བསྲུངས་གཞོན་ནུས་མཛད་པ།），世亲所著《十动能论》（དབྱིག་གཉེན་གྱིས་མཛད་པ་ལོན་ཆེན་བཅུ་བརྗོད་པའི་གཞུང་།）、《戒律论》（ཚུལ་ཁྲིམས་ཀྱི་གཞུང་།），巴沃所著《善道论》（དཔའ་བོས་མཛད་པ་ལེགས་ལམ་ལ་བཙན་པའི་གཞུང་།）等经论作施主。迎请多位印度和吐蕃贤者，于卡恰寺作施主，供养僧众。当时，见有许多僧侣前来，心生信仰而笑，是为第三笑。

他一生扶持弘法。又一次前往上部霍尔（ཧོར་སྟོད།）地方，作为北方大军的首领与边界之敌军作战时，于北方之拉奴擦奴（བྱང་གི་ལག་སྣུག་ཚ་སྣུག）地方示静。

汝之所造银制文殊像，
当为世间首尊甚妙像；
世间无二庄严像，
已成众生之福田。
如此善行为佛法，
传遍四方又兴盛；
正法永住人世间，
有静妙善及众生。
释迦之种法狮旁，
吾地曾生此等王；
以武战胜四方敌，
依法治世天下兴。

五、领主卫德

长子阔日有三子,长子为拉德扎西赞。拉德扎西赞也生有三子,长子为领主卫德(མངའ་བདག་འོད་ལྡེ།),生于羊年。此人身强体壮且好斗,年轻时就忙于四处征战。十五岁,鸡年,同胡部(རྒྱལ།)开战。又于二十六岁,鸡年,与和田(ཨུ་ཞེན།)开战,并收于治下。那年,有葛逻禄(གར་ལོག)等边军来犯,然皆被击溃,取得了重大胜利。

又前往和田,分封地方官员。那年,继续为神殿奠基。两年后完工,招收僧侣,并建立学经院。三十岁,鼠年,前往玛域[285](མར་ཡུལ།)修建贝杜(དཔེ་དུ་དགོན་པ།)神殿,招收僧侣,并极力供养神殿及神像。为供养僧侣,(为寺院)赐村庄(ཡུལ།)、庄园(ཞིང་གཞིས།)及民户(དུད་ཆགས།)等。迎请班智达布尼耶室利(པུ་ཎྱེ།),翻译了部分佛经。他本人闻修密法,供养上师。特别是,修持药师佛并祈福。最后,第二次前往葛逻禄时,在那里辞世。

六、绛曲沃和希瓦沃

其弟绛曲沃(བྱང་ཆུབ་འོད།)和希瓦沃[286](ཞི་བ་འོད།)欲赎回其遗体,然对方提出:要等身之黄金作赎金而未成。此时,因其母向药师佛祈祷之故,子于夜里梦见:从东方走来八比丘,为其揭开铁链。走出牢房后,有两位随从相伴。然因前世业报所致而身中铁毒,死于前往古格的途中。

此时,其弟绛曲沃为救赎兄长而四处搜寻黄金,[287]曾前往中部之那扎色卡(དགས་ཀྱི་གཡག་མཁར།)及江[288](ཇང་།)以下的地方,获得了不少黄金。回来后,前往芒域吉隆(མང་ཡུལ་སྐྱིད་གྲོང་།)朝拜了觉沃圣像。[289]前往贡塘(གུང་ཐང་།)时,听闻兄长卫德(འོད་ལྡེ།)过世的噩耗,于是派遣纳措译师[290](ནག་ཚོ་ཚུལ།)和加尊森(རྒྱ་བཙུན་སེང་།)去迎请阿底峡大师。卫德是:

有遍入天箭般的执政艺术,
有战胜阿修罗的大梵天力,

傲慢身躯如具狮妙纹，

此乃卫德其余如幻觉。

领主赤扎西卫德赞有三子，分别是萨伦擦·赞松 (མསོལ་ཚོན་བཙན་སྲུང)、乔钦擦·孜德 (ཆོ་ཆེན་ཚོ་ཟེ་ལྡེ) 和东擦·赤松 (སྡོང་ཚོ་ཁྲི་སྲོང)。东擦·赤松，也称参扎参德 (བཙན་ཀྲ་བཙན་ལྡེ)。长子赞松统治普兰；拉钦孜德 (བླ་ཆེན་ཟེ་ལྡེ) 统治古格。赞松之子为赤赞德 (ཁྲི་བཙན་ལྡེ)，其子为旺秋德 (དབང་ཕྱུག་ལྡེ)，其子为扎赞德 (གྲགས་བཙན་ལྡེ)，其子为赤扎西赞多德 (ཁྲི་བཀྲ་ཤིས་བཙན་རྟོགས་ལྡེ)，其子为达擦赤拔尔赞 (སྟག་ཚ་ཁྲི་འབར་བཙན)，其子为领主赤赞白德 (མངའ་བདག་ཁྲི་བཙན་དཔལ་ལྡེ)。

领主赤赞白德，修建了亚孜[291]神殿(ཡ་ཙེར་ལྷ་ཁང)，首创四修行处 (དགུ་བཞི)。他的儿子是赞秋德 (བཙན་ཕྱུག་ལྡེ)，他修建了香萨神殿 (གནད་ཟེར་ལྷ་ཁང)，献许多财宝，[292]重修神殿。[293]赞秋德的儿子是赞扎德 (བཙན་གྲགས་ལྡེ)，他于卡恰 (ཁ་ཆེར) 地方，修建了具有木质声的三层仁青孜巴白神殿 (རིན་ཆེན་རྩེ་པ་དཔལ་གྱི་ལྷ་ཁང་གསུམ་བརྩེགས)，又立八大转经筒。赞扎德的儿子是仔多德 (བཙན་རྟོགས་ལྡེ)，其子为赤巴尔赞 (ཁྲི་འབར་བཙན)。赤巴尔赞也于卡恰地方修建了衮举钦默 (ཁ་ཆེར་དུ་སྐུ་འབུམ་ཆེན་མོ་བཞེངས) 神殿，造多部金汁佛经。该王在位时，东至几果卡拉 (གྱི་གོར་ཁ་ལ) 地方以下，西至色度辛 (གསེར་རྡོ་ཤིང) 以上收于治下，并供养在冈底斯神山的诸多修行者。他的儿子是赤扎西杰瓦德 (ཁྲི་བཀྲ་ཤིས་རྒྱལ་བ་ལྡེ)，其子为赤扎西多德赞 (ཁྲི་བཀྲ་ཤིས་རྟོགས་ལྡེ་བཙན)。赤扎西多德赞收北方之拉浦 (བྱང་ལ་ཕུ) 地方于治下，并于卡恰尔地方修建扎西孜巴神殿 (བཀྲ་ཤིས་རྩེགས་པ་གསུམ་གྱི་ལྷ་ཁང)。其子为拉尊·多吉森格 (ལྷ་བཙུན་རྡོ་རྗེ་སེང་གེ)，其子为赤扎西索朗德 (ཁྲི་བཀྲ་ཤིས་བསོད་ནམས་ལྡེ)。赤扎西索朗德，统治普兰全境，兼并门[294]六部 (མོན་ཀོ་རྡུག)，修缮卡恰神殿等多处佛殿。十三岁时，持亚孜王之箭 (ཡ་ཙེ་ལ་པོའི་མདའ་བཟུང་བ 是指继位？)；为中部之拉杰仁布切神殿[295](ལྷ་རྗེ་རིན་པོ་ཆེ་ལྷ་ཁང) 修金顶，立金灯；为萨迦寺[296]之拉康钦默 (ས་སྐྱར་ལྷ་ཁང་ཆེན་མོར་བཞེངས་ཤིང)修金顶，并献铜器及黄金，为大殿献供黄金和珊瑚等；为直贡梯寺[297](འབྲི་གུང་ཐེལ་གྱི

ཅག) 修金顶；为蔡工塘寺 [298](ཚལ་གུང་ཐང་) 修金顶。为供奉上述神殿，收集了大量的财宝。

许多装有财宝的布袋，寄存于他[299]处，并说："三年后，若无人认领，这些东西就归你了。"说完便回（阿里）去了。三年后，仍未见有人前来认领，于是打开布袋查看时，见其内有大量财宝。特别是所有银锭上刻有"杂木"（ཛམ）字样，心想是财神杂木巴拉（ཛམ་བྷ་ལ）所赐。为行有意义之事，于卡恰尔神殿内先祖拉德（ལེགས་ལྡེ）所建造的银制神像（文殊）左右两侧，新建同样的银制观音及金刚持神像 [300](དངུལ་གྱི་རྡོ་ཡུགས་བཞེངས)。用纯金汁新撰多部佛经；《广中略三种般若经》（ཡུམ་རྒྱས་འབྲིང་བསྡུས་གསུམ）和大藏经《甘珠尔》用纯银汁撰写。于直贡梯寺，用金银汁撰写百部佛经，另献供银质马裙（དངུལ་གྱི་ཐ་ལི）和银勺百件，献供珍珠所造佛珠百串，并立转经筒二十四座。日常举行父王祭祀大典。长兄欧珠衮（དངོས་གྲུབ་མགོན）和其子多齐（སུམ་སྟོབས་ཆེ་བ་མཛད）死后，为除其等罪障而供养布、杜、协（དབུས་དོལ་ཤེལ་གསུམ）等众多中部地方的上师，向他们献供金、银、珍珠及珊瑚等财宝，故，此人一生极具福德。[301] 他所撰写金汁大藏经《甘珠尔》《丹珠尔》等，为弘扬佛法贡献巨大。他的儿子是白衮德（དཔལ་མགོན་སྡེ）和格底曼钦（ཀིརྟི་མལ་ཆེན）。格底曼钦之子为曼殊室利格底（འཇམ་དཔལ་ཀིརྟི）。曼钦作亚孜王（ཡ་ཙེ་མཛད），为金刚座献供唐卡并修缮（རྡོ་རྗེ་གདན་ལ་ཆོས་སྦར་སྦྱར）。迎请诸多班智达，并供养。以上是普兰之王系。此事（撰写王统），由尊者持金刚的厉害之子班智达扎巴坚赞（པཎྜི་ཏ་ཆེན་པོ་གྲགས་པ་རྒྱལ་མཚན）所造。文中遗漏之行数等，吾已作补充，若有不妥之处敬请谅解。愿吉祥！

注释：

[1] 此处原文为 ཏུག 正确拼写应是 གྲུ། 意为"突厥"。

[2] 原文 ཏག་གཟིག 一般写作 སྟག་གཟིག 或 ཏ་ཟིག 是指"大食"。

[3] གར་ལོག་གི 后面的 གི 字，有两种理解：一是"国"，二是指葛罗禄内

部的某个部族名。《唐会要》记载：葛逻禄，本突厥之族也。在北庭之北，金山（今阿尔泰山）之西，与车鼻部落相接。薛延陀破灭之后，车鼻人众渐盛，葛逻禄率其下以归之，及高侃之经略车鼻也。葛逻禄相继来降，仍发兵助讨，后车鼻破灭，葛逻禄、谋剌、婆匐、踏实力三部落，并诣阙朝见。显庆二年（657年），置阴山大漠、元池一都督府，以其首领为都督，三族当东、西两突厥之间，常视其盛衰，附叛不常，后稍南徙。自号三姓，兵强，勇于斗，延州以西，突厥皆畏之。开元初，与回鹘、拔悉密等攻杀突骑施乌苏米施可汗。三年，与拔悉密可汗同奉表。兼献马，至阙下，其年冬，又与回鹘同击破拔悉密部落。其可汗阿史那施奔北庭，后朝于京师。十三年，授阿史那施左武卫将军。乾元中，率拔悉密可汗南奔后，葛禄与九姓部落复立回鹘叶护为可汗。朝廷寻遣使封为奉义王，仍号怀仁可汗，自此后，葛逻禄在乌德犍山左右者。别置一都督，隶属九姓回鹘，其在金山及北庭管内者。别立叶护，每岁朝贡。十一年，叶护顿毗伽生擒突厥帅阿布思，送于阙庭，授开府仪同三司，改封金山郡王。至德后，部众渐盛。与回鹘为敌国，仍移居十姓可汗之故地。今碎叶、怛逻斯诸城尽为所踞，然阻回鹘，近岁朝贡，不能自通。

[4] 此处原文为 ཟད། 正确的应该是 གད། 意为"野蛮"。

[5] 原文 དགའ་འདུན་གུག་ཇུས། 其中最后一个字应该是 སྩལ། 字，意为"赐予"。

[6] ཀུམུད། 是指"睡莲"，是一种黄色小花，其特点是月出则开，日出则合。

[7] 乌香多，地名，位于拉萨河南岸，今曲水县蔡纳乡境内。吐蕃时期，此处建有神殿，附近立有石碑，今除了原石碑之龟座外，其余现已不存。

[8] 热巴坚，应是指吐蕃赞普"赤热巴坚"，意为长发人，也称"赤祖德赞"，因对弘扬佛法有功而与松赞干布、赤松德赞被尊称为"三大法王"。

[9] 嘉森，意为"护狮"。

[10] 此处原文རྒྱལ་སྲིད་ལ་མཆམས་པར།其中མཆམས། 一词应为མ་འཆམ།意指"失和"。

[11] 此处原文སྔར་བས་སྒྲིང་པ་དག་ལས།其中སྒྲིང།字应是རྙིང།字，意为"以往的史籍"。

[12] གྱང་མཐོབྲི།一般写作ལྷ་རི་གྱང་ཏོ།传说此地为聂赤赞普下凡之地。关于此山，藏文史书有两种说法：一种说法认为此山位于今工布林芝境内，另一种说法认为，此山位于雅砻河谷。

[13] 孜塘，今称"泽当"，意为"猴子戏耍的坝子"，为今西藏山南市府所在地。泽当东面贡布日山上有洞穴遗迹，据说是猴子修行之所。

[14] 原文བུ་དང་བོ་དག་བྱུང་བ་རྣམས་ལ་རྩེད་ཞིག་བརྡོད་པ་ལས། རྩེ་ཐང་འབྱུང། ཟོ་ཞིག་བརྡོད་པ་ལ་སོ་ཐང་འབྱུང།这是藏文史籍所说关于雅砻历史地名起源的一段传说，其中རྩེ།字应该是རྩེད།字，སོ་ཐང།应是ཟོ་ཐང།意为"猴子玩耍的坝子"，即指今山南"泽当"；"索塘"（ཟོ་ཐང།），位于今山南乃东县境内的雍布拉康脚下，据说是西藏第一块农田的名称。

[15] 此处原文དད་ལྡན་པ་ནས་གུར་གུམ་བྱེར་ཚོལ་པ་བཀའ།其中དད་ལྡན།疑似སྤོས་དད་ལྡན།的笔误，若是如此，意为"香积山"，传说为距离冈底斯雪山五十由旬的一处圣地；གུར་གུམ།一词也似乎是指地名，有可能是"古格"（གུ་གི།）。

[16] 中部乌斯藏西茹，即吐蕃四茹（四翼）：即乌茹、约茹、叶茹和茹拉。四茹之地理范围，乌茹，以今拉萨小昭寺为中心，东至今山南桑日县境内的沃卡地区，西至拉萨尼木县；约茹，以雅砻昌珠寺为中心，东至今巴宜区境内，西至今仁蚌县境内之卡热山；叶茹，以雅鲁藏布江北岸之香（今日喀则南木林县境内）地方为中心；茹拉，包括了今后藏之西部拉孜县等地区。

[17] 第一个小邦，位于"朵康"地方。藏语"朵康"分上、下两部，上部相当于康区。

[18] 第二个小邦，位于"下朵康"地方，显然是指今青海一带。

[19] 第三个小邦，位于"后藏上部"地方。这里王名"托嘎尔"(གཙང་ཐོད་དཀར་པོ།)，与其他史料所载"娘若且嘎尔"（过去一些学者认为该小邦位于今日喀则白朗县境内）小邦之王名相同。这有助于我们进一步考证"娘若且嘎尔"小邦之所在位置，即这个小邦应位于后藏之上部地区。

[20] 第四个小邦，位于"娘若"地方，王名"罗芒德"。结合其他史料来看，这显然是指"娘若香波"小邦，位于今年楚河流域之江孜县一带。王名"罗芒德"，很可能藏文"罗昂王"的别字。

[21] 第五个小邦，位于"布域"地方，王名"布杰什赞"。这个小邦不见于其他史料，不能确定其具体地理位置。《敦煌本吐蕃历史文书》P.T.1287 有"娘若铁瓦蔡布域"（མྱང་རོ་ཤམ་པོ་ལུང་དགུ།）的记载，依此来看应该位于年楚河流域。

[22] 第六个小邦，位于"塘若"地方，王名"隆绒嘎尔波"。这个小邦也未见于其他史料，不知其具体地理位置。但是，从古藏文"娘若"(མྱང་རོ།)这样的写法和含义来看，"塘若"应该是在某条江河流域。

[23] 第七个小邦，位于雅砻地方，王出自"娘"氏。这说明，在吐蕃之前，"娘"氏曾在雅砻一带有较强的势力。

[24] 第八个小邦，位于"彭域"地方，在其他史料中称"彭波"（岩波），即今拉萨林周县境内。其王名与其他史料所载之"森波杰王"相同。另外，今位于林周县境内的被认为是古代森波杰小王之王宫遗址的废墟，其正式名称是"森巴达宗"。在这个史料当中，除了王名"古赤"与敦煌古藏文写本相同外，"达"王与今遗址名称发生了联系，这显然不是偶然的。在林周县，发现有一户人家据说是森波杰王族之后人。这户人家的所在地名叫森巴村，该村北面山顶有古代王宫或寺庙遗址。尽管目前无法确定这户人家与古代森波杰小王之间的关系，也无确凿的证据可以说明遗址的具体年代。但是，从当地我们了解到山顶上的遗址名叫"森巴达宗"，意思是"森巴地方的虎山宗堡"。

[25] 第九个小邦，在"玛尔域"地方。"玛尔域"，是指拉达克地区。其他史料中，未曾出现过这个小邦。

[26] 第十个小邦，位于"琼隆"地方，即古代象雄的中心。从地名所指及王名拼写等情况来看，这个可能就是指象雄（羊同）。

[27] 第十一个小邦，位于一个叫作"颇素杰塘"的地方。其他史料中，未曾出现过这个小邦。藏语中，"杰塘"是指今云南之中甸（香格里拉）。

[28] 最后一个小邦，位于吉隆地方，即今日喀则吉隆县。其他史料中，也未见有这个小邦。

[29] 原文ཅེར་བཅུག་པས། 应是བཙན་བཅུག་པས། 意为"投入监狱"。

[30] 拉日金托，山名，一般称"拉日江托"山。藏文史籍称吐蕃第一位赞普——聂赤赞普最初来到了该山顶。早期史料认为，此山位于工布一带（今林芝），与今天的苯教神山有关，但后期的多数佛教史籍都认为，此山位于雅砻境内。

[31] 原文མིག་མས་འགྱིབས་པ། 应是别字。此处主要是说聂赤赞普具有"三十二相"中的某些特征。

[32] ལྷ་ད། 一词于他处写作ལྷ་ས། 是指今天的拉萨。

[33] 原文གནོད་སྦྱིན་པ་ལ་མངོན། སྦྱི字应是སྦྱིན字，གནོད་སྦྱིན意为"夜叉"。

[34] 此处"大贤者卡且"，应该是指"克什米尔班智达"。

[35] 此处ཁན་ཆེ། 似乎是笔误，应是ཁཆེ། 指"卡且"——即克什米尔班智达。

[36] 原文གཅའ་བཞིན་བཙན་པོ་ནི་ཐམས་ཅད་ཀྱིས་སྦྱུར་བོ་ཞེས་བགྱིས། 此处སྦྱུར字应理解མསྦྱུར字，意为"一致"。

[37] 赞康果西，系吐蕃地名，位于雅砻境内。一般称"赞塘果西"。

[38] 雅拉香波（ཡར་ལ་ཤམ་པོ།），神山名，位于雅砻境内。一些写作ཡར་ལྷ་ཤམ་པོ།

[39] 此处ཤྱན་པ།一词应是别字，正确拼写为རྔོན་པ།意为"猎人"。

[40] 十二小邦，是指象雄（羊同）等吐蕃王朝建立前活跃于青藏高原的十二个小邦国。此处，应该是指"与吐蕃十二小邦的人相比，此人显得更加高大威武"。

[41] 此处原文为ཡུ་བུ་ཅག་གི་རྗེ་བྱེད་ན།其中ཡུ字应是ང་字，ང་ཅག།意为"我们"。今西藏阿里等地的方言中，常有ང་字与ཡུ字交换使用的情况，应是古代藏语传承的一种特殊情况。

[42] 聂赤赞普，字面意思是"肩座王"。

[43] 原文ཡར་ལུང་གི་སྟོད་རྒྱལ་ཆེན་ཕྱིང་ཡུལ་སྟགས་ཤེན་བྱ་བ་བདན་ནེར་བཞུགས་སོ།其中བདན་字应是སྟོད་字，意为"上部"；ཆོ་རྒྱལ།应是འཕྱོང་རྒྱས།是指今山南市琼结县所在地；ཕྱིང་བ་སྟག་རྩེ།应是ཕྱིང་བ་སྟག་རྩེ།（青瓦达孜），早期吐蕃赞普多住于此宫堡。

[44] 原文བོན་གྱི་ཡིག་ཚང་ཆེན་ཆེར་སྟིང་པ་གཏིག།此处སྟིང་་一词应是རྙིང་།意为"旧"。

[45] 此处ལང་བ་གཤགས།应是ལང་ཀར་གཤེགས་པའི་མདོ།意为《楞伽经》。

[46] 原文སྤྱི་རིའི་བའི་བཞག་གཤགས་ཏེ།其中བཞག་字应是རྩེ་字，意为"顶部"。

[47] 原文ཅན་ཐང་སྒོ་བཞི།一般写作བཙན་ཐང་སྒོ་བཞི།（赞塘果西），是指雅砻境内的一地名。

[48] 原文གནམ་ལ་འདུར་མོ་གྱིར།正确拼写应是གནམ་ལ་འདུར་མོ་བྱིར།意为"手指天空"。

[49] 雍布拉康岗，宫堡名，位于今山南乃东县境内，传说为聂赤赞普时期所建。一般写"雍布拉康"。

[50] 此处原文སུམ་པའི་བོན་པོ་ཨ་ཞོང་རྒྱལ་བ་སྦྱོལ།一般藏文史籍的说法是："降服松巴之苯波阿雍"。松巴，原属吐蕃小邦之一，吐蕃王朝时期划分为"松巴茹（翼）"。其辖境应位于吐蕃四茹中"乌茹"之北部。

[51] 原文གཐའ་ཐབ་པ་གར་ཁྱིམས་ཚན།此处ཐབ字应是མཐུན字，意为"和气"。

[52] 原文：མས་ལྷ་བོ་བོ་ལ་འདི་བར་གསོལ་བོ་བོན་པོ་ཡུལ་ལྷ་བདུན་པ་མས་ཆོང་ནས།

[53] 原文：ཆོད་ལ་ལྷ་བསྒྲོད་གྱིས། མཆོད་སྦྱིན་གྱིས་ལྷགས་དང་ད་མི་ཡང་སྲིད་ཅིག། ཡོངས་སུ་ཐར་པར་འགྱུར་རོ།

131

[54] 原文：ཕ་མ་དག་གིས་གཞན་ལ་རང་གི་ལུས་བཅོལ་ནས་གསེར་གྱིས་ཕྱགས་དང་ལྕེ་ཉེས་ནས་མཆོད་སྦྱིན་བྱས་སོ།

[55] 工布，地名，指今西藏林芝一带。

[56] 娘波，地名，古代指尼洋河流域。吐蕃小二小邦中，有娘波王。

[57] 达尔拉吉，一般称"昂列杰"，为布德贡杰时期的重要家臣。有些史书认为，此人是直贡赞普的遗腹子。

[58] 翁布拉岗，可能是"雍布拉康"宫的另一种写法。雍布拉康，位于西藏山南乃东县颇章乡觉姆扎西次仁山上，被认为是西藏历史上的第一座宫殿，在西藏建筑史上具有重要意义。根据多数藏文史籍的记载，雍布拉康是吐蕃第一位赞普即聂赤赞普所建，是他的三大历史功绩之一（三大历史功绩，分别为修建雍布拉康宫、征服松巴王和十二小邦）。同时，它与佛教传入吐蕃等许多重大历史事件有着密切关联，据史籍记载，吐蕃第27代赞普即拉托托日聂赞时期，曾有佛经、佛塔等从天降于雍布拉康宫顶（此事藏文史籍说法并不一致，根据奈乌班智达和郭译师循奴贝的说法，曾有吐火罗僧人携带佛经进入吐蕃传法，然当时吐蕃无人能懂得经意而被供奉于雍布拉康宫内。因吐蕃人尊奉苯教，为迎合苯教徒而谎称天降"神物"）。据《雍布拉康志》记载，起初宫殿墙壁上有有关聂赤赞普历史传说的壁画。14世纪初，亚孜王索朗德及其家臣释迦贡布对其进行了维修，首次修建金顶，并由帝师贡噶坚赞进行开光。后由五世达赖阿旺洛桑嘉措进行了重修｛东噶·洛桑赤列.东嘎藏学大辞典（藏文）[J].中国藏学出版社，2002:1859｝。宫殿遗址的主体建筑类似古碉，其初建年代与汉文史籍所载古碉文化或邛笼文化相符。藏族建筑的历史，经历了萌芽时期、雏形时期、发展时期及成熟时期等四个不同的历史时期。早期萌芽时期，人们主要以天然洞穴为据点，经历了卡若时期和马桑九族时期等；雏形时期，其主要标志是吐蕃聂赤赞普修建了雍布拉康；发展时期，其主要标志是松赞干布迁都拉萨，出现了八廓街的雏形，特别是拉萨河堤等的出现具有重要意义；成熟时期，主要以元代以后布达

拉宫的改扩建为标志 {阿贵、才华多丹.古碉文化及西藏建筑的历史文化问题——访著名藏族学者杨嘉铭先生 [J].西藏大学学报（社会科学版），2011（4）}。雍布拉康的主体建筑面积不大，坐东朝西，平面简洁。整体布局可分为主体建筑和附属建筑。主体建筑可分为两大部分：第一部分，是一幢两层的建筑，三进，原为三层，传为松赞干布所建。第一层为藏王殿，自山下盘旋而上，宫前有石阶数十级。第一进为门厅，大门外带遮檐的小平台，门厅南北长约6米，东西宽约5米。第二部分，是一座方形的高层碉楼式建筑。位于整个建筑的东端正中，传说为聂赤赞普所建，是宫殿最初的建筑遗迹，高约11米，南北长约4米，东西宽约3米。自下而上略有收缩，墙体较厚。三层和顶层平面空间较狭小，一层仅有2.28平方米。外观似五层，实为三层。第一层有较窄的通道通往一层殿堂，二层有小门通大殿顶部，第三层现有重修的金顶。{郝占鹏，徐淑娟，张崇清.略谈西藏宫堡——雍布拉康 [J].工业建筑，2007：37}

[59] 琼结，地名，是指今西藏山南市琼结县一带。

[60] 卓萨杜绛，"卓"（འབྲོ）为吐蕃古姓氏，汉译"没卢氏"。"萨"（ས）字的正确拼写应是བཟའ字，意为"妃子"，文章其他地方都出现了类似的写法，可能是一种缩写，或与作者的藏文水平有关。

[61] 卓聂德茹，藏文འབྲོ་གཉེར་བཞེར། 应是འབྲོ་གཉེར་བཞེར།"卓"（འབྲོ）为吐蕃古姓氏，汉译"没卢氏"。

[62] 此处ཀ字，应是གཉེར（གཉེར）字，意为"盘羊"。

[63] 囊日松赞，又译囊日论赞（570—629），意为"政与天比高，盔与山比坚"。按藏族传统说法，他是吐蕃王朝第32任赞普，吐蕃王朝立国之君松赞干布的父亲。

[64] 强巴米久林宫，其遗址位于今墨竹工卡县甲玛沟内，认为松赞干布出生于此。

[65] 突厥，是历史上活跃于蒙古高原和中亚地区的民族集团的统称，

也是中国西北与北方草原地区继匈奴、鲜卑、柔然以来又一个重要的游牧民族，540年，突厥这个词始见于中国史册。745年，唐朝与回鹘攻灭东突厥汗国，东突厥诸部或者在战争中消亡，或者融入回鹘，或者融入唐朝。唐朝灭西突厥以后，原西突厥汗国所属突骑施、乌古斯、葛逻禄、钦察、卡拉吉、样磨、处月等部落也活跃于中亚地区。突骑施在防止阿拉伯帝国在中亚的扩张起了重大作用，葛逻禄则在唐末以后的中亚历史中扮演重要角色，与回鹘建立喀拉汗王朝。今"突厥"并非指单一民族，而是指语言属于突厥语族的各个民族的统称，大多是历史上受突厥人统治或者突厥化的其他民族，以及古代突厥人的后裔，主要民族有土库曼人、鞑靼人（塔塔尔人）、维吾尔人、雅库特人、哈萨克人、吉尔吉斯人（柯尔克孜人）、撒拉尔人、阿塞拜疆人、乌兹别克人、巴什基尔人、楚瓦什人等。历史上与吐蕃有密切关系，多见于各种藏文史料。

[66] 森波杰，吐蕃小邦，主要活动于今拉萨河流域。公元7世纪以前，拉萨河流域有两个王，分别是"赤邦松"和"达甲乌"，后来都投靠了雅砻赞普。

[67] 聂秀王，从名称上看，似乎与古代象雄王（羊同）有关。早期藏文史籍中，有象雄王名"李聂秀"者。象雄，是古代青藏高原西部（今阿里一带）的邦国，位列吐蕃十二小邦之首。汉文史籍称"羊同"，根据一些藏文史料，古象雄有悠久的历史和灿烂的远古文明，认为西藏苯教起源于此。吐蕃王朝建立后，吐蕃中部设四茹（四翼），分别是乌茹（以拉萨为中心）、约茹（以今山南乃东为中心）、叶茹和茹拉。其中，前两个位于前藏，后两个位于后藏。加之象雄、松巴（苏毗），实际上吐蕃军队共有六个茹。其中，象雄分上、下两个茹，上部以今阿里札达县琼隆银堡为中心；下部，位于吐蕃和苏毗之间。

[68] 原文ཆུ་བོ་རྒྱུང་མཚེས་རྒྱལ་བ་ཞིགས། 其中，ཞིགས字应是ཆིབས字，意为"骑马"。

[69] 原文ཆབ་གང་འདོན་པའི་རྒྱལ་ཕྱིན་འདགས་སོ།

[70] 蔡邦氏珍玛朵缇工噶尔，一般称作"珍玛托噶尔"。蔡邦氏，系吐蕃望族，其领地位于今西藏山南市乃东县亚堆乡境内。今称村。据《乃东县志》记载："吐蕃五尚（五舅臣）之一的外戚贵族蔡邦氏（氏族官邸在今才朋村）家族在亚堆有其领地，至今尚有上、下蔡邦两村落。"（乃东县地方志编委会.乃东县志 [M].北京：中国藏学出版社，2006:118）才朋村，位于今亚堆乡所在地沟内，分上下两个村庄，具体位置为：东经91°49′23″，北纬28°54′59″。吐蕃外戚贵族蔡邦氏，是吐蕃显赫家族之一，对吐蕃的政治、宗教具有重要影响。《弟吴宗教源流》记载："次邦·达萨修建了堆龙列拉康和纳孜寺，罗强巴修建了东拉康。"（弟吴贤者.弟吴宗教源流（藏文）[M].拉萨：西藏人民出版社，1987）可见该家族对佛教的传播也有较大的影响。家族中最有影响之人莫过于蔡邦氏美朵准，她是赤松德赞的王妃，也是牟尼赞普、牟底赞普及赤德松赞的生母。此人在吐蕃末期的政治、宗教斗争中扮演了非常重要的角色。她联合当时的吐蕃权臣势力，先是于雍布拉康宫内毒死了长子牟尼赞普，尔后制造事端使其次子（史书中对于赤松德赞究竟有几个儿子的问题，颇有争议。从吐蕃石刻碑文内容来看，牟底赞普应是次子，他于赤德松赞时期先后参与了多次重大的盟誓活动，其名字见于吐蕃时期的各种碑文）。失去了继位资格，最后力推幼子上位，为自己后来独揽大权、左右吐蕃政事奠定了基础 {阿贵.洛扎吐蕃摩崖石刻及相关历史问题考 [J].中国藏学（藏文），2014（2）}《西藏王统记》记载："蔡邦氏原为苏毗家臣，后为吐蕃约茹上部千户，领地在琼结一带，即今琼结县的亚堆区，美多准是其家女"（索南坚赞.西藏王统记 [M].刘立千译注.拉萨：西藏人民出版社，1987：209）。她所建的康颂桑康林，"其造型与乌孜大殿相近，所选用之石料及木料胜似乌孜大殿，（寺中）大梁及柱子镶嵌有璁玉、珊瑚、金银等宝物，寺分三层：一层以菩提尊者为主圣，并供奉有八大随佛子及忿怒明王两尊等，佛像均以宝物饰之。二层以坐于莲花

茎上之莲花佛为主圣,供奉有男、女菩萨各四尊,守门金刚两尊等均以多种宝物饰之。顶层供奉有四面大日如来、菩萨及忿怒明王两尊等均以宝物装饰镶嵌。护法殿及寺中墙壁上如同各传记所述绘有尼式风格之壁画,以琉璃瓦装饰的寺顶等皆完整无缺"(司徒·确吉加措.司徒古迹志(藏文)[M].拉萨:西藏藏文古籍出版社,1999:149—150)。可见蔡邦氏作为长妃的威望和权力。目前,才朋村有上下两个村庄。下才朋村有32户;上才朋村有15户,村背后的山名叫布日山,类似大型古墓封土,其上有祭祀点,据说过去山上有佛塔等建筑、萨玛尔庄园,现有其庄园主后人存在。据了解,过去萨玛尔庄园大门向东,大门前方右侧(东南)半山腰有口泉水,此处名叫曲弥那噶。泉水北侧的布日山,是当地的地方保护神,每逢新年当地人要进行供养和祭祀。上才朋村中有户人家名叫雪巴,在他家下方的小片树林处,便是过去大学士碑文所在地。

[71] 松赞干布(617—650),为吐蕃第33任赞普,也是吐蕃王朝的建立者。松赞干布是一个眼界开阔、具有政治胆略和远见的吐蕃赞普。古藏文历史书中记载他为赞普赤松赞。关于他何时生于何地?何年在位?说法不一。松赞干布是西藏历史上杰出的政治家,他主要有五大功绩:第一,创制了藏文文字;第二,统一了吐蕃各部族,制定了法律;第三,建立了一整套军政合一制度;第四,为发展藏族的文化,向其他民族学习文化和技术;第五,加强了汉藏之间、尼藏之间的团结。

[72] 此处"赤德松赞",应该是"赤松赞"。松赞干布,又名"赤松赞"。

[73] 布达拉宫,坐落于西藏拉萨市红山上,是世界上海拔最高,集宫殿、城堡和寺院于一体的宏伟建筑,也是西藏最庞大、最完整的古代宫堡建筑群。布达拉宫依山垒砌,群楼重叠,殿宇嵯峨,气势雄伟,是藏式古建筑的杰出代表。主体建筑分为白宫和红宫两部分。宫殿高200余米,外观13层,内为9层。布达拉宫最初为吐蕃王朝赞普松赞干布为

迎娶赤尊公主和文成公主而兴建。1645年，第司索南群培重建布达拉宫之后，成为历代达赖喇嘛的冬宫，也是过去重大宗教、政治仪式举办地，内供历世达赖喇嘛灵塔。1994年入选世界文化遗产。

[74] 此处"赤松德赞"，应该是"赤松赞"，指松赞干布。

[75] 此处原文是ཡབ་ནོངས་ད།其中ནོངས应该是藏文ནོངས的别字，意为"人去世或过世"，多见于敦煌古藏文写卷等。若非别字，应译为"根据父王之遗愿"。

[76] 此处是指吞弥·桑布扎，他是吐蕃松赞干布时期的重臣，也是藏文的创制者。

[77] 尊姆蔡，位于今拉萨达则县境内。过去寺中保存有一石刻，其上刻有一段藏文，据说是吞弥最初给赞普的文字献新。吞弥·桑布扎制定藏文，即以作颂词献给松赞干布。其颂文前四句全无元音符号，第五句每字均有འ（第三元音），第六句每字均有ག（第一元音），第七句每字均有ན（第四元音），第八句每字均有ག（第二元音），今已成为西藏诗的一种格局。

[78] 玛茹宫，是指今位于拉萨北边的帕蚌卡寺。据传吞弥·桑布扎于此创制文字后，赞普也在此学习藏文。寺中也保存有石刻，据说是吞弥桑布扎的"献新文"。

[79] 二障，指烦恼障和所知障，烦恼障如六根本烦恼等；所知障如四无知根等。详见《般若》《中观》等经论。此处应是指"所知障"。

[80] 赤尊公主（？—649），藏文称"博萨赤尊"，意为"来自泥婆罗的王妃"。7世纪，松赞干布迎娶了当时位于吐蕃南部的泥婆罗的赤尊公主。根据后期藏文史料，她入蕃与佛教的传入有密切关系，今供奉于拉萨小昭寺内的不动金刚佛，以及大昭寺内的弥勒法轮、檀香木制度母像等，据说是她从泥婆罗带来的。

[81] 作者似乎参阅了一些汉文史料，文中有不少汉语音译的术语，

如：唐太宗、武则天等。

[82] 吐谷浑，多数藏文史籍都写作"阿柴"，但作者写作"吐鲁浑"，与汉语"吐谷浑"相近似。吐谷浑，亦称吐浑，中国古代西北民族及其所建国名，存在时间约为285年至663年之间。本为辽东鲜卑慕容部的一支，吐蕃人称之为"阿柴"。西晋至唐朝时期，位于祁连山脉和黄河上游谷地，统治今青海、甘南和四川西北地区的羌、氐部落，建立政权。至其孙叶延，始以祖名为族名、国号。唐朝中期，被吐蕃击败。五代时期，开始受辽国统治。现已与各民族融合。

[83] 此处原文བོད་ཀྱི་རྒྱལ་པོས་ཀྱང་སྲས་དུ་བྱུང་བ་ལ་མཆིས་པ་ན།其中སྲས字疑似སློང字，若是如此，具有"提亲"之意。

[84] 臣噶尔（？—667），是指著名的吐蕃重臣噶尔·东赞，汉译禄东赞。根据汉文史籍，不识文记。性明毅，善用兵，参与吐蕃军政大计，"吐蕃之并诸羌，雄霸本土，多其谋也。"640年，奉赞普松赞干布命赴唐献金银珍宝，为赞普请婚，受唐太宗召见和礼待。次年，唐太宗李世民以宗室女文成公主许松赞干布。他以迎婚大使迎护公主至吐蕃，甚得赞普尊宠。650年，松赞干布去世，王孙年幼即赞普位，受委治理国事，施展治国雄才。为发展经济，进行一些重大改革。653年，于"祐"地定牛腿税，征收农田贡赋。次年，于蒙布赛拉宗集会，决定清查户口。后于吐蕃占领的吐谷浑地区，仿效汉制划定田界，按每户人口多寡分配土地，征收农田贡赋。不拘于吐蕃本土实行的奴隶占有制统治办法来治理经济较发达的占领区，因地而异地推行有别于本土的统治方式。晚年，一直活动于吐蕃与吐谷浑，并出兵灭吐谷浑，巩固了吐蕃在今青海、甘肃西南部的统治。666年，返回吐蕃本部。次年，患痈疽，卒于日布。其家族执掌吐蕃军政大权达五十年。其子为著名的吐蕃将军钦陵。

[85] 释迦牟尼十二岁等身像，藏语称"觉沃"佛，目前是拉萨大昭寺的主供佛像。

[86] 此处原文གདགས་ཆབ་ཞིབས།其中ཞིབས字疑似ཞིབས字，若是如此，有"顶盖"之意。

[87] 原文ཕྱི་མ་ཆོད་ཆར་བྱིད།此处བྱིད字，应该是བྱིང字，意为"下沉"。

[88] ཀྱི་མོ་ཁོལ་མས་མ་སྐུ་གུ་སྟེབ་ས་དག་ལ་འགྲོ་ཞིན་མཆོད་པ་ཡང་འདུལ་ལོ།

[89] 原文སྦྱར་དུག་གཤེར་གཏོང་།此处གཏོང་字疑似བཏོང་字，意为"煮"。

[90] 其他藏文史料记载，吐蕃四周有四国，其中北方有"冲格萨尔王"。

[91] 大食，原为一伊朗部族，吐蕃时期主要指阿拉伯人、阿拉伯帝国或泛指伊朗语民族穆斯林。早期藏文写作ད་ཟིག后期写作སྟག་གཟིག应是美化地名的结果。

[92] 此处原文为ས་སྦྱུང་ཅིས་པ།正确写法应是ས་དཔྱད་ཅིས།意为"堪舆"。

[93] 此处原文སྲིན་མོ་གན་རྒྱལ།正确写法应是སྲིན་མོ་གན་རྒྱལ།意为"仰卧之魔女"。

[94] 噶蔡神殿，位于今墨竹工卡县城附近。

[95] 昌珠寺，位于今山南市乃东县城。

[96] 藏章神殿，意为"位于雅鲁藏布江边的神殿"，寺址应位于雅鲁藏布江北岸，今南木林县境内。一说是今后藏的苯教寺院——茹拉雍仲林寺。

[97] 仲巴江神殿，寺址位于今日喀则市拉孜县境内。

[98] 布久神殿，即是今林芝县布久乡之布久拉康神殿。

[99] 洛扎康亭神殿，一般称"库亭寺"，位于今洛扎县境内。

[100] 札东孜神殿，遗址位于今日喀则仲巴县境内。

[101] 康丹隆塘卓玛神殿，"康"是指"康区"，"丹"是指"丹玛"即"邓柯"，寺址应位于今邓柯一带。

[102] 芒域强珍神殿，"芒域"是地名，指今日喀则吉隆县一带，过去有芒域贡塘王朝。寺址，应位于今吉隆县境内。

[103] 门域蚌塘神殿，应该位于西藏南部之"蚌塘"地方，此地过去

属于"门"境内，故称，"门蚌塘神殿"。关于这个神殿，文献中有三种不同的记载：门蚌塘神殿、门吉曲神殿、门巴卓神殿。吐蕃时期，是否在吉曲河流域修建过三座不同的神殿，就不得而知了。

[104] 原文ཐུགས་དམ་བརྒྱད་ཁྱི་སྤྱན་རས་གཟིགས་བཞུགས། 意为"立于本尊神十一面观音像前"，是否指于观音像前立一王之塑像呢？若是如此，这是一种新的说法。一般藏文史籍的说法是，"王与两位公主皆入观音像"。

[105] 大臣朗钦波，原文为བློན་པོ་ཆེན་པོ། 其中སྣ། 应是ཆེ། 字，意为"大鼻子"。

[106] 彭域，又称"彭波"，即指今拉萨林周县一带。

[107] 此处原文འདིར་དུ་སུ་ཞིང་ལ་བདུན་ཚིགས་དང་ལོང་བསྟོད་བ་སོགས་དགར་པོ་དབའི་ལས་བྱེད་པ་སློབ་བཞུགས། ཤེད། 字应该是ཤིད། 字，意为"超度"。

[108] 是指把原来供奉于小昭寺内的释迦牟尼十二岁等身像移至大昭寺，把大昭寺的主供佛像不动金刚佛移至小昭寺。

[109] 贡松贡赞，藏文史籍认为是松赞干布之子，然未见于汉文典籍。不知何故。

[110] 芒松芒赞（？—676），《通典》作乞黎拔布。按照藏族的传统，他是吐蕃王朝第34任赞普（650—676）。他是贡松贡赞的儿子，为吐谷浑妃蒙洁墀嘎所生，也是松赞干布之孙。650年，松赞干布去世后，芒松芒赞年幼即位，由大相噶尔•东赞域松（即禄东赞）辅政。芒松芒赞即位初期，摄政的禄东赞致力于安定吐蕃内部。652年制定税收制度，655年制定法律条文，并先后巡视吐蕃下属的各个地区，以巩固东临吐谷浑、西到象雄的疆界。在整顿了内政之后，吐蕃于656年决定出兵攻占青海湖一带。禄东赞率12万大军讨伐吐谷浑的盟国白兰，大破白兰，将白兰变为属国。为了防止唐朝出兵支援吐谷浑，吐蕃竭力与唐朝保持友好的关系，658年，曾遣使向唐朝请求和亲，遭到拒绝。659年，吐谷浑大臣素和贵叛逃吐蕃，将吐谷浑的虚实全部告诉了禄东赞。禄东赞开始对吐

谷浑展开大规模入侵，并于663年彻底攻占吐谷浑之地。吐谷浑国王诺曷钵与王后弘化公主出奔唐朝避难。此后，吐谷浑变成了吐蕃的属国。吐蕃大臣禄东赞留居吐谷浑之地，加强了吐蕃在吐谷浑地区的统治，在吐谷浑故地拥立了傀儡国王，将吐蕃公主嫁给了他。此后的不少吐谷浑王都是吐蕃赞普的女婿。与此同时，唐朝在龟兹、焉耆、疏勒、于阗四镇建立的安西都护府，势力达到了粟特地区和克什米尔。唐朝在丝绸之路的贸易上得到了不少利益，引起了吐蕃的垂涎。662年，吐蕃发兵攻打克什米尔地区的勃律，同时吐蕃煽动疏勒、龟兹和西突厥的弓月部反叛唐朝，以牵制唐朝的军队。蕃军大破勃律，勃律分裂为大勃律和小勃律两国，大勃律臣服于吐蕃，小勃律则臣服于唐朝。吐蕃成功在西域设立了自己的据点，控制了瓦罕走廊，但一系列的战争也使其与唐朝的同盟关系彻底决裂。投靠吐蕃的龟兹是唐朝安西都护府的治所。因此唐朝派遣苏海政，会同西突厥的继往绝可汗阿史那步真、兴昔亡可汗阿史那弥射前往攻打龟兹。但禄东赞利用继往绝可汗与兴昔亡可汗之间的矛盾，使他们发生内讧，兴昔亡可汗被杀。吐蕃招诱兴昔亡属下的咄陆部投奔吐蕃，以抗唐军。663年，疏勒和弓月部招引蕃军围攻于阗，唐朝的安西都护高贤率军支援，无功而返。665年吐蕃再攻于阗，被西州刺史崔知辩击退。667年继往绝可汗死后，其属下的弩失毕部投降吐蕃。

[111] 原文ཆུ་བོ་འདིས་བསྐོར་གཉིས་ཀྱི་བྱང་བཅོད། 此处བྱང་字疑似བྱང་字，意为"出谋划策"。

[112] 杜松芒波杰（676—704），又译赤杜松，《通典》（卷190）作乞黎弩悉笼。

[113] 雅砻札，应该是指今山南市扎囊县阿扎乡所在地。

[114] 赤江，是指噶氏长子，正确写法应是"赤真"（ཁྲི་འབྲིང་），汉文作论钦陵。唐高宗咸亨元年（670年）四月，钦陵攻占了龟兹（今新疆库车）、焉耆、疏勒（今新疆喀什）、于阗（今新疆和田）等安西四镇，切

断了唐朝通往中亚的交通，对唐王朝造成了极大威胁。

[115] 原文བདག་གིས་འདོད་པ་ལ་འབྱུང་། 此处འབྱུང་ 字疑似མཆོང་ 字，若是如此，可理解为"跳跃"。

[116] 原文གཡག་གོད་ཀྱི་གད་པ་ནས་བཟུང་བེད་བཟེམས་ནས། 此处བཟེམས་ 字疑似བཟེད་字，意为"压倒"。若是如此，原文可理解为"抓住野牦牛之腿而压倒在地"。

[117] 原文འདས་མེད་གི་སྐེས་བཟུང་བསོར་ནས། 此处སྐེ་ 字疑似སྐེ་ 字，意为"脖子"。若是如此，原文可理解为"抓住狮脖，举过头顶"。

[118] 原文མཁར་སྐུ་ཆུས་འབེབས་ནས། 此处根据上下文内容，理解为"用水攻陷城堡"。

[119] 此处ཤ་བའི་ལྡུར་པ་གེར་གྱིས་བཀང་བསྣོར་ནས། 其中ཤ་བའི་ལྡུར་པ་ 的正确拼写应是ཤ་བའི་རྐྱལ་པ་ 意为"鹿皮袋"。

[120] 南诏国（738—902），8世纪崛起于云贵高原的一古代王国，由蒙舍部落首领皮罗阁于738年建立。隋末唐初，洱海地区小国林立，互不统属，其中有六个实力较强的小国，被称为六诏。其中，蒙舍诏在诸诏之南，称为"南诏"。南诏先后征服了其他五诏，统一了洱海地区。

[121] 丹噶尔宫，今门仲村中有一块草坝，名叫丹噶。据了解，过去此地就叫作丹噶。具体位置为东经91°49′46″，北纬29°20′4″。根据布顿大师和巴沃·祖拉陈瓦的说法，该目录著于赤松德赞时期。原文称该目录著成于龙年，赤松德赞在位期间先后出现过两次龙年，一为764年，一为776年。对此，东嘎教授等现代学者提出了疑义。另据司徒班钦等的观点，《丹噶目录》应是吐蕃三大目录中的第二部，有可能著成于赤德松赞时期（798—815）。目录编撰者有噶瓦贝孜、昆·鲁意旺波、尚·益西德、角茹·鲁益坚赞等译师，其中，尚·益西德和角茹·鲁益坚赞的译著最多。原文见于德格版《丹珠尔》（参见：东嘎·洛桑赤列.东嘎藏学大辞典（藏）[M].北京：中国藏学出版社，2002：133）。

[122] 赤德祖赞，吐蕃赞普，704—754在位，《册府元龟》（卷

960)，《通鉴》（卷207）等作弃隶缩赞。

[123] 卡扎，地名，或神殿名，见于《敦煌本吐蕃历史文书》等。神殿似乎位于拉萨附近。

[124] 噶曲神殿，遗址位于桑耶寺附近亥布日山前方平坝上。

[125] 旁塘，系吐蕃地名，也是赞普王宫名，多见于敦煌古藏文历史文书等。遗址位于今西藏山南市乃东县颇章乡颇章村附近，具体位置为东经$91°49'7''$，北纬$29°7'30''$。其前方北有著名的雍布拉康，南有原颇章宗府遗址，南边有甲萨拉康。甲萨拉康内主供十一面塑像，据说是金城公主的驻锡地。遗址背靠山，前有香曲河缓缓流过，四周皆是名胜古迹，可谓处于雅砻文明之中心区域。旁塘颇章遗址，学界一般认为是今乃东县颇章乡旁塘村。同时，多数学者认为"颇章"（宫）之地名的由来，也与历史上的旁塘颇章有关。吐蕃赤德祖赞时期（8世纪）南诏投靠吐蕃，时有南诏王派其大臣段忠国出使吐蕃，赤德祖赞曾在旁塘宫接见过南诏王使者。吐蕃末代赞普达玛的王子沃松去世也在旁塘宫。根据藏文史籍记载，旁塘颇章宫建于赤德祖赞时期，于赤松德赞时期被大水冲毁，后在赤德松赞时期重修并在那里编撰著名的《旁塘目录》。除此之外，吐蕃时期曾修建有旁塘拉康。《弟吴宗教源流》记载："在庶民中，郑噶修建了格才拉康，娘·夏迪孜修建了旁塘拉康。"（弟吴贤者.弟吴宗教源流（藏文）[M].拉萨：西藏人民出版社，1987）吐蕃时期曾在旁塘王宫集中天竺和吐蕃学者编纂了译经目录，被称之为《旁塘目录》。《布顿佛教史》认为先是编辑了《丹噶尔目录》，继而编辑了《旁塘目录》。《旁塘目录》是吐蕃时期收藏于旁塘颇章宫内佛经的目录，其编撰者有大译师噶瓦贝孜、法要、天主等，时间为吐蕃赞普赤德松赞时期。特点是八个字为一偈，每三百偈为一卷。根据司徒班钦和雪钦·次成仁青的说法，这是首部西藏大藏经目录。《布顿佛教史》中有部分引文，目前未见原文（东噶·洛桑赤列.东嘎藏学大辞典（藏文）[M].北京：中国藏学出版

社，2002：P133）。目前，村庄南侧山脚的冲积扇上，有类似建筑遗迹的残墙断壁，且有被水多次冲刷的迹象。从环境来看，若把此处视作吐蕃时期旁塘颇章的遗址，基本符合历史文献的相关记载。这里属于山体向前延伸的部分，西高东低，形成了较为明显的冲积扇，因常年洪水冲击之故，被分割成了几大块。

[126] 扎玛止桑，吐蕃赞普赤松德赞出生于桑耶寺附近之扎玛止桑地方，过去此处建有神殿，以作纪念。《卫藏道场胜迹志》记载："从亚玛隆顺恩格拉山脉往下走，就到了桑耶寺背后的山坡上。此地是法王赤松德赞降生处，名扎玛珍桑。里面有新建的殿堂和新造神像。其营建雕塑妙穷工巧。"（钦哲旺布著，刘立千译：卫藏道场胜迹志 [M]．北京：民族出版社，2000）过去神殿面积有12柱，大门朝西，门前有石梯，其旁有香灯师屋。19世纪重修，其地位相当于桑耶寺围墙内一般神殿，有一冈酥油供养。（协扎公·旺丘杰波．桑耶寺志（藏文） [M]．拉萨：西藏藏文古籍出版社，2000：235）《司徒古迹志》记载：赤松拉康神殿，内供养佛祖释迦牟尼、莲花生大师等身塑像，另有法王三尊、从桑耶寺迎请的度母及赞普梅阿聪（赤松德赞的父亲）等的塑像，皆由苏杰林巴建造。在神殿下方，有一小佛堂，内见有法王灵树和观阅架"雍仲坚"（《司徒古迹志》156页）。遗址位于桑耶寺北面山沟，目前所在地新建有一幢佛堂，主体建筑坐北朝南，高三层，北侧中间三分之一处建至三层。一至二层向南各开有三扇藏式窗户，三层正中有一扇。主体建筑前建有停车场，用石铺台阶与山坡上的建筑相连。停车场大门朝南，大门上方写有"藏王赤松德赞出生地"几个字。佛堂一侧与一民居建筑相连，其另一侧下方也建有一座朝南的一层神殿，据说内有檀香树等圣物是过去信徒的朝拜之所。遗址下方有名叫"噶仓江色"（匠铺柳树林）的地方，据说是修建桑耶寺时工匠们的住地。近来，修筑高速公路时发现部分陶片等建筑材料。据当地居民介绍，从前瓦工们主要住于桑耶寺南侧不远

处康松桑康林以南地方，那里也发现了不少残存瓦片等。因此处是吐蕃赞普的出生地，四周的大小山峰，也各有寓意，被当地人认为是神山。据传遗址东边的山是赤松德赞的生神，西面的山峰是赞普的灵山。从此山往南共有五座山峰，具体形状为两边高，中间三座山比较矮。灵山与其他五座山峰共称为五种姓佛：大日如来、不动如来、宝生如来、无量光如来和不空成就如来。其中间较低的三座山又称"堪洛曲松"（堪布寂护、莲花生大师、法王赤松德赞）。五座山峰中，最南端的山峰被认为是堪布（寂护大师）的灵山，其前方有座小山称为格杰日山，下方的平坝上过去有格杰其玛林神殿。据史籍记载，该神殿由赤松德赞之妃子卓萨·强秋准所建，殿内主供红铜镀金的觉卧佛像，另有八大弟子及两尊护法神像。该神殿大门朝东，与桑耶寺西门对峙。大门包厦面积2柱，墙壁上有四天王等的精美壁画。围墙内廊道44柱，墙壁上有千佛、无量寿佛、莲花生传、药师佛等的壁画。二层有香灯师住房。该神殿在"文革"期间被毁后未能重修，目前无任何遗迹。民间流传，因赞普之妃子无子嗣，故由赞普出资建庙供其修行。

[127] 原文ཅིགས་ཚུགས་ཀུལ་པས།此处ཅིགས།字，系吐蕃古姓氏，有些人认为是གཅིགས།字。译者见书中多处有ཟིགས།字的笔误，故认定是"艾氏"。该氏族主要活动于雅砻一带，见后《月种王统》。

[128] 亚卓，地名，亚卓雍错湖周围，今属山南浪卡子县。

[129] 江擦拉温，为赤德祖赞之子，"江擦"意为"南诏王妃之子"，可见其生母应是南诏人。藏文史籍认为，金城公主是为他所娶，然因他英年早逝而最终嫁给了父王。

[130] 原文གྱིས་གསན།一般写作གྱིས་གསན།意为"吉凶"，应是汉语音译。作者似乎比较熟悉汉文史料，文中多处有汉语术语，如"武则天""吉凶"等。多数比较接近汉语法音，这是原文的特点之一。

[131] 松卡，也称"松卡尔"，地名，位于桑耶寺附近。据《敦煌本

145

吐蕃历史文书》等记载，吐蕃时期那里是赞普的重要住地之一。此处有古塔，称苏卡古塔，位于扎囊县桑耶寺以西15公里处松卡达村东边强尊山腰，共有5座，均为整块巨石雕刻而成。据说佛塔是由古印度高僧寂护主持修建。民间传说，吐蕃赞普赤松德赞与莲花生大师初次相见时，互不礼让，大师用5指喷火以示法力高强，故赞普修建此5塔并供养大师等佛教高僧。《敦煌本吐蕃历史文书》P.T.1288记载：至猴年（756年），夏，赞普住于松卡尔。取赞普之尊号为"赤松德赞"。赞普亲政。向吐蕃全境发布大诏告。夏季会盟，于拉之布琼地方由论·杰桑甲贡负责召集。清查朗、卫二氏之财产。冬，赞普住于松卡尔。冬季会盟，于吉之其蔡地方（拉萨河流域）由杰桑甲贡与贾达赤贡二臣负责召集。奔恰那波、郭、悉等上部地区的邦国派遣使臣前来致礼，命巴果那东和基朗赞二人负责接待使者。论·赤桑和尚·东赞二人领军攻破巂州（今西昌），孜基以下尽为抚服，收归属户。多麦之夏季会盟于约地方由论·赤桑召集。新抚之酋长皆来与盟。冬季会盟于约地方由论·囊热召集。是为一年（王尧，陈践.敦煌本吐蕃历史文书（增订本）[M].民族出版社，1992：30）。这个资料说明，松卡尔是吐蕃时期重要的历史地名，并且在此处曾有可供夏、冬居住的赞普王宫。公元756年，赞普在此得尊号"赤松德赞"，并开始亲政。同时，在那一年，有奔恰那波、郭、悉等上部地区的邦国派遣使臣前来致礼，赞普命巴果·那东和基朗赞二人负责接待使者。这五座佛塔自西向东第一座最大，为多边形方塔，其底座为二级阶梯状，最长边为4.1米，圆形塔瓶底饰有莲花纹，最大直径2.5米，高1.65米，塔尖高2.95米，塔顶呈日月形。距第一座塔向东40米处有座小塔，底座最长边为2.15米，高3.6米。再向东200米处有第三座佛塔，其大小形状与第二座相同。其东约35米处，有一座底座为正方形佛塔，边长3.5米，高4.9米，塔底为三级阶梯状，高0.95米，圆形塔瓶直径为2.3米，高1米，塔尖高2.95米，塔尖亦呈日月形。第四座佛塔之东北面约9米处，有第五座佛塔，其大小形状与第二、三座佛塔相同。据观察塔尖之日月皆朝南北方向，据当地居民介绍，此处五座佛塔在"文革"期间皆遭受不同程度的破坏，塔尖部分曾被破坏后重修。五座石塔附近有多处摩崖造像，多为无量寿佛。另外，在20个世纪50年代，不丹人曾在石塔下方修建五层神殿，后在"文革"期间被毁。此处现建有一作小庙，内有大型转经筒，藏语称"东阔"，意为"具有上亿部嘛尼经的大型转经筒"。2006年松卡石塔作为唐代古建筑遗迹，被国务院列入第六批全国重点文物保护单位。

[132] 关于赤松德赞生母为金城公主的说法，多见于晚期藏文史料。然根据《敦煌本吐蕃历史文书》等早期藏文史料来看，他出生时公主已去世数年。故，此说难以成立。

[133] 原文བར་བར་དུ་རྒྱལ་པོ་ལ་བཀོབར་ཆགས་པ་དེ། 此处བཀོབ字应是བསྐོ字，意为"封王"。

[134] 赤松德赞（742—797），吐蕃第37任赞普。赤松德赞时期，是吐蕃王朝鼎盛时期，不仅武力强大，还不断引进、学习、吸收外族文化，为振兴吐蕃做出了巨大贡献。他厘定法律，发展经济生产，改善人民生活，大力发展吐蕃医学，名医辈出、医著博大精深。779年，主持兴建吐蕃第一座寺院——桑耶寺，首次在吐蕃剃度僧人。他扶持佛教，建寺译经，先后颁行两次兴佛诏书，诏令吐蕃全民奉行佛法，以盟誓等形式进一步维护佛教地位。任命佛教僧人为僧相，开创僧人参政先例。为解决吐蕃宗教信仰和派系之争，宣布崇佛禁本，亲自主持渐顿之争。在藏族历史上与松赞干布、赤祖德赞并称吐蕃"三大法王"。他被认为是文殊菩萨之化身，手上有青莲花纹。关于他的历史事迹，传统藏文史籍多有记载。根据《弟吴宗教源流》的记载，赤松德赞父子时期，大小译师辈出，善法多译于此时。赞普马年生于扎玛止桑地方，十三岁父亡，在位二十二年。前半生，由钦·赤托杰塘拉巴和角茹·吉萨杰贡任家臣，以武力征

服四方,在边地划分疆界,善待佛教信徒;后半生,由韦·赛囊、郭·赤桑亚拉、钦·杰斯鲁亭或达热鲁贡、钦·董西直琼等任家臣。从萨霍尔地方请来莲花生大师;从天竺请来阿阇黎寂护;从冲地方请来阿阇黎迦玛拉西拉;从卡切地方请来阿阇黎阿聂达;从泥婆罗请来阿阇黎西拉麦左;从汉地请来摩诃衍和尚。此时,有大小译师翻译佛经。在译师贝若遮那在世时,有三位大译师,分别是尚斯赞拉那、巴热那和秀布孔列;有三位中译师:拉隆鲁贡、贞嘎列贡和郭崩玉贡;有三位小译师:登玛孜芒、郭那桑和罗其琼。这些译师从天竺译出了《三藏》《密宗》等大部佛经。拔·赤悉桑西达从汉地回来,请来列吉直巴觉巴(断除业障者)、萨鲁江巴、多吉觉巴三位阿阇黎,供养三宝。依照经典,效仿"七觉士"等前贤,有一百四十人出家修行。依照《续部经典》,有慧根的人闻法并修行。人们听从善知识,并由善知识负责供养佛法、神殿,名曰堪布或阿阇黎。《三藏》翻译完成后,赞普下旨,众人不许对其随意改动。(弟吴贤者.弟吴宗教源流(藏文)[M].西藏人民出版社,1987)

[135] 指巴·赤悉桑西达,一般译作拔·桑希,根据巴桑旺堆研究员的考证,此人乃唐人后裔。其父亲为唐朝赴吐蕃之使者。拔·桑希,由其父送给王子赤松德赞作为儿时的玩伴,后奔赴唐朝学经。又根据《旁塘目录》记载,此人乃吐蕃人,是吐蕃著名译师之一(参见:韦·赛囊.巴桑旺堆译注.韦协[M].拉萨:西藏人民出版社,2011:62)。

[136] 拉萨,是指当时的大昭寺。

[137] 多颇章宫,"颇章"意为"王宫",应是指早期王宫所在地。今山南市乃东县境内有名叫多颇章的地方,不知是否与此有关。

[138] 寂护(725—788),又译为静命、禅怛罗乞答。藏文史料称之为"希瓦措"或菩提萨埵。8世纪印度佛教僧侣,那烂陀学者,吐蕃佛教人士。将印度佛教传入吐蕃,建立了最初的藏传佛教僧团,是吐蕃前弘期最重要的奠基者之一。与莲花生、赤松德赞,合称"师君三尊"。他也

是随瑜伽行中观派的主要建立者。主要的弟子为莲花戒。寂护出身孟加拉地区的王族，在说一切有部中出家，后师从中观派清辨论师，是著名的那烂陀寺佛教学者。但是他在见解上与其师清辨不同，主张综合瑜伽行唯识学派与中观学派的观点，建立了随瑜伽行中观派。寂护大师受到吐蕃赞普赤松德赞的邀请，自泥婆罗至吐蕃地区传法。794年，接受七位吐蕃贵族的请求，授予他们子弟出家受戒，成立僧团，史称"七觉士"，是藏传佛教僧团的雏形。这也是吐蕃僧团戒律为说一切有部不是大众部的原因。寂护大师在吐蕃的传法活动，引起了吐蕃部分贵族与苯教支持者的不满，借口当时发生的严重冰雹、瘟疫、雷击等灾害，认为这是因为寂护大师传入佛教，触怒了当地神明所致。赞普受到极大的压力，只能让寂护大师返回泥婆罗。寂护大师建议赞普至乌仗那地区邀精通密法的莲花生大师入藏。莲花生大师入藏之后，展现极大的神通力量，降伏了当地的神灵与苯教修行者，并且为桑耶寺洒净，让它能够顺利地开始动工。赞普再度邀请寂护大师返藏。寂护大师返藏之后，与苯教支持者展开了数次大型的辩论，辩破了他们的各项论点，佛教信仰在寂护大师与莲花生大师协力合作之下，开始流行于吐蕃地区。寂护大师以桑耶寺为基地，传播佛教。他见到当时吐蕃地区僧侣的学养不足，对佛教又有许多误解，建议赞普派人至印度那烂陀寺求学，学习梵文，并将佛教经典译成藏文。他在桑耶寺住持了十三年，最后在吐蕃入灭。随着佛教信仰的流行，藏传僧侣内部也发生了教义之争。其中一派的领导者，是来自汉地的摩诃衍。摩诃衍和尚教授禅宗荷泽派的思想，强调不作意、顿悟成佛。但是寂护大师门下不认同这种说法，他们遵守寂护大师所教授的教法，认为修学应有次第，强调观行，以智慧分别力渐修而至成佛。为了解决纷争，赞普举行了一次大型的辩经大会，邀请寂护大师的弟子莲花戒论师代表，与摩诃衍门下进行辩论，最后由莲花戒论师胜出。赞普下令驱逐摩诃衍大师及其门下，不允许他们继续在吐蕃传教，同时宣

布此后吐蕃佛教须以寂护大师所教授的内容为准（参见：蔡巴·贡噶多吉. 红史 [M] .东噶·洛桑赤列校注.陈庆英，周润年译，北京：西藏人民出版社，2002）。

[139] 原文ནོར་བུའི་ཕྱེང་བ་ལྷགས་མི་ཆེད་དག་དགོས་ཟེར་ད། 此处དག字应是བརྟག字，有"调查或考证"之类的意思。

[140] 原文：མིན་ཏུ་བཟང་པོ་ཞིག་སྟེ། ཕྱུགས་ཤིང་མི་འཆལ་ཟེར་བ་དང་།

[141] 原文བོས་ཡོངས་ལོགས་ནས་ཚོགས་བྱེད་པས་འབད་ཟེར། 此处བོས་ཡོ། 疑似བོད་ཡོངས། 意为"全部吐蕃民众"。

[142] 莲花生，印度高僧。8世纪后半期把佛教密宗传入西藏，是建立藏传佛教前弘期传承的重要人物，西藏密宗宁玛派教开山祖师，常被尊称为大师、大士、咕噜仁波切（上师宝）等。据多罗那他于1610年所著《莲花生传》所载，约于摩羯陀国天护王时出生于乌仗那国王族。乌仗那国，古代位于今巴基斯坦北部斯瓦特地区。他的圣诞日为藏历六月初十。

[143] 桑耶寺，位于西藏山南地区扎囊县境内。"桑耶"，藏语意为"超乎想象"，又因初建时融合了藏、汉、印三种建筑风格，也被认为是"三样寺"。桑耶寺，自创建至今已有一千多年的历史，是西藏文物古迹中历史最久远的著名寺院，是吐蕃时期最宏伟、最壮丽的建筑。寺内珍藏和保存着自吐蕃王朝以来西藏各个时期的历史、宗教、建筑、壁画、雕塑等多方面的遗产，它是藏族古老而独特的早期文化宝库之一，是我国民族文化遗产之典范。

[144] 桑耶寺附近有两处佛塔遗迹：萨颇佛塔和竹蹋蹦巴佛塔，据说二塔与建寺选址传说有关。萨颇佛塔，位于桑耶寺北面麦日山下的斜坡上，东邻青朴修行洞，西邻札玛止桑宫遗址，背靠曼日山。传说曼日神山遍布药材，还有世劫所需药材伏藏。"萨颇"意为"观地界"，其佛塔是赞普为了修建桑耶寺，邀请汉地风水师吴杰（འུ་རྗེ།）观察地形，在《莲花

生大师本生传》中记载:"点缀在山腰,吴杰赞巴上山观风水,风水先生批点江山说,海布日山俨若雄狮跳上天,梅亚尔山如同骡马在饮水,青木普山跃如松耳石色狮,香日山像国王坐王位,格吉日山层层堆积如宝物,青木普沟活像盛开的莲花,红山则是珊瑚雄狮跳跃半空中,多力滩苑如白布铺展开,五彩林的湖泊如盛满酥油的木槽,南边的大江就像青龙飞天舞,概而言之红山如同三只羊,宛若金龟肚里容蜜蜂,四面八方的山脉相连接,能使吐蕃四翼的财富汇拢来,曲吾日山就是垒起来的宝,将会连续出现得到成就者,安想多山一颗星,吐蕃因此长治而久安,后藏的茹拉像个青年人,此山能够造就很多聪明的大臣,强瓦达泽如同雄伟一巨象,东青吾日山妙若琵琶弦,有时吐蕃将会起战乱,黑山愤怒张狂如同异族人,如此这般讲了吐蕃之风水。"为了纪念此等壮举,在此修建佛塔。目前,此佛塔已不复存在,在原有遗址上由当地次仁桑珠老人于2016年藏历4月13日新修了一座白塔,塔形为菩提佛塔,高约3米。由此观望,可以清晰地看到远处的桑耶寺全貌。竹蹈蹦巴佛塔,位于萨颇佛塔东面,前往青朴修行洞的公路旁,目前只见一土丘,无其他遗迹可寻。"竹蹈"藏语意为"议事",传说赞普和大臣们在此议事,以确定桑耶寺址。为了让后人知晓此事,在此修建佛塔。

[145] 康松桑卡林、布蔡色康林、格结其玛林三座王妃所建神殿,皆位于桑耶寺四周,建于东南西北四个方向。目前,康松桑卡林以外,其余被毁而不复存在。

[146] 原文:བའི་སོ་བརྒྱད་ཞེང་སྣང་རིགས་མི་གཅིག་པ་འདུལ་བའི་ཕྱིར་དུ།

[147] 昌珠,地名,位于今西藏山南市乃东县境内。

[148] 噶蔡,地名,位于今西藏拉萨墨竹工卡县附近。

[149] 仲巴,地名,位于今西藏日喀则拉孜县境内。此处有吐蕃神殿遗迹,名"仲巴江"神殿。

[150] 叶巴,此处应是指位于拉萨东边的扎叶巴寺,始建于吐蕃时期。

[151] 青朴，位于桑耶寺附近。

[152] 藏章，意为"江边"，吐蕃时期有神殿名叫"藏章其玛拉康"，遗址位于后藏南木林县境内的雅鲁藏布江边。

[153] 龙树，佛教史上非常著名的一位大师，为大乘佛教开派大师之一。关于他出世的年代，按西藏许多历史学家的说法是在释迦牟尼灭寂以后四百年。根据觉囊·多罗那他所著《印度教法史》，龙树大师下半生到南印度的时间应是1世纪初。他后半生主要常住在印度南方边地的麒麟国的王官附近的吉祥山上，弘传佛教的中观见地。他的著作在论的方面有《中观根本智论》《正理六十论》《空性七十论》《破邪论》《细研论》《集经论》《梦幻如意宝言论》等；在居士戒律方面有《诫王书》《国王善行宝鬘》；在僧人戒律方面有《菩提资粮》；在概述密宗见修方面有《怛特罗总集》；在中观见地方面有《菩提心释》；在讲述密宗修习次第方面有《集论》《杂论》《二十曼荼罗仪轨》；在密宗完满次第方面有《五次第论》《医方明论一百剂》；对众生教诫的有《规矩养生论》；对国王大臣教诫的有《百智论》《棋盘香论》；历算方面的有《顺缘起唯一经论》等。他的著作都译成了藏文，除个别以外大多于吐蕃赤松德赞时期翻译，后收入了藏文大藏经《丹珠尔》。

[154] 昂雪，地名，桑耶寺河对岸有村庄名叫昂雪村。在昂雪村东南山脚见有三座古墓，位置呈西南三角形。北边的东、西两个封土在修建高速公路时被破坏，目前东侧封土已无法确认。西侧封土，修路时已破坏，目前只见公路一侧（南）的残墙，宽约1米。据说修路前有人对其进行挖掘，出土了部分陶器，但目前未见相关简报。西封土南侧约10余米处有第三座封土，高约3米，顶部和周围有被盗掘痕迹。封土外有石墙残基，宽约1米，南北长约23米，东西宽约20米。墓葬下方的村庄名叫昂雪村，故取名昂雪村古墓。"昂雪"为古老历史地名，史书多有记载。昂雪村东北不远处，便是过去前往桑耶寺的苏卡渡口，是过去重

要的交通要道。藏文史籍《贤者喜宴》有关吐蕃远古十二小邦部分记载：在昂雪（དགའ་གདོང་།）查纳尔地方，有王森杰赤昌松，臣有噶尔和聂二氏。{巴沃祖拉陈瓦.贤者喜宴（藏文）[M].北京：民族出版社，上册，1986：155}今山南市乃东县温地方，有地名称"查纳"。从史料记载来看，"昂雪"应位于今山南境内。藏文史籍《拔协》记载：莲花生大师自聂塘出发，经过"昂雪"，到达扎玛尔止桑{参见：东嘎·洛桑赤列.东嘎藏学大辞典（藏文）[Z].北京：中国藏学出版社，2002：747}。

[155] 原文：བོན་པོ་སྐྱོམ་བུ་ཏེ། སྒྲ་དྲངས་སོ།

[156] 毗玛拉米扎，又译无垢友，赤松德赞时期来吐蕃的一位印度佛学大师。藏文文献记载，赤松德赞至热巴坚之间，前后有两个比玛拉的大师。

[157] 那达陈康林，神殿名，遗址过去位于桑耶寺附近。

[158] 丹噶尔颇章遗址，今西藏山南市乃东县温沟内的门仲村中有一块草坝，名叫丹噶。据了解，过去此地就叫作丹噶。具体位置为东经91°49′46″，北纬29°20′4″。根据布顿大师和巴沃·祖拉陈瓦的说法，该目录著于赤松德赞时期。原文称该目录著成于龙年，赤松德赞在位期间先后出现过两次龙年，一为764年，二为776年。对此，东嘎教授等现代学者提出了疑义。另据司徒班钦等的观点，《丹噶目录》应是吐蕃三大目录中的第二部，有可能著成于赤德松赞时期（798—815）。目录编撰者有噶瓦贝孜、昆·鲁意旺波、尚·益西德、角茹·鲁益坚赞等译师，其中，尚·益西德和角茹·鲁益坚赞的译著最多。原文见于德格版《丹珠尔》{参见：东嘎·洛桑赤列.东嘎藏学大辞典（藏文）[Z].北京：中国藏学出版社，2002：133}。

[159] 莲华戒（生卒年不详，约740—795），音译为噶玛拉希拉，古印度佛教僧侣，为寂护大师之徒，对于藏传佛教前弘期佛教教义的奠基，有着巨大的贡献。在寂护大师二次入藏时，曾跟随其师入藏，随后他返

回那烂陀寺继续修行。吐蕃赞普赤松德赞在位期间，在吐蕃传教的僧人不仅有天竺僧人（主张渐悟的一派，称为"渐门"），还有唐朝信仰禅宗的僧人（主张顿悟的一派，称为"顿门"），两派所主张的修行方法不同。随着佛教被定为吐蕃的国教，两派势力的发展越来越壮大，最终互相攻击诋毁，达到水火不相容的局面。于是在792年，赤松德赞派人至泥婆罗，敦请天竺密教上师莲花戒入藏，后以密教上师莲花戒为首的渐门派与禅宗僧人摩诃衍为首的顿门派在逻些城进行长达三年的激烈辩论。顿门禅僧在这次辩论中先胜后败，最终莲花戒获得胜利，禅僧被遣回中原，这就是藏传佛教史上的"顿渐之诤"。从此藏传佛教以寂护大师与莲花戒的见解为主流。

[160] 洛扎，地名，是指今西藏山南市洛扎县一带。

[161] 和尚摩诃衍，大乘和尚（约8世纪），中国汉地佛教禅宗在吐蕃的代表人物。一作摩诃衍那。早年在长安学习佛教禅宗。约于贞元八至十年(792—794)，由赤松德赞主持，大乘和尚代表汉地佛教与以莲花戒为代表的印度佛教展开辩论，先胜后败，被迫返回沙州继续传教，备受当地人民尊崇，称之为"国德""大德""蕃大德"。但汉地佛教在吐蕃影响从此逐渐减弱。

[162] 原文ད་ལ་རྩོད་པ་སྒྲུབ་པ་བས་གཏན་ཚིགས་འབོར་བ་བདག། དེ་རིགས་པས་སྒྲུབ་པ་ལ་ལྟ་བའི་རྒྱབ་ཧམ། 此处ད་ལ་རྩོད་ 应是ད་ལ་རྩོད་（与此辩论）；བས་གཏན་ 一词应是བསམ་གཏན་（禅）；འབོར་ལ་ 一词应是འཁོར་ལོ་（轮子）；རྒྱབ་ཧམ། 可能是指"背后的依据"等。

[163] 原文：མ་ཡིག་སྐྱོབས་པ་མ་དག་པའི་སྨྲ།

[164] 原文：དེ་ལ་རྩོད་པ་སྐྱོང་བ་བསམ་གཏན་གྱི་ལོན་དང་། ཡང་གིས་སྐྱབ་པ་མ་དྲོ་སྟེ་བཀུད་བརྒྱུད་པ་ལ་སོགས་པ་བྱས་སོ།

[165] 原文：བགའད་མ་ཡིན་ཞེས་པ་ཞེད་དྲོག་རི་ཡས་ནས་སྨྲས་སོ།

[166] 原文：སྒྲེ་ཤིད་དེད་འདྲོག་པ་ལྟར་མས་འདྲོག་ཡིན།

[167] 原文：དེ་དག་གི་ཚོས་ལུགས་འདི་བྱ་དག་ཚོས་ཀྱིས་འཆོར་མི་པ་བས་རྣམ་པར་མི་རྟོག་པ་བསྒོམས་ནས། ཞེས་

རྟོགས་པ་ཉིད་ཀྱིས་འཆར་རྒྱ་སྟེ།

[168] 原文：ཁྱད་ནས་མ་བཟད་ཆེར་བབས་པ་དང་ལྡན།

[169] 原文：ཡས་འབབ་ཀྱི་ཆོས་ཡིན་པ་དགར་པོ་ཆེན་ཐུབ་པ་ཡིན་ནོ། ཡས་འབབ། 似乎是 ཡར་འབབ། 意为"向上流出"，比喻该法是向前发展的法。

[170] 原文：དཔེར་ན་སྐྱ་བཙུན་གྱིས་པ་ཡིན་ནོ། ཞེས་བརྗོད། སྐྱ་བཙུན་གོར་བཔས་ནི། ཅ་ཅོ་མ་ཆེད་ཆེས་པ་ཅ་ཆོར་བ་བཞིན་ནོ། ཞེས་བྱ་བ་ལ་སོགས་པ།

[171] 原文：རྒྱ་བོད་ཀྱི་མཚམས་སུ་ལྕགས་པ། ཅེ་བ་སུམ་ཅུ་འདུག་ཅིག

[172] 原文：རྒྱ་ནས་བོད་དུ་ཁ་ནི་རི་ཞིང་ལ་རྒྱུ་ཚད་དལ་དས་ནི་འབྱམས་བཞགས་སོ།

[173] 原文：བོད་ཀྱི་བཞིན་ཟང་རྣམས་མཐའ་ལ་བྱ་འདོད་པས།

[174] 牟尼赞普（？—798），赤松德赞长子，史书记载：他在位一年零九个月或七个月后，被其母毒死了。据说，他在世时曾三次推行"平均财富"政策。

[175] 江布蔡，吐蕃赞普王宫名，遗址位于今拉萨墨竹工卡县扎西岗乡境内。

[176] 原文：འབངས་བྱ་བོས་བགའ་གོགས་ཀྱི་དབང་ཡོད་རྣམས་བསྡུར།

[177] 原文：ཅི་འབྱུང་ཀྱིས་བསྟུན་ནས་འདུག

[178] 王臣之颈神，共有十三，多以神山形式出现，为地方保护神，如：雅拉香波神山等。

[179] 弥药，指西夏，是宋朝对党项羌族所建大夏封建政权的称呼。都兴庆府（今宁夏银川东南），最盛时管辖二十二州，包括今宁夏、陕北、甘肃西北部、青海东北部和内蒙古一部分地区。居民有党项羌、汉、蒙古、回纥等族。从事农牧业，产青白盐、织毡毯。与宋经济文化联系极为密切，茶、马、盐、铁交易频繁。部分政治制度仿宋，有文字，汉文典籍也广为流传。与宋、辽、金多次发生战争。各地人民均受损害。西夏宝义二年（1227年）为蒙古所灭。西夏政权自李元昊始，传十主，共计一百九十年。（《红史》注释第154）

[180] 松州，州名，唐武德元年（618年）置。治所在嘉诚（今四川松潘），贞观二年（628年）置都督府于此，统辖羌族部落的崌、懿、嵯等二十五羁縻州，后增至一百零四州。广德以后地属吐蕃。明洪武十一年（1378年）置松州、潘州二卫，不久并为松潘卫。地处岷江上游，循江西北上有山道通青海，为四川西北门户。

[181] 牟底赞普，被流放的赤松德赞次子，应该是牟茹赞普。他作为下一任赞普的兄弟，参与了各种高规格的盟誓活动，多见于吐蕃时期石刻碑文当中。

[182] 赤德松赞，又名牟德赞普，赛纳列等，798—815年在位。吐蕃时期的大多石刻碑文都出现于这个时期。

[183] 噶尔琼多吉英，简称噶琼寺，遗址位于拉萨河南岸柳梧新区。噶琼寺被毁后，过去那里有座后期修建的佛寺名叫桑杰拉康，附近有刻于吐蕃时期的石碑，称噶琼寺碑。

[184] 曲沃日山，位于拉萨曲水县达噶乡境内。据史书记载，吐蕃末期山上有玛、腰、藏三氏僧人修行，听闻达玛赞普灭法后逃到了东部，为佛教后弘期做出了重要贡献。山下过去由唐东杰波修建了铁索桥，遗址位于今曲水大桥旁。

[185] 赤祖德赞，旧译为可黎可足，吐蕃赞普，年号彝泰，所以又被称为彝泰赞普，是吐蕃王朝第40任赞普。816年，赤德松赞去世，可黎可足立为赞普。822年，唐朝和吐蕃第八次会盟，会盟碑至今仍矗立在拉萨大昭寺前。因为第八次会盟是在唐穆宗长庆元年至二年（821年至822年）进行的，所以也称为"长庆会盟"。838年，可黎可足去世，其弟朗达玛立为赞普。

[186] 乌香多神殿，遗址位于今拉萨曲水县蔡纳乡境内。

[187] 于阗，是古代西域王国，中国唐代安西四镇之一，地处塔里木盆地南沿，东通且末、鄯善，西通莎车、疏勒，盛时领地包括今和田、

皮山、墨玉、洛浦、策勒、于田、民丰等县市，都西城（今和田约特干遗址）。于阗国以农业、种植业为主，是西域诸国中最早获得中原养蚕技术的国家，故手工纺织发达。特产以玉石最有名。于阗自2世纪末佛教传入后，逐渐成为大乘佛教的中心，魏晋至隋唐，于阗国一直是中原佛教的源泉之一。于阗人民喜爱音乐、戏剧，在绘画方面具有印度、伊朗的混合风格，画家尉迟乙僧于唐初至长安，绘有许多壁画，与唐人吴道子、阎立本齐名。

[188] 泥婆罗，古代小邦国，位于吐蕃南部。藏文称谓与今尼泊尔同。《唐会要》记载：泥婆罗，在吐蕃之西乐陵川。土多赤铜。其俗剪发与眉齐。穿耳，植以竹筒。缓至肩者，以为妙丽。食用手，其器皆铜。多商贾，少田作。铸铜为钱，面文为人，背文为马。牛不穿孔，衣服以一幅布蔽身。数日一盥浴，以板为屋，壁皆雕画，俗重博戏。颇解推测盈虚。皆通历术，祀天神。镌石为像，每日清水浴神，烹羊而祭。其王那陵提婆，身着珍珠诸宝垂缨，耳金钩玉珰，佩服庄严。坐狮子床内。尝散花燃香，大臣皆坐地不藉。左右持兵，数百人列侍。宫中有七重楼，覆以铜瓦，楹栱皆饰以珠宝，四隅置铜槽，下有金龙，口激水仰注槽中。初，提婆之父为其叔所杀。提婆出奔，吐蕃纳之，遂臣吐蕃。贞观中，使者李义使天竺。道其国，提婆大喜。延使者观阿耆婆弥池。池周回二十余丈，以物投之。则生烟焰，悬釜而炊，须臾可熟。二十一年，遣使献波棱菜浑提葱。永徽二年，其王尸利那连陀罗遣使朝贡。

[189] 原文：རིན་པོ་ཆེའི་རྒྱལ་མཚན་ཡང་དང་། ཕུ་ཧུ། ད་ཏ་དང་ད་པ་བྱེད་པ་མཛོན་པ།

[190] 萨霍尔，古印度东部一个小国，地处今孟加拉国境内。

[191] མཇིན་ཞེས་ཏེ། རྒྱན་མང་བྱུར་བའི་ཆོས་དང་བཟང་པོ་གང་གི་བརྒྱུད་ལས་བྱོན་པ་དང་།

[192] སྦ་ཡག་མེས་མི་མཆོག་པའི་སེ་མ། གན་ཕྲོགས་ལ་ལུ་བ་ནན་གྱི་རྒྱུད་དང་ད་ཀྱི་ཡོལ་ལ་འདུ་བ་ནས་བྱུང་བའི་མཚམས་ལུགས་རིང་བ་བསྒྱུགས་ཤིང་འད་ཡང་ཆེ་བོ་དང་ཞེས་ཡིན་ཡེར་བྱེད།

[193] སྟང་གཡའི་མཆོར་ཞུགས་ཀྱིས་པ་ལ་གདོང་དུ་གསགས་པ་ཆུ་ཆེན་དང་།

[194] ཁྱད་པར་རྒྱལ་པོས་ཕྱུག་དང་མཆོད་པ་བྱེད་པ།

[195] ལྷ་སར་བདེན་པ་བདར།

[196] ལན་ཅིག་གི་ཕྱུག་གི་མཆོད་བརྟོལ་ལ་བ། དབང་རྒྱལ་ཏོ་རེས་བྱུ་སྲུང་བ་གཁལ་སྟན་ཕ་གསོལ་པ་ནི། ལ་གས་ཏོང་སྟོང་གི་གནས་མཆོད་བསྒྱུར་ལ་གསོལ་ད། མཚོན་ལེགས་མ་ཡིན་གང་ཅིར་བགལ་ཁག་པ་འཆལ་ཞུས་པས། སྟན་ཕ་མཆོད་ཏེ།

[197] བླ་སློ་དང་པོ་དགའ་བའི་བགྱེས་གཉེན་ལ་གཏད་ཅིང་།

[198] བད་སོ་ཁྲི་སྟོངས་སྲ་རེ་དོན་དགར་ཀྱི་ནན་ཡོད།

[199] 原文བར་པ་བྱུར་དར་ཕྱེ་མགོ་སྔགས་ཀྱུག་ལུག 此处ཀྱུག字疑似ལུས 字，意为"身"。

[200] 苏毗，古代吐蕃小邦之一。

[201] 朵康，藏语区域名，分多麦（下部）和多堆（上部）。多麦（安多）：多康六岗的下部三岗，称多麦，古名野摩塘，算作"康区"的一部分，也就是现在的"安多"。这是由横越金沙江塞沃河谷的巴颜喀拉山东段的阿尼玛卿雪山北坡和路口结合起来的地名，它以下就叫"安多"。

[202] 沃松，又译为俄松、欧松等。他是吐蕃王朝末任赞普朗达玛的儿子。842 年，朗达玛被佛教僧人拉隆·贝吉多吉刺杀后，王妃绷拥立哥哥尚延力三岁的儿子乞离胡为赞普，王妃摄政。大臣不服，立次妃所生的遗腹子沃松。从此，吐蕃分裂，吐蕃王国名存实亡。后来的古格王朝、拉达克王系、雅砻觉阿王系、普兰王系、亚泽王系都是沃松的后代。

[203] 原文:ཡུར་ཡོར། 系别字，正确写法为:དུང་ཀུག 是指当时的"乌茹"和"约茹"之间，或达玛的两个儿子之间的斗争。

[204] 原文:བད་སོ་ཁྲི་ཞིག་བྱུའི་མདུན་ན་རྫི་སྦྱིན་པོ་གཞིག་ཡོད་ད།

[205] 原文:དཔལ་འབོར་ཚོ་ལུག་ལ་བར་དར་བརྒྱུངས། 意为："贝阔赞，于水阴羊年生于旁塘沟口。"

[206] 原文བྱོང་ཅིམ་ཀྱི་གཉུག་ལག་ཁང་། 应是བྱང་ཅོང་ཅིམས་ཀྱི་གཉུག་ལག་ཁང་། 意为"年楚河上游的孜神殿"。有人认为，这个神殿与今乃宁寺有关。

[207] 原文:སྲར་ཡབ་མེས་གོང་ན་ནམས་ཀྱི་རྒྱ་མཛད་པབ་ནམས་དང་བསྲབ་པ་སྲར་ཞམས་པ་རྣམས་བསྲོའི

ཐུགས་དགོངས་མཛད་པ་ལ།

[208] 原文：གཅུང་གཉིས་རྒྱལ་ཞིབ་ཏུ་བཞག་པ་ན།

[209] 热夏，也写作རལ། 具牛头，为地狱之王。（参见：弟吴贤者.弟吴宗教源流（藏文）[M].拉萨：西藏人民出版社，1987：193）

[210] 此处原文中有一段注释。注释不分字迹略小，其大意如下：要常到三围(可能是指"上部阿里三围"地方）境内观察，不要看人们在说什么，而要看事实。要与贤者为伍。总之，要行十善，远离非善，身、语、意三者时刻要保持清净。为学习圣法可舍弃生命，谁也不是遍知。

[211] 冈底斯山，位于西藏阿里普兰县境内，是西藏著名的神山之一。

[212] 此处原文"尼"（ཉིགས）应是"艾"（ཟིགས）字的笔误。从其他史料看，"艾"氏家族主要活动于雅砻一带，该家族的人弑杀了贝阔赞。

[213] 此处原文为ཀྱི་ཞི་ཞི་མ་མགོན། 一般写作སྐྱིད་ཞི་ཞི་མ་མགོན།

[214] 此处原文为བོད་རྒྱིན་ལོག་གི་འབའམ་ཟུག་ཅིང་། 这里ཟིན། 字应是ཟིང་། 字，"肯洛"（ཁེང་ལོག）意指"庶民起义"。

[215] 此处原文为སྐྱེ་ཞི་ཞི་མ་མགོན་ཞི་ཞིག་ཕྱིགས་ལ་གུན་ལ་བསྐྱར་བ་ཡིན་ནོ། 其中ཞིབ། 字应是ཆིབས། 字，意为"骑"。原文有"骑马掉头走上坡"的意思。

[216] 象雄，汉译"羊同"，为吐蕃早期小邦之一，见于《敦煌本吐蕃历史文书》等藏文史籍。6世纪，吐蕃赞普松赞干布时期，被吐蕃势力所兼并。

[217] 觉沃，系藏语尊称，意指"尊者""长兄"或"至尊"等，一般用于供养对象神像或人等的尊称，如拉萨大昭寺释迦牟尼佛像称"觉沃释迦牟尼"；阿底峡大师，藏文称"觉沃杰"，意思是"至尊王"等。原文中的བསྒྲུ། 字，应是བགྲུ། 字的笔误，意思是"敬奉"。

[218] 这段内容是有关象雄历史的重要信息。《敦煌本吐蕃历史文书》

中叶出现了古代的象雄的王名，汉译李弥夏、李聂秀等，然不知其二人之历史关系。从上述史料来看，一是古代象雄王出自"孜"氏，其姓氏应是"那秀"即"聂秀"而并非"李"；二是至吐蕃松赞干布前（7世纪），象雄共有过11代王；三是自松赞干布时起经过6代王之后，象雄才有了苯教。因此，这个史料对于研究古代象雄具有重要的意义。

[219] 古格，地名，也指过去的古格王朝。吐蕃赞普后裔，于西部阿里地区建立了古格王朝，其王宫遗址位于今阿里札达县境内。

[220] 其旺，地名，今阿里札达县境内有类似的地名，现译作"皮羊"，有古代建筑遗址，称东嘎皮央遗址。东嘎，是札达县的一个靠山临水，只有十几户人家的小村庄，在古格王国遗址西北约4000米处。东嘎石窟散布在东嘎村北面断崖上，路上能看到山上密密麻麻的洞窟。现存洞穴接近200个，延绵2000米，俨如蜂巢。其中绘有精美壁画的几个窟洞，集中在东面一片呈"U"字形的山崖上。这是在1992年才被发现的石窟壁画遗址，位于扎达以北40公里处，是中国迄今发现的规模最大的佛教古窟遗址。

[221] 列，地名，今拉达克列城，藏文拼写就是ཀླི "列"字。

[222] 拉孜，地名，今日喀则市有拉孜县。

[223] 原文：དུས་ལྟ་བུན་གཅིག་ཏུ་སྐྱེ་བས།

[224] 原文：ཅིག་ཆ་གཅིག་ལ་བལྟས这一句在察瓦龙方言中的意思是"一个人替另一个人拿主意"。

[225] 原文：གཡར་སྲུང་གི་རྒྱལ་པོ་གདུང་རབས་བཞིའི་བར་ལ། བྲན་པོ་བྱེད། ཁོ་བོ་བསྒྱུར་རོ།

[226] 勃律，克什米尔北境印度河流域（发源于青藏高原地区的冈底斯山脉）的印度中世纪国名。在中国历史文献中，从东晋智猛的《游行外国传》、北魏宋云的《宋云行记》和惠生的《行记》到唐代著述，先后有波伦、钵卢勒、钵露勒、钵露罗、钵罗、勃律等不同译名。藏文文献中作"珠夏"。在吐蕃兴起之前，勃律以巴勒提斯坦为根据地，该地联结

吐蕃、印度和唐西城地区,故当吐蕃在7世纪向中亚推进时成为吐蕃首先侵袭的对象。勃律王被迫迁往西北方的娑夷水(今克什米尔吉尔吉特河)流域,遂分为大、小勃律。在原巴勒提斯坦者称大勃律;西迁者称小勃律,地在今克什米尔的吉尔吉特和肥沃的雅辛谷地。大勃律位于小勃律的东南,相距三百里。此处藏文འབྲུག། 的正确拼写应是བྲུག།

[227] 原文:བྲན་ལས་སྐུ་ཞིག་པ་བདག

[228] 原文:སྤུ་རངས་ཀྱི་རྒྱལ་པོ་འགའ་འིའི་མགོ་གནན། 其中སྤུ་རངས། 应是སྤུ་ཧྲེང་། 的别字,意为"普兰"。

[229] 原文:ཤར་སེང་གེ་དཀར་མོ་བཙོན་དུ་བཟུང་། 此类比喻多见于早期(约12世纪前)藏文史籍《弟吴宗教源流》等,"东方白色的狮子",比喻某个位于吐蕃东边的对手;"关进笼子",比喻"暂时被控制了"。

[230] 原文:ལོ་རོང་ཁྱུང་ནག་པོའི་ལམ་མེད། "洛隆",同今昌都洛隆县名;"琼鸟",即大鹏鸟,比喻苯教。似乎有"苯教中的一支(黑本)未能传播"之类的意思。

[231] 原文:ཞང་ཞུང་བྲམ་ཟེ་ལ་གར་པོའི་དབང་ཕྱུག

[232] 原文:ནུབ་གླང་དམར་པོའི་ལྕེ་བཅད་དོ། "西方红牛的舌头被斩断",似乎是比喻:"阻止了来自西方的某种宗教的传播。"

[233] 原文:རྫམ་སྦེད་ཨ་རྒྱལ་གསུམ་གྱིས་མའི་ཨོ་དང་ངོ་སྟོབ་སེམས་ལ་བཞག་ནས།

[234] 原文:མེས་ཁྱུག་རྒྱལ་པོའི་བུ་མོ་ནས་གཡུ་འཁར་ལ་སྲུ་མ་བསྲེད་པ།

[235] 原文:སྤུ་བཞིན་ནས། བུ་མོ་ཡུག དགའ་བ་ཧ་ལྡན་ནོ་བུ་ལ་ཆགས་གཞུར་འབངས་སུ་འདོད་སོ། 此处དག
པ། 应是མག་པ། 意为"女婿"。

[236] 原文:ཁྱུང་པོའི་མི་ཞེ་ཏོ་ལ་ཁྱུ་གསོལ་བ་བཏང་ནས་མཆོད་དོ།

[237] 原文:ནད་ཞུན་དུས་ལྷ་ལ་སྨྱོན་པར་མེས་སོ། 其中མེས་སོ། 一词疑似མོས་སོ། 意为"同意"。

[238] 原文:ནད་ཞུན་ནི་ལྟ་བར་བ་དང་།

[239] 原文:ཁྱུང་པོ་ལྷ་ལག་གི་ཚོན་དུ་བགོས་པ།

161

[240] 原文：ཤིག་བྱོས་ནས་ཆོས་པ་བཞུགས།

[241] 原文：དཔུང་ཐང་སྒླུའི་ཕྱུག་བྱིད་པ་བཏང་ནས་ནས་ཞལ་པ་ས།

[242] 原文：གུས་པར་མཆིས་གིད། སྐྱོང་བ་བགྱིས་སོ།

[243] 原文：རྒྱང་གི་ཐང་དགར་གོན་པ་སྟེ་བ་བརྡ།

[244] 原文 དུ་ནི་སྐྱག་གི་སྟག་ཆིབ་བྱིལ་བྱིས། སྐྱུང་ཆོད་བྱིས་ནས་རྣམས་ཚལ་ལོ། ཞེས་ནས། 此处 ཆུད། 字应是 ཆད། 字，意为 "野驴"；བྱིས་པ། 应是 ཆིབས་པ། 意为 "坐骑"；ཚལ། 字应是 འཚལ། 字，意为 "需要" 等。

[245] ཅུང་དད་བཟང་བ། 中 ཅུང་། 字的正确写法应是 གཅུང་། 字，意为 "弟弟"。

[246] 原文：ཅིད། བོད་ཀྱི་སྲིད་དང་བཀའ་བོས་མཛད་པར། ཞལ་ཆེས་གསུམ་ཀྱི་ཆུ་ལ་གསིགས། བྱིས་པ་དགབོ ད་རྒྱུད། དགར་བོ་བསྟུལ། 似乎是一种比喻，意为是指："对内要慈悲（白）；对外要狠（黑）"。

[247] 原文：གལ་ཏེ་ལེ་བོར་གྱུར་ན་ནི། མངད་དིས་གསེར་གོན་མར་ཁུལ་བགད་བ་ད་བ་ད་འདི། ཞེས་ཀྱི་འཚལ་དགོས་ མཆེས་སོ། ཞེས་པ་ཕུལ་པ།

[248] 原文：གསང་མོ་ལམ་མཛད་དག་གི་ཕྱུགས་གཏད་ཕྱུན་པའི་བན་རྗེ་བྱུང་བ་དག་ཆམ་དགོས།

[249] 原文：བོ་བཟང་གཡུང་ལྟ་རྩེ། 正确写法应是 གཡུང་དྲུང་ལྟ་རྩེ། 意为 "永仲拉孜宫"。可见 "拉孜"（今日喀则拉孜县）地名源自早期的宫殿名。

[250] 原文བྱིད་པའི་རྫོང་ར་ལ་མཁར་དགར་དུ་ཡོས་ཚིའི་གཡར་ཕྱུག་ཞིག་བཞེངས་སོ། 此处 "热拉卡玛尔"，意为 "红堡寨"。གཡར། 字，应是 དཡར། 字，意为 "夏"。

[251] 琼隆银堡，地名，或王宫、堡寨名，遗址位于今阿里札达县境内。从文献记载来看，似乎是古代象雄王国的中心。

[252] 杂让，地名，位于今阿里札达县境内。"杂"，即是 "札达" 的 "札" 字。杂让宫遗址，应位于今札达县城所在地。

[253] 玛尔域，是指过去拉达克一带。

[254] 原文：ཡང་དག་མེ་གཅིག་བོར་གཅིག་ལ་ཇེན་པའི་ཚེ་དབང་བཟད།

[255] 冈底斯山，位于西藏阿里普兰县境内，是多个宗教中的神山。梵语称为吉罗娑山，北麓是印度河上游狮泉河的发源地。相传雍仲苯教

发源于该山；印度教认为该山为湿婆的居所，世界的中心；耆那教认为，该山是其祖师瑞斯哈巴那刹得道之处；藏传佛教认为，此山是胜乐金刚的住所，代表着无量幸福。因此，常年在此处转山的国内外信徒不断。

[256] 玛邦湖，全称"玛旁雍错"，位于西藏阿里普兰县境内，藏语意为"永恒不败的碧玉湖"，是世界上多个宗教认定的圣湖，也是亚洲乃至整个世界最负盛名的湖泊之一。

[257] 原文ཧྲུལ་བཞིན། 不知何意。从上下文内容来看，似乎与王室的"身份"有关。

[258] 原文གཡུལ་ཞུན་གཱི་རྒྱ་ཆེན། གཡུ་དཀར། གཡུ་དམར། 此处原文不知何意，但从句子结构、内容来看，应是"耳饰"一类之描写。

[259] 原文ཕྲག་བྲན་འདབ་ཚོང་། 不知何意。藏文有ཕྲག་བྲི།（随从），བྲན་གཡོག།（红人）等词汇，从这个意义上看，似乎与"随从""仆人"有关。

[260] 原文ཆེས་བཙོངས། 此处འཚོངས། 字疑似མཚོངས། 字，若是如此，意为"犏牛"。

[261] 原文ལ་སོགས་པའི་བཀོར་ནས་བསྒྱིས་མི་ཁྱབ་བ་གཅན་བ་ཡིན། 其中བཀོར། 字应是དཀོར། 字之笔误，意为"宝物或财宝"。

[262] 原文བར་བབག་ཞེས་མཁན་གྱིས་བསམས་མཛད་ནས། མདའ་ཁ་ཆོལ་ཛེར། 此处བསམས། 字应是འདུམ། 字，意为"调停"。མདའ། 字有两种意思：一是"箭"，二是"沟口"。笔者根据内容结构，翻译为"领地或领土"。

[263] 桑噶尔，一般写作ཟངས་དཀར། 位于今尼泊尔境内。

[264] 原文རྒྱལ་ཡང་ལ་གོའུ་ལོ་དང་། 这里ད། 字应是བང་། 字，意为"王陵"。"那古"，系地名，应在葛罗禄一带，并与上述噶尔夏地名有关。

[265] ལག་པའི་སོར་གོང་ལོ་དང་འདུག དབུ་ཐོ་བ་འཁྱེང་།

[266] 原文རྒྱལ་བློན་ཀུན་པས་ཀྱི་དཀོངས་བསྐོང་བིག 其中ཐིག 字，是否མཐུན། 字？

[267] 原文རོང་དུན་ས་སློག་ལ་གཱ་གར་རྒྱལ་བ་ཡན་ཚོང་།

[268] 此处阔日的名字藏文有两种写法，བཀོར་རེ། 和从内容来看，应是同一个人。

[269] 原文ཡབ་ཀྱི་སྲོལ་མ་གཤེགས་གཤེགས་ལག་ཁང་ཐམས་ཅན་ཞབས་སུ་ཐོག་པ་བཞིན།其中ཤོག字应是བཞི་字，意为"剩余"。可见该神殿在其父王时期未能完工。

[270] 原文：ཁྲི་ཕྲིའི་གཏུག་ལག་ཁང་དང་ཆོས་འཁོར་ཡང་བཞུགས།

[271] 原文：ཡུལ་ཞིང་དུ་ཕྱུག་དབུ་ནས་གསེར། རྒྱ་ཕྱགས་ལ་སོགས་པ་བསྒྱུར་བཞེད་ཀྱིས་མི་འབྱུང་བཞུགས་སོ།

[272] 原文ཙང་ཚོ་འདུས་མཁར་མོར་བཅུར་བ་དང་བྱིས་རྒྱུད་ཅེན་པོ་སྟགས། 其中ཙང་ཚོ་འདུས། 应是གཙང་ཚོ་འདུས། 意为"后藏之集市"。

[273] 原文：ཡུལ་སོ་སོར་རུ་ཆུང་ཡང་རྒྱལ་ལོ། 此句不易理解，根据上下文，可把ཀོར字理解为འཁོར字，有"下属"的意思；རུ字理解为"翼"，系吐蕃基层行政单位，具有一定军事功能。

[274] 原文此处是སྲུ་ཧྲང་། 应是སྤུ་ཧྲང་། 意为"普兰"。

[275] 此处原文为ལྷ་བྱི་བཀྲ་ཤིས་བཙན་ནག་པོ་འཛུམ་མེད། 直译内容应是"拉德扎西赞黑，不示言笑。"

[276] 此处"加玛卡恰" (རྒྱམས་ཁ་ཆར།)，应是指现在的科嘉寺，寺址位于今阿里普兰县附近。一般藏文写作འཁོར་ཆགས། 汉文翻译作"科嘉寺"。

[277] 原文སྟོན་རིའི་འཚམས་སུ་ཆུང་ཐེས་ཀྱིས། 其中ཐེས字意为"马槽"。因ཆུང字有基础的意思，现根据上下文翻译作"基础薄弱"。

[278] 原文སྤར་གཡམ་གཡོངས་དུ་གྱིས་ཚམས་ནས། བཟེད་དང་ཕྱུག་སྐྱུར་ཏེ་ཞིག་ལེགས་པ་བྱུང་ཡོད་དོ། 此处ཚམས字应是མཚམས字，意为"界限"；བཟེད字，应是གཟེར字的笔误，意为"钉子"。

[279] 原文ལ་ལྡེའི་གཏོ་གས་བས་བ་མི་ཏོག་རྒྱུ་བྱེད་ནས་བསྒྲུགས་པ། 其中གས字应是བས字的笔误，是指"尼泊尔工匠"。ཁས། 应是མཁས་པ། 一词的笔误。

[280] 此处"赤德"，应是指"拉德"。"赤"字意为"宝座"，在人名前面加"赤"字，似乎与王位继承及权力等有关。

[281] 此处原文ཏ་དངོས་ཉིད་དུབ་ར་གྱུར་པ་བཞིན་པ་བ། ཆྱིས་ཀྱི་སྒོ་བ་མེས་དང་། རྒྱ་སྟོད་ཀྱིས་ཡར་ནོགས་ཐམས་ཅད་གཞིས་བྱས་ཞེས་འབྱུང་།其中དངས། 字应是རྔུལ། 字，意为"汗水"；ཕྱིས། 字应是ཆིབས།

164

字，意为"骑马"；བསྐལ་ 字应是གསེང་ 字，意为"中间、间隙"等；ཧེ་ 字应是ཧེ་ 字，意为"马鞍"；ཐེབ་ 字，应是ཐེབ་ 字，意为"触碰"等。

[282] 托林寺，寺址位于今阿里札达县城附近。

[283] 仁青桑波（958—1055），大译师仁钦桑波，西藏历史上十分著名的一位大译师。他自幼聪慧，被阿里王派往克什米尔学习，拜许多精通五明的学者为师，学习声明、因明、医方明等。返回西藏后，在古格王拉喇嘛益希沃的资助下翻译了许多显、密经典。他的弟子中精通医学的有九人，使藏族的医学进入新的发展时期。他从印度文翻译成藏文的经典一直被西藏的大学者们奉为楷模，于九十八岁时去世。

[284] 阿底峡，于宋太宗赵光义太平兴国七年水马年（982年）至藏历第一饶迥木马年（1054年）在西藏新创噶当教派的大学者。出生在东印度帕哈喀拉（现在叫孟加拉国），父亲是和堪钦希哇措（静命）同家族的挚霍尔国王格哇贝，母亲叫贝莫沃色。他排行第二，五岁时就会诵经，能够流利地背诵内容广泛的伽陀（颂），十岁时学习各种法术，以后十年中又学习外道和佛教的声明学和因明学。到二十岁时，父亲希望他继承王位，并从王族闺秀中挑选了很多美女，准备为其成婚，但他坚决不允。二十九岁时，在印度金刚座的玛哈菩提寺出家，又重新深入地研习了声明学的八大经典，内外两教的因明学、医方学、星象学、佛教的法相学和显密经典等。获得了"大班智达"的学位，拜色林巴等三十四人为师。他不仅是印度著名的大学者，而且品德高尚，因此，阿里古格王拉喇嘛益希沃派译师嘉尊智森格献上大量黄金，邀请他到西藏，未能成功。拉喇嘛没有灰心，到处搜寻黄金，结果被信奉外道的边地国王抓住，投入监牢，在火烧命门等酷刑下死去，根据拉喇嘛益希沃的遗言，他的侄子绛曲沃又派纳措译师楚臣杰波邀请阿底峡，印度国王和支噶玛拉西拉寺的堪布、僧人同意让他去西藏三年。尊者于五十九岁的藏历第一饶迥铁龙年（1040年）经尼泊尔到达阿里，写作《菩提道炬论》，住了三年，此

后，在藏历第一饶迥水马年（1042年），尊者准备返回印度时，尼泊尔边界上发生战乱，因而延误了时间，此时仲敦巴赶来，请求阿底峡到卫藏弘法，得到了尊者允许，最初到桑耶、雅砻，住了几个月，以后又由仲敦巴迎请到聂塘住了九年，此后又在盆波、叶尔巴、拉萨等地住了五年，共在藏待了十七年，翻译和讲授许多佛经，例如《丹珠尔》的《观正理格拔哇》就是由阿底峡和纳措译师翻译的，他们还翻译了不少《丹珠尔》中的名著，《丹珠尔》显宗部［31］［32］［33］三函中的一百多篇著作。阿底峡在西藏期间收了库敦尊追雍仲、俄译师勒贝西饶、格西仲敦巴、桂译师枯巴拉哉等很多贤慧弟子。尊者享年七十三岁，木马年九月十日在聂塘圆寂。遗体安放在聂塘的那莫且地方，在聂塘俄尔尊者灵塔处建了佛殿。详见仲敦巴著的《上师功德教法源流》、勒钦贡噶坚赞著的《噶当佛教史——贤者的意乐》和巴沃·拉陈瓦著的《贤者喜宴》［11］函。

［285］玛域，地名，指拉达克一带。

［286］希瓦沃，拉喇嘛益希沃，是阿里古格王扎西衮的小儿子，幼名"松艾"，继王位后改名为赤德松祖赞，后半生把王位交给他哥哥，自己出家为僧，改名为拉喇嘛益希沃，他的事迹详见古格堪钦阿旺扎巴著的《阿里政教史》（见《红史》注释246）。

［287］原文བཟུང་ཅིང་ཆུབ་འོད་ཀྱི་གཅེན་གྱི་བའི་མེར་ཚལ་བ།其中བཟུང་字应是གཟུང་字的笔误，意为"弟弟"；བཅེན་字应是གཅེན་字的笔误，意为"兄长"；གྱི་字应是བྱི་字的笔误，意为"赎或买"；ཚལ་字应是འཚལ་字，意为"寻找"。

［288］此处"江"（ལྗངས།），一般写作འཇང་།古代指"南诏"，后指云南丽江一带的藏区。

［289］芒域吉隆，是指今吉隆县。根据藏文文献，7世纪时，曾用尼泊尔南部之一株檀香树造四尊观音圣像。藏语分别称瓦底、乌康、甲玛利和罗迦夏惹，其中瓦底供于吉隆县观音庙内；罗迦夏惹，供奉于布达

拉宫；其余两尊据说供于尼泊尔境内。此处，"觉沃"圣像是指"瓦底"。藏语所说"觉沃"，一般指神圣之供物对象神像等，其中包括释迦牟尼、观音神像，也含神山等其他。

[290] 纳措译师，又译那曹·辞陈杰瓦（1011—1064），他迎请阿底峡入藏，并翻译了大量佛经。

[291] 亚孜，地名，位处今尼泊尔境内。吐蕃王朝解体后，王室后人曾于此建立过亚孜王系。

[292] 原文ཞེ་ཆོས་འབུར་དུ་གཉེར་མང་དར་སྤྱད། 其中གཉེར字应是དཀོར字的笔误，意为"财宝"，多指献给寺庙的财务等。

[293] 原文ཞིག་བསོས་མཛད་དོ། 其中བསོས字应是གསོས字的笔误，意为"寺庙等重修"。

[294] 门，一般指吐蕃南部之门巴。但是，阿里一带也有叫做"门"的地方，上述史料说明，过去阿里一带有六个叫作"门"的部族。

[295] 拉杰仁布切神殿，是否指聂塘卓玛拉康神殿？"拉杰"，一般指"医生"，但也有"神王"或"天王"的意思。阿底峡大师藏语称"觉沃杰"，意为"至尊觉沃之王"。依此来看，这里的"拉杰"也有可能是指"阿底峡大师"。

[296] 萨迦寺，位于今日喀则萨迦县境内，分南北两个部分。

[297] 直贡梯寺，系噶举派之直贡噶举支系之主寺，位于拉萨东面墨竹工卡境内。

[298] 蔡工塘寺，系噶举派之蔡巴支派主寺，位于拉萨东边达则县境内。

[299] 此处"他"，是指中部的某个人，此人也是这部分内容的原作者。本书作者是从其他史料里，引用了这部分内容。

[300] 今阿里普兰县科嘉寺的主供有三尊银制神像——三怙主，根据以上史料，中间的文殊神像是由拉德所建；左右观音及金刚持银像，系

赤扎西索朗德所建造。

[301] 此处原文为：བཅེན་དངོས་གྲུབ་མགོན་ལ། སྲས་སྟོབས་ཆེན་པ་ཆེམ་ལ། བུ་དོལ་ཤེར་གསུམ་སོགས་དབུས་གཅང་གི་བཞེས་དུ་ལ་གསེར་དངུལ། སུ་ཏི་ག་བྱི་ད། དོགས་པ་ཞབས་ཏོག་ཨོམས་བ་བྱུབ་པ་མཛད་ཅིང་སྐུ་བསོད་ཤིན་ཏུ་ཆེ་བས།

第二部 月种王统

一、月种王统的起源

(残缺)……如此说。[1]月种者,王嘉森 (རྒྱལ་བ་བཞད་)[2] 之子有迅奴 (གཞོན་ནུ)、[3]珠(བཙུན)、[4]风神 (རླུང་ལྷ)、晋德 (འཇིགས་བྱེད)、噶尔纳 (གར་ན) 及塔噶尔 (ཐ་གར)。他们的后代子孙,有森擦蚌札止 (སྲིད་ཚབ་འབངས་བཙུན་བཞེད) 等[5],以及王护国 (རྒྱལ་པོ་ཡུལ་འཁོར་སྐྱོང) 之子托乌王特嘎 [6](སྟོབ་པོ་རྒྱལ་བྱེ་བྲག་བཟང་པོ) 等兄弟百人。关于他们如何起源和相互争斗等问题,根据《跋黎堕经》 (བར་བའི་གནས་པར་བཤད)[7] 的说法,有四封王:在东方昴宿之下,有中原经典王 (རྒྱ་གཙུག་ལག་པའི་རྒྱལ་པོ),按五星占卜结果封王;[8] 在南方弃白星之下,有印度法王,封王时,选十八位巨人,当象鼻托起金瓶灌顶时,被灌顶者封为王;[9]在西方月亮之下,有大食财王,从大海捞取财宝最多者封为王;在北方北斗星之下,……(原文缺字)军王,能顺利通过晶石梯者或以利剑斩断巨象象鼻者为王。[10]关于四封王之度化之情,据说,见中原适以经典度化,故文殊菩萨以三

百五行占卜术经典度化；见印度法王适以佛法度化，故世尊释迦牟尼以三藏等度化；[11]见大食王适以财宝度化，故施财神以吐宝兽所出宝物度化；见冲格萨尔（ཁྲོམ་གེ་སར།）王适以兵法度化，故由天女贝孜噶（པབ་ཙི།）之女五百等度化。[12]

二、悉补野突显幻化王的传说

关于突显幻化王（སྤྲུལ་པར་སྟུལ་པའི་རྒྱལ་པོ།），吾等吐蕃有较为普遍的传说。此王……，另外，虽此等种和封王较多，[13]然皆为人作众人之王，故，不足为奇。吾等吐蕃之王，天神入主人间为王。悉补野（སྤུ་ཡག）赞普出任吐蕃圣地之主时，位处虚空之上；[14]身如天善，名曰赤巴尔拉敦茨（ཁྲི་བར་ལ་བདུན་ཚིགས།）；[15]行迹妙善，天宫顿开，云层散去，莅临天边；[16]外因善而拥有幻器九宝（འཕྲུལ་ཆ་སྣ་དགུ།）；[17]其行迹如圣地，降于地宝结之上（ས་རིན་པོ་ཆེའི་མདུད།）、天之中央、地之脊梁、四洲之中心。四周有雪山环绕；为四水、三江之源；有冈底斯晶石之塔；有松石坛城玛邦湖（མཚོ་མ་པང་།）。于山高地净之处，入住人间，显牲畜之庄严，自天入主人间为王。经典之王法，为佛法。[18]心生妙觉（？），[19]桑（གསང་།）、卓（གྲོས།）、纳木（གནམ།）[20]三个为其指引；蒙（མོན།）和且（ཚད།）二者，以及五种见解（བལྟད་རྣམ་ལྔ།）为其授权治理吐蕃。[21]因九级官员（ཡིག་གཅོད་རྩེ་དགུ།）和八勇士（དཔའ་བརྩན་རྣམ་བརྒྱད།）之功，据说，赡部洲四大领主亦前来献宝纳贡。[22]

据天传（གནམ་ལས་བརྒྱུད་པ་ནོ།），罗刹女与猕猴结合后生有一女，名叫夜叉杂雅（གཉེན་བརྒྱུད་འཛིན་མ།），其子为夺巴波（སྟོད་པ་པོ།）。[23]据说，他生于食肉界罗刹赭面种，系夜叉种岗巴尔人（གནོད་སྦྱིན་གངས་པར་བ།），一时难以被度化，且不受经典唐法（གསུང་ལམ་བདན་ཁྲིམས།）管束。总之，吐蕃最初由黑夜叉（གནོད་སྦྱིན་ནག་པོ།）统治，地名曰卡热[24]九门（ཡུལ་ཁ་རག་སྒོ་དགུ།）；之后，由鲁（ཀླུ།）统治，地名曰蕃噶九洲（བོད་ཀ་གླིང་དགུ།）；之后，由九氏玛桑（རྫུ་རྒྱལ་མ་སངས།）统治，地名曰吐蕃六牦牛部（བོད་ཀ་གཡག་དྲུག）；之后，由热桑之子基竹（རབ་སངས་ཀྱི་བུ་སྐྱེ་དྲུག）统治，地名曰吐蕃十八部（བོད་ཀ་གཡེ་བཅོ་བརྒྱད།）；之后，由四十小邦和十一小邦统治，地名曰八索卡（སོ་བ་རྒུད།）。[125]

之后，由悉补野（སྤུ་རྒྱལ།）赞普治理，地名曰吐蕃三界四翼（བོད་ཁམས་གསུམ་རུ་བཞི།）。王聂赤赞普（ཉེ་ཁྲི་བཙན་པོ།），自天界突然降至人间为王，其行如同天神，严守戒规。[126]政绩美德，传遍天界而天神得闻；[127]治下黎民皆信服王法，政基如马蹄落地般稳固。[128]此时，男子手臂为"右右"（ཡོའི།）[129]；女子手臂为"肚"（གྲུ།）[130]；人们身着夏玛衣（བཞམ།）[131]；主要食物为洛麦（ལྕོམ།）[132]。财物仅有修补之衣物。[133]此时，无出家行善之人。于神圣之子章玛色锑（གུ་མ་གཤེན་ཏེ།）时期，欲寻善法而首创歌舞（གླུ།），兴起郭乐（རོལ།）、悲歌（གདུང།）、格格舞？（བགགས་བག།）及日常仪式等，[134]如此游戏。[135]结果，只有世俗男女（参与其中？）。[136]此后，在王直贡赞普（གྲི་གུམ་བཙན་པོ།）时期，自中原与大食边界（རྒྱ་ནག་ཏ་ཟིག་གི་མཚམས།）前来一持外道见者吐谷浑之苯波（ཨ་ཞེའི་བོན་པོ།）。显走路起火、头顶发光之神通。供神时，吟诵经文并举行萨贝（གཤབས།）仪式。[137]修成后，上供天神（གནམ་གྱི་ལྷ་མཆོད།），下除邪气（སེལ་ཏོ།）。此时，虽兴起了黑苯波（བོན་པོ་ནག་པོ།），然非属善法（ཆོས་ལུགས་བཟང་དུ་བྱེད་པར།）。

此时，世尊于金刚座涅槃成道，正法已兴盛。然吾等吐蕃之界，处于如同黑暗之境域。最初，于拉托托日聂赞（ལྷ་ཐོ་ཐོ་རི་གཉན་བཙན།）时期始兴正法。此时，虽有牟陀罗印[138]和《诸佛菩萨名称经》[139]等传入吐蕃。然此等经文用汉文（རྒྱ་ནག་གི་ཡི་གེ）写成，故，因无人认读而不知供养。[140]又视其为不祥之物而藏匿起来，以神饮（གསེར་འབྲང་དངུལ་ཆུ་སྐྱེམས།）敬供。故，王增寿而继位多年。据说，王最终有天神为其送终安葬。[141]

三、松赞干布

之后，于先祖松赞干布（སྲོང་བཙན་སྒམ་པོ།）[142]时期，开创佛法，兴建热萨幻化神殿[143]（ར་ས་འཕྲུལ་སྣང་གི་ལྷ་ཁང་།），供奉《宝云经》，迎请释迦牟尼圣像。吞聂桑博热[144]（མཐོན་མི་སམ་བྷོ་ཊ།）、王及庶民创制文字。依十善法行事，戒除杀生、偷取、邪淫及妄语，迎凶神作证盟誓等。根据治世所需，制定大法令。视三宝[145]为世间至尊而赞颂且顶礼。王若不行善，将遭人神共弃。[146]因此等缘故，在历辈赞普中，松赞干布享年81岁。他在位时期，政权稳固，[47]心想事成。

四、吐蕃七贤者

自此以下，出身具福德因缘者库·拉乌果噶尔[48]（ཁུ་ལོ་གོང་དཀར།）等七贤者和郭·亚扎（འགོས་གཡག་ལྷགས།）等六勇士（དཔའ་བོ་ཆེ་དྲུག）。其中，俄·仁拉纳波（རྔོག་རིན་ལ་ནག་པོ།），能从泥婆罗（བལ་ཡུལ།）运来小象；艾·林岗（ཨེས་གླིང་སྒང་།），能举起一头野牦牛；[49]勇士达赞（དཔའ་བོ་སྟག་བཙན།），能擒一头雄狮[50]；贡·叶迥赞（འབོང་གཡས་འཇོང་བཙན།），能把一盛满沙土的鹿皮袋举过头顶；角楚·仲孔托杰（ཅོག་རོ་འབྲོང་ཁྱོལ་བཙན།），能徒手拉回向下奔跑的野牦牛；[51]虐·坚赞朗扎（གཉན་རྒྱལ་མཚན་སྣང་གྲགས།），能一箭射断鸳鸟身腰[52]，且不分（鸟）大小；虐·赤杜玉金（གཉན་ཁྲི་འདུས་ཡུལ་བྱུང་།），能救起掉入悬崖的马匹。[53]此等勇士，皆出自此时。

七贤者，一是郑之子茹列吉（འབྲིང་གི་བུ་རུ་སྐྱེས།）。此人有何贤举？烧制木炭，以冶炼铜、铁、金、银器皿；[54]木桩穿孔而做犁与牛轭；以双牛耕作而江边的斜坡变为农田。[55]首次行此贤举者，[56]为郑之子茹列吉。

第二位贤者是库·拉乌果噶尔（ཁུ་ལོ་གོང་དཀར།），他有何等贤举呢？丈量耕田面积，测算畜牧产量；[57]于山沟内修建水池，夜里储水而白天灌溉；[58]新修水渠，引湖水入田。[59]首次行此贤举者，为大库之子库·拉乌果噶尔（ཁུ་ལོ་གོང་གར་ཆེན་གྱི་བུའི།）。在此之前，吐蕃无水利灌溉技术。[60]

第三位贤者是吞聂桑博热，他有何等贤举呢？创制藏文字母及标点符号。[61]首次行此贤举者，为文字之创制者吞聂桑博热。在他之前，吐蕃无文字。

第四位贤者是艾·赤桑央敦（ཨེས་ཁྲི་བཟང་ཡང་སྟོན།），他有何等贤举呢？把山顶的房屋移建于山下[62]，并在山顶险要处修建堡寨；使平坝变为农田，于牙帐边建屋。[63]首次行此贤举者，为赤桑央敦，他是雅砻地方的艾氏之子。[64]在此之前，房屋都建于山岗之上。

第五位贤者是赤桑亚喇（ཁྲི་བཟང་ཡ་བླག），他是大郭氏之子（ཆེན་པོ་འགོས་ཀྱི་བུ）。他有何等贤举呢？四方驻军以护赞普安危；[65] 以四十二勇士千户抵御外敌；[66]制定命偿法令，以解除后臣之忧虑。[67]首次行此贤举者，为大郭氏之子赤桑亚喇。在此之前，吐蕃无"茹"（རུ）和千户（སྟོང་སྡེ）之划分。

第六位贤者是蒙·赤杜日朗曹（མོང་ཁྲི་དོ་རེ་སྣང་ཚབ），此人有何等贤举呢？统一度量衡；[68]自由交易，和睦享用。[69]首次行此贤举者，为亚振蒙（ཡ་འཛིན་མོང）之子赤·达热朗曹（ཁྲི་ད་རེ་སྣང་ཚབ）。在此之前，吐蕃无升（བྲེ）与秤（སྲང）[70]。

第七位贤者是达赞董斯（སྟག་བཙན་དོང་གཟིགས），他有何等贤举呢？逐水草游牧，[71]并制定畜牧法令。[72]存储夏草以过冬。[73]首次行此贤举者，为大涅尔之子（ཆེན་པོ་སྙེར་གྱི་བུ）达赞董斯。在此之前，吐蕃无牲畜法令（ཕྱུགས་ལ་ཁྲིམས་ཁྱིམས་བྱེད）。

五、赤松德赞

诸贤者，是因为先祖们推行正法之故而逐渐出现的。是故，历辈诸赞普在位期间以及后人子孙时期，多有成就。期间，因上层扶持不利、善知识过世等缘故，圣法亦曾衰弱。[74]然先祖赤松德赞[75]（ཁྲི་སྲོང་ལྡེ་བཙན）时期，正法经典复兴，兴建桑耶寺[76]（དཔལ་བསམ་ཡས་མི་འགྱུར་ལྷུན་གྱིས་གྲུབ་པའི་གཙུག་ལག་ཁང）、尕蔡寺[77]（ཁྲ་འབྲུག）、昌珠寺[78]（ཁ་འཕྲུག）、江寺[79]（རྒྱན）、强真寺[80]（བྱམས་སྤྲིན）以及边陲卡切神殿甘露源[81]（མཐའ་འདུལ་ཡང་འདུལ་གྱི་ལྷ་ཁང་བདུད་རྩིའི་བྱུང་གནས）等108座。于马年，一日之内同时开光[82]。迎请印度堪布莲花生（རྒྱ་གར་གྱི་མཁན་པོ་པདྨ་འབྱུང་གནས）、寂护（ཞི་བ་འཚོ）等，萨霍尔之堪布聂辛德（ཟ་ཧོར་གྱི་མཁན་པོ་གཉགས་ཤིན་དྷེ）[83]，汉地堪布摩诃衍那[84]（རྒྱ་ནག་པོ་མཁན་པོ་མ་ཧཱ་ཡ）等诸多贤者。大译师纳囊·益西德（སྣ་ནམ་ཡེ་ཤེས་སྡེ）、噶瓦贝孜（དཀའ་བ་དཔལ་བརྩེགས）及角茹·鲁宜坚赞（ཅོག་རོ་ཀླུའི་རྒྱལ་མཚན）等译出了大量三藏经典。人们认可僧宝，并顶礼供养。系庶民之笃信佛法臣等，[85]说服权臣郭·赤桑亚喇，使其扶持佛法。[86]后来，尚·坚赞拉囊（ཞང་རྒྱལ་མཚན་ལྷ་སྣང）、雪布·杰多日昂尼（ཤུད་པུ་རྗེ་རྡོ་རེ་གཟུང་ནི）、恩兰·达热鲁贡（ངན་ལམ་སྟག་ར་ཀླུ་གོང）[87]

和钦·夺协止乌琼（ཆམས་མདོ་བཞེར་སྟོན་ཅུང་།）[88]四人修建了四大佛塔，其善行多于庶民。为兴佛法，王与庶民共同盟誓，故，此时正法大兴。

其子有三，神圣之子牟尼赞普驾前（ལྷ་སྲས་མུ་ནེ་བཙན་པོའི་ཞབས།）[89]，据说他心地十分善良，使吐蕃民众幸福、正法兴盛。然寿命较短，执政19个月后，被其母杀害。弟赤德祖赞（གཉན་ལྡེ་གཙུག་བཙན།）[90]时期，政治严明。[91]其子有三兄弟，赤祖德热巴坚（ཁྲི་གཙུག་ལྡེ་རལ་པ་ཅན།）时期，兴建嘎琼神殿（སྐར་ཆུང་གཙུག་ལག་ཁང་།），[92]于丹玛江蔡（གདན་མ་ལྗང་འཚལ།）[93]之地建毗卢遮那如来坛城，供养三宝。视世间僧侣为三宝之一而敬仰。

特别是，为认定佛教僧侣的社会地位，以及表示赞普对他们的敬仰之心，[94]印度堪布莲花生、寂护的法座要高于赞普宝座。世尊教法经典，要置于赞普之右上边；圣僧坐于赞普之左侧。入座时，王之发髻连接地毯，请僧侣其上通过，以示对僧侣的恭敬。[95]允许尚伦臣（ཞང་བློན་ཀྱི་རྣམས།）等入座，然经典苯波（གཞུང་ལུགས་བོན་པོ།）等，无权入座。[96]

此时，佛教僧侣属三宝之列。出家后的僧侣，无论有何过失，只能依佛教戒律惩处而不能以世俗之法令惩罚。此等法令内容，是僧侣与王之间的誓词，刻于石碑之上。同时，赞普还下诏：男僧不可挖眼，女僧不可剁耳。即便僧尼有再大的违法过失，也不可依《虎纹法令》惩处僧尼，不需询问、追究其原因。[97]为永不遗忘此等定制，[98]内容刻于石碑。

此时，即便是王住于吐蕃中部，四方皆听命于他。[99]王住于孔瓦达孜（འོན་བ་སྟགས་རྩེ།）[100]宫堡时，远至果许拉孜（གོག་ཤོད་ལ་རྩེ།）[101]、卡切直旦（ཁ་ཆེ་ཟྲི་ཏན།）[102]、嘉域塘桑（རྒྱལ་ཡུལ་ཐང་བཟང་།）[103]、泥婆罗瓦孜（བལ་ཡུལ་བ་རྩེ།）[104]、于阗乌丹（ལི་ཡུལ་འུ་ཏེན།）[105]、洛域扎藏（གློ་ཡུལ་བྲག་བཟང་།）[106]、象雄琼隆（ཞང་ཞུང་ཁྱུང་ལུང་།）[107]及普兰与亚孜（པུ་རངས་ཡ་རྩེ།）[108]等，四方皆归于其治下。疆土大小，占赡部洲的三分之二。

此时，从三辖地收取秘密贡赋；[109]八索卡（སོག་བརྒྱད།）之地，向吐蕃纳贡；来自呐卜四部（རྣ་བུ་སྡེ་བཞི།）的供物，犹如流水，源源不断。[110]兴政之势,高过虚空;庶民之幸,如同巨舟。[111]神殿与僧宝等,有上等的供养。[112]人们心情舒畅,四处行善。[113]马背无鞍;牛鼻无縻;人随天起;[114]牲畜按月计数。[115]孩童歌唱,村民起舞。王依智慧(或某种理论)治世。[116]庶民,按各自的勇气行事。[117]因众人笃信佛法,故迎请了诸多印度堪布及贤者。先进的技艺,努力向四处传播。永不衰减的胜利宝幢,分立于各如意学院。[118]吾等吐蕃之界,犹如永恒幸福的宝伞,被称之为赡部洲之天神,使世人羡慕不已。[119]

六、赤达摩乌东赞

此后,吐蕃之福泽,如同春天的薄冰般开始融化。[120]噩运之魔,如同冬日的阴影,笼罩着吐蕃。[121]因被魔鬼引诱,如同从药材之根部长出毒草一般,佛法所到之处也布满了魔法。角茹·列扎拉顿（ཟངས་ལེགས་སྒྲ་སྟོབས་ཅན་སྐྱེས།）和韦·杰多热达纳（དབས་རྗེ་རྒྱལ་ཏོ་རེ་སྣ་བཞེར།）等,如同出洞的毒蛇,弑杀了王赤祖热巴坚。神圣之子藏玛（གཙང་མ་གཙང་མ།），也被流放。行善者上师被杀。一切戒律、誓词被破坏。[122]有关疆土的盟誓与总纲,被扫尽清理。[123]王与臣之间,骨肉联系被截断。[124]与一切善行背道而驰,视一切恶行为正道。赤达玛卫杜尔赞（ཁྲི་དར་མ་ཨུ་དུམ་བཙན།）[125],被推上了赞普之位。王听信谗言,[126]奸臣当道。[127]王行为浪荡,[128]对部众法令过于严苛。三宝被亵渎,正法日渐衰微。对这一切,王熟视无睹（མིག་གིས་བལྟས་ཀྱང་།）。吐蕃因业报所致,开始衰败。此时,别无治世良策。[129]三尚论（ཞང་བློན།）和四臣（བློན་བཞི།），失去了中部的议事权。[130]董（ལྡོང་）与东（སྟོང་）氏等勇士,于边疆失守。[131]呐卜四部,已停止向吐蕃供献财宝。[132]赞普本人也因破坏了先祖所创之佛法的缘故,于今世遭受因果报应而被拉隆贝吉多吉（ལྷ་ལུང་དཔལ་གྱི་རྡོ་རྗེ།）所弑杀。[133]庶民杰多日达聂（འཇམ་རྒྱལ་ཏོ་རེ་སྣ་བཞེར།）和列扎拉董赞（ལེགས་སྒྲ་སྟོབས་ལྡོང་བཙན།）等,也遭惨死。[134]

在王、民、上师及家臣等所治政权濒临终止之时,[135]完整的疆土一分为二。两王妃相争,吐蕃全境战事不断。

七、沃松

在王那木德沃松（ཁྲི་གནམ་ལྡེ་འོད་སྲུང་）时期，政治严明。然于乌茹（དབུའུ）与约若（གཡོའུ）[136]相争时期，无黑白之界限，如同鲜血与牛奶相融；又如清水变浊，无法自清。据说，此时吐蕃如同天神与罗刹八部相争，内外无法安宁。极衰时，曾一度无人生还。[137]

八、先祖贝阔赞

之后，先祖贝阔赞（མེས་དཔལ་འཁོར་བཙན）时期，王权变小，庶民变少，只有对小部分区域的治理。[138]总之，整个吐蕃福德变小，如同王之福资粮耗尽，先祖贝阔赞被艾（ཧྲེག）氏所弑。国之法令被破坏殆尽，致使属民失望。[139]白库协东斯（དཔལ་འཁོར་བཞེར་སྟོང་གཤེགས）等人起事叛乱，吾等吐蕃疆土如同乌鸟（དབུའུང）绝嗣，四分五裂。[140]高贵者的鼠洞被堵，低贱者的天空被打开。[141]三宝无施主供养。上下无别。[142]自此以下，失去了四德（ལུགས་ཀྱི་ལ་བཞི），法令之威严大减。[143]不可变动的法之七宝幢（ཆོས་ལུགས་ཀྱི་རྒྱལ་མཚན་བདུན），人间已不存；不可增生之七恶识树（དབ་བཞིན་ཞིང་མིན་བདུན），四处泛滥；庶民生存之七根基（གཡུར་ཅུང་གི་གནད་རྡོག་བདུན）被根除；应有的十四种宝矿（རིན་པོ་ཆེའི་གཏེར་བཅུ་བཞི），根本不存；不应有的八邪舞（ལོག་པའི་གར་ཐབས་བརྒྱད）都有了；不应起的九火（རྒྱ་དཔལ་དགུ）都燃起；不应生的七毒（དུག་ཉིད་བདུན）皆已生起。如此，视罪恶为正法；窃取王权，被视作正常。[144]沟内之人变为佣人等，致使吐蕃全面内乱。[145]此时，王命无人遵从；庶民无法令可循。于数辈之前，吐蕃开始衰败，疆土逐渐缩小，势力日渐衰减，最终四分五裂。[146]

九、吉德尼玛衮

先祖赤吉登（མེས་ཁྲི་སྐྱིད་ལྡེན）[147]前往上部地区，联络上部地区的高贵之人，行高贵之事而又长久起兴善法。（上部的头人）视其有先祖遗传之文书，又见其善于治世而敬封为王，王亦依法治理。[148]他生有先祖三兄弟，[149]后各自分封。其中，普兰与古格（གུ་གེ）高贵之王，嫡系领主扎西衮

178

(མཆའ་བདག་བཀྲ་ཤིས་མགོན།) 资质甚高。[150]他比其他兄弟更具福德，更为正直。[151]所行之事，皆符合先祖菩萨幻化法王等。在他之前，上部阿里之境信仰苯教。丧葬仪轨依黑教（གཤིན་དགས།），活人入墓（གསོན་དུར་དུག），邪恶盛行，持邪见，无佛法之名于世。愚昧之疆土，如同黑暗之境。他开始行善积德，加之，本人福泽深厚，所祈之事皆成。故，他生有如日月般的二兄弟（ཞི་ཁོ་མཆེན་ཆུང་གི་སྲས་གཉིས་ཤུགས།）。[152]兄长领主阔日（གཉེན་གཙང་པ་བཀག་འཁོར་རེའི་ཞུ་སྲས།），主事世间人法而从政，外抵侵扰，内息动乱。心生信仰，依法行事。[153]用武力捍卫佛法，治理政事。[154]

十、松恩

弟松恩（གཙུང་སྟོང་དེའི་ཞུ་སྲས།），其简要功绩如下：身如高山；[155]言如大海，用时间无法磨灭；[156]意如日光。修成九善果（ལེགས་དགུ），名扬四海。据说他皈依佛法，修学有成而成为了大德。弃世俗之王权，出家修行，得法名拉喇嘛益西沃（ལྷ་བླ་མ་ཡེ་ཤེས་འོད།）。其子二兄弟也都出家而后继无人，王权托付于其侄领主拉德赞（དབོན་བདག་པོ་བཀག་ལྷ་སྡེ་བཙན།）。王祖孙三人，依遵先祖法王之做法，供养三宝，弘扬佛法。经典（གསུང་ལུགས།）从苯教改为佛教；丧葬仪轨从黑更改为白。[157]在自己的辖区内，天人分别管理。[158]修建托林寺[159]（ཏོ་གདན་པ་དན་རྒྱུད་ཀྱི་ལུགས་པ་ལ་བཞག་གནང་།）。依佛法治世。[160]治下的庶民，视佛法高于第乌（དེའུ）而顶礼。居家的人也信仰佛法。居士和斋戒（བསྙེན་གནས།）等，依从佛法。[161]对有识之士给予奖励，向有学识的僧侣施财；向佛像叩拜者，得供田（པད་ཁོ་ཞིང་།）；学经者得经田（འབུམ་ཞིང་།）；居士得僧田（བན་ཞིང་།）。[162]出家人敬供佛法，世俗官员依法善待佛法。[163]又向上部藏地之头人（རང་སྒྲོན་པ་ཡི་འགོ་གཙུང་།）等下诏，如此，为政法之永固作了铺垫。[164]

之后，为度化有慧根的庶民，使其发心而迎请了堪布达玛巴拉（མཁན་པོ་དར་མ་པཱ་ལ།）[165]等，又请吐蕃之上师思、迥二人（བོད་ཀྱི་སློ་དཔོན་བ་གཞི་གཉིས་ཞེ་བྱུང་ཞིང་།）等。自桑耶寺等处迎请先祖时期所译一切佛典。修建大热撕康（རེ་ཟག་ཁང་ཆེན་པོ།）神殿。因聚集了许多上师及佛教经典的缘故，有慧根之人和

信徒前来听法。（人们）觉悟逐渐提高，如同酥油灯芯上燃起智慧之火花。在上部阿里之境，诸邪见如云雾般渐渐散去。佛法开始传扬四方。

十一、拉德赞

之后，在王喇钦波拉德赞（ཇོ་བོ་ཆེན་པོ་ལྷ་བདེ་བཙུན་བཙན།）驾前，一是上供三宝；二是依圣法治理度化庶民；三是对其他王兄仁慈。[166]特别是政法，依先祖贤者意志行事。迎请印度堪布白·玛尔梅增益西（རྒྱ་གར་གྱི་མཁན་པོ་དཔལ་མར་མེ་མཛད་ཡེ་ཤེས།）和克什米尔堪布扎达噶热（ཁ་ཆེའི་མཁན་པོ་ཛྙཱ་ན་ཀ་ར།）等。此时，吐蕃之大师、大译师等，译出了《般若八千颂注释》等许多佛经，并新建了许多佛像。此时，吐蕃之疆土，如同压实的奶酪般坚固。[167]

三兄弟中的拉尊巴绛曲沃（ལྷ་བཙུན་པ་བྱང་ཆུབ་འོད།），[168]年轻时就出家了，净身独处多年。[169]特别是，他一心修佛，不问世俗之事，对世俗掌权者们的恭维，向来不予理会。同时，他一生新建了许多殊胜塑像。[170]迎请许多吐蕃贤者，翻译了许多佛教经典。总之，他的形象如同出家人的父母。

王芒达钦波乌绛巴驾前（རྗེ་མངའ་བདག་ཆེན་པོ་དབང་འབུམས་པའི་ཞབས།），[171]信奉佛法，且为人正直，然一生遭遇诸多外力影响。[172]他心念大好河山，自幼忙于与人争利，无暇顾及修身行善之事。后来，一方面担心若不依先祖遗训行事，将遭致无人纳贡；[173]另一方面，担心若不行善积德，将有堕入三恶道之险。[174]最终，于准朗（འཇུན་ལམ།）地方修建贝图（དཔེ་ཐུབ།）神殿等，行扶持佛法之事。同时，当时虽有小部牧民扰乱，然象雄上、下人等，不分身份高低皆入于治下。[175]在鼎盛时期，对于治下各部，不管其军力强弱，都一视同仁。这对于象雄各部的归心起到了重要作用，得到了他们的拥护。[176]

十二、大喇嘛希瓦沃

大喇嘛希瓦沃（བླ་མ་ཆེན་པོ་བཞི་བ་འོད།）驾前，前半生，手握王权时，为了信徒兄弟失和。[177]然而在王之驾前，自然和解。他认为此等兄弟失和、相残事件，有损于的王室身份和尊严，因此，他赢得了多数民众的信任，民众对他十分忠诚。[178]于是，他趁机收复了不少边陲失地。当时，兄弟之间虽有领土等矛盾起因，然而，他以兄弟之情为重，未绝兄弟间的血肉联系。[179]尽管未得到傲慢的庶民之供养，但他公平处理的缘故未影响政局稳定。[180]后半生，大领主出家后，[181]虽王权在手，然不为世俗权力所心动。因生为乌绛巴之子，又兄弟间亲如手足，故，念诸先祖菩萨行迹，把王权托付于贤侄。[182]领悟佛法深意后，强忍对爱子拉吉迅奴（བླ་ཆི་གཞོན་ནུ།）和贤惠王妃尼当（བཙུན་མོའི་དགའ་བའི་ལྷུང་བ།）的眷念而出家。放下高傲的王者架子，以出家人的姿态生活。严格遵循密法誓言……般地修行。迎请印度和克什米尔堪布……总之，佛法……如此行……浊世诸难以度化之有情……穆果（དགུ་གོང་།）时期……接受王权……疆土（མངའ་རིས།）……镇压（མནན་ཏེ།）……印度之贤者……收集多部佛经……（以下残缺）。

注释：

[1] 该部史籍发现时，已破损严重，缺头、尾，残缺不全。整部史籍只剩25页，每页有6至8行文字，总共约有5300字，其中有7至8个字无法辨认。参见：巴擦·巴桑旺堆.阿里新发现的古藏文历史文书评介[J].西藏研究（藏文），2012（4）.

[2] སྐྱ་བསེང་།藏文史籍常见སྐྱ་སེང་།（加森）。

[3] གཞོན་ཏུ།正确拼写应是གཞོན་ནུ།意为"青年"。

[4] བསྲུལ།应是སྲིད་བསྒྲུལ།意为"政治，或治理"。参见：琼达.托林寺收藏古藏文史籍"月族王统记"释读[J].中国藏学（藏文），2013（4）.

[5] 此处，"等"字藏文写作ལ་སོགས་ཙམ་པས།具有明显的古藏文特点。从这里可以看出该史籍写作年代较早。

[6] 王特嘎（རྒྱལ་པོ་འཇམ་དགའ།），字面意思为"难胜王"。

[7] བ་ར་དྭི་བསྐུལ་བཅོས།应是བྷ་ར་ཏ།属于古印度《诗集》之一。参见：琼达.托林寺收藏古藏文史籍"月族王统记"释读[J].中国藏学（藏文），

2013 (4).

[8] 此处，原文为：གང་ཆེར་སྐོར་སུམ་བརྒྱ་ལ་བཀག་ནས་བཟང་དེ་གང་བཟང་བ་དེ་རྒྱལ་པོར་བསྐོས། 有"按五行三百法占卜，吉者封王"之意。为便于读者理解，也使语句简单通顺，这里意译为：按五星占卜结果封王。

[9] 原文：བྱེ་ཆེ་ཞིང་ཆེ་བར་གྱུགས་པ་བཅོ་བརྒྱད་དག །རྒྱ་པོ་ཆེའི་སྲས་གསེར་གྱི་ར་བ་བྱིད་རས་དབང་བསྒྱུར་རྒྱལ་པོར་བསྐོས། 此处藏文 དག 字，可能是个别字，其正确拼写应是 བདམས 字。意思是从巨人中"选出"十八位更巨者。རིལ་བ། 古藏文意为"宝瓶"。参见：琼达.托林寺收藏古藏文史籍"月族王统记"释读 [J].中国藏学（藏文），2013 (4).藏文 བྱིད་ར་རས 三个字，不知其意。

[10] 此处，原文为：བུད་ཅིགས་སྨར་མ་སྨྱེ་བདུན་གར་བའི་ལོགས་ཀ། 其中，藏文 སྨྱེ་བདུན 一词应是 སྨེ་བདུན，意为"北斗星"。该内容属于"四天子"之说，多见于其他藏文史籍，残缺部分应为"格萨尔军王"。关于"四天子"说，藏文史籍《弟吴宗教源流》的说法是：1.印度法王，封王的方法是当象鼻托起宝瓶时，受其灌顶者为王；2.中原经典之王，封王的方法是脚蹬铁靴登玻璃之梯子时，通过者为王；3.大食财富之王，封王的方法是以获得宝物者为王；4.格萨尔王，封王的方法是向四方射出四箭，同时命中靶子者为王。参见：弟吴贤者.弟吴宗教源流（藏文）[M].拉萨：西藏人民出版社，1987.

[11] 原文：印度一词为 རྒྱལ་གར། 一般写作 རྒྱ་གར།

[12] པན་ཅེ་ཀ། 根据《弟吴宗教源流》记载，པན་ཅེ་ཀ། 为一女战神。参见：弟吴贤者.弟吴宗教源流（藏文）[M].西藏人民出版社，1987：212.

[13] 原文：དེ་ལྟར་རི་གནས་དང་བསྐོས་པའི་རྒྱལ་པོ་མཆིས་མ་མང་། 若 མ 字以 མང 字（多）解，便于理解。参见：琼达.托林寺收藏古藏文史籍"月族王统记"释读 [J].中国藏学（藏文），2013 (4).

[14] 原文：རྒྱུང་སྟོང་པོའི་སྟེང་ན་བཞུགས། 此处 རྒྱུང 字可能是别字，正确的拼写应该是 དགུང 字(虚空)。

[15] 原文:སྐྱིའུ་ཁྲ་བ་ལང་བཏུན་ཚིགས། "赤巴尔拉敦茨",一神名,系吐蕃王聂赤赞普的先祖之一,见于《弟吴宗教源流》之"上部神系"之列。参见:弟吴贤者.弟吴宗教源流(藏文)[M].拉萨:西藏人民出版社,1987.

[16] 原文:གནམ་གྱི་ཁྲི་བདུན། གནམ་གྱི་མཐོངས་བདུན། སྟེང་གི་ཁ་བཏགས་དྲུག རྣམ་པར་ཕྱུང་ཚུལ་ལས་གཤེགས།根据藏文史籍,聂赤赞普系天神入主人间为王。此段天神降至人间经过之描述,多见于其他早期史料。此处,ཕུག字系古文,有"边"之意。琼达疑指རྫུ字(幻化),参见:琼达.托林寺收藏古藏文史籍"月族王统记"释读[J].中国藏学(藏文),2013(4).注释19。

[17] 原文:ཆེན་བདུན་སྟེ་འཕྲུལ་ཆས་དགུ་མངའ། 这里"九宝",其他史籍有类似宝物,称ཅན་དགུ等。据说"九宝"传自吐蕃第一代赞普——聂赤赞普,是象征王室身份或权力之圣物,一直传至沃松和永丹争权时期。据说沃松和永丹二人,曾为争夺这些宝物而多年征战,终不分胜负。部分宝物,最终作为装藏供于佛塔等处。宝物共有九件:传自父王的"三宝"为色赤曲达尔坚(水纹金座)、古萨邦苏坚和色古曲日坚(水纹金像);传自母亲的"三宝"为桑德瓦坚(同心铜器)、俄久夏瓦坚(有鹿纹的银勺)及米多底李坚;传自兄弟的一武器之宝,即是闲通德米坚;以姊妹之装饰之名流传下来的二宝,即是曲右强巴坚和本玛尔格次吉格坚。参见:弟吴贤者.弟吴宗教源流(藏文)[M].拉萨:西藏人民出版社,1987.

[18] 此处,原文为:གཙུག་ལག་གི་སྲུང་ཁྲིམས་ནི་ཆོས་ལུགས་ཁྲིམས།其中,སྲུང་ཁྲིམས一词,应该是指汉语"王法"。可见当时作者应是受到了汉文化的影响,或参考了一些汉文历史文献。གཙུག་ལག在此统一翻译为"经典",也有学者认为"祖拉"是吐蕃前期的某种宗教。对此,国外藏学界曾有过长期的争论。

[19] 此处原文有一字漫漶不清,琼达怀疑是རྫུ字;而其他学者认作རྐྱ字。参见:琼达.托林寺收藏古藏文史籍"月族王统记"释读[J].中国藏学(藏文),2013(4).古格班智达·扎巴坚赞等.太阳王系与月亮王系(藏文)[M].拉萨:西藏人民出版社,2014.

[20] 原文：དགོངས་པ་འཕྲུལ་གྱིས་ཆགས་པ་བཞིན་གྲོལ་གསལ་གྱིས་དབྱུག་གོ། 其中，རབ། 字在琼达的文章里怀疑是རམ། 字。原文句子不易理解，笔者根据上下文把དབྱུག་གོ། 译为"指引"。

[21] 原文：མོལ་ཚན་རྣམ་གཉིས་དང་། བཞིད་རྣམ་ལྔའི་བོད་ཀྱི་སྲིད་བཅས། 其中，ལྔ།（意为"五"）字在西藏人民出版社整理出版的书里是ལ། 字。笔者根据句子结构和上下文关联性，在此以琼达先生的认读为准，翻译为"五见解"。

[22] 原文：མངའ་ཆེན་བཞི་ཡང་སྟུད་དང་དབུལ་བར་གྱུགས་སོ། 根据上下文，此处译者将གྲུ། 字理解为གྲུ། 字。

[23] སྟུག་པོ། 字面意思是"饥饿者"。

[24] 卡热，地名，也是神山名，位于今西藏山南浪卡子县境内的雅鲁藏布江南岸。

[25] 多数藏文史籍中，一般称十二小邦和四十小邦，少有称"十一小邦"者。在两者先后顺序上，多数史籍也称先有十二小邦，后有四十小邦。同时，在介绍地名时，该文献时常写作ཡུང་ཞིད། 而非ཡུལ་ཞིད། 在基字ཞ། 下方填加下加字ཡ། ，可以看出史籍的写作年代及特色。

[26] 其行为如同天神，严守戒规。原文：སྤྱོད་པ་ནི་ལྷ་ལུགས་སུ་སྲུང་དང་ཉེ་ནས།

[27] 政绩美德，传遍天界而上天得闻。原文：འགྲུབ་པའི་འཕྲིན་ནི་སྲུང་སྟེན་ནི་གོང་ན་བཞུགས་པ་ལྷ་སྙན་གྱིས་གགས་ན།

[28] 原文：སྲུང་གཡས་ནི་འབངས་འོན་ན་མཆེས་ལུག་ཏུ་བོན་པ་ལགས་ཏེ།

[29] 此处原文为：ཁོག་ནི་ལྕག་ནི་ཡོ། 不知其意为何。

[30] 此处原文为：དབད་ཆིག་གི་ཤུག་ནི་དུག 不知其意为何。

[31] 此处原文为：གོས་ནི་ཞབས་མ། 不知ཞབས་མ། 所指何物？可能是"围裙"一类的衣物。

[32] 此处原文为：རབས་འབྲུ་གྲུ་ལས་མ་མཆེས། 琼达的文章里是རབས་འབྲུ་གྲོ་བོད། གྲོ། 的字面意思是"出自洛地方的小麦"。

[33] 此处原文为：རྒྱ་འཆེམས་བུ་ལས་མ་མཆེས། 藏文འཆེམས། 一词，是指"修补过的衣

物"。

[34] 此处原文为:ད་ག་ཆོག་ལ་སྤྱོད་པ།藏文ད་ག་ཆོག可理解为"日常仪轨"。

[35] 此处原文为:སྒྲོན་པ་ནི་ཅེ་འཛོ།

[36] 此处原文为:འགྲུབ་པའི་འབས་བུ་འབྱེ་ག་དང་བྱུག་བྱེད་ལས་མཆོས་པ་ཅིག་གཀད།

[37] 此处原文为:ལམ་ལམ་ཞི་འབན། ཐོག་ཐོག་ནི་གསས་པའི་ཞི་འཕུལ་ཅན་དུ་གསོལ་ཏེ་གྱིར་སྙན་དང་བྲ་འབན།

[38] 此处原文为:སྦྱི་ཕྲག་ཁྲི།应为སྦྱིད་ཕྲག་ཁྲི།是一种宝石,高约一肘,上刻有六字真言。

[39] 此处原文为:པང་གོང་ཕྲག་ཁྲི།其他文献写作སྤང་སྐོང་ཕྲག་བརྒྱ་པའི་མདོ།

[40] 此处原文为:རྒྱ་གར་གྱི་ཡི་གེར་བྲིས་པ་ཅིག་བརྙེན་ནམ་ཡང་མཆོད་གནས་གཉན་རང་ནི་མ་མགོངས།多数藏文史籍的说法是,文字系"梵文"所撰写,故无人能认读。其中,མགོངས字,应是དགོངས字的笔误。若是如此,可理解为"始有用汉文所撰写之经书等,然不知其为可供养之佛法圣物"。

[41] 此处原文为:འདད་ཀྱང་ལྷས་བསྒྲད་པ་ཀྱི།这里བསྒྲད་པ། ཀྱི་字等,我们根据句子结构理解为"据说终有由天神送终安葬"。འདད字,古藏文意为"为死者超荐"。

[42] 松赞干布:松赞干布 (617—650),根据藏文史籍的说法,他为吐蕃第33任赞普。他在位期间,制定法令,创制文字,整顿军事,平定吐蕃内乱,建立了统一强大的吐蕃王朝。从唐朝和天竺引进佛教并极力推广,今拉萨大、小昭寺以及布达拉宫等最初由他所建。

[43] 热萨幻化神殿,即指今拉萨大昭寺。据藏文史籍记载,是由松赞干布之泥婆罗王妃赤尊所建。"热萨",最初指"大昭寺",也指今"拉萨"。

[44] 吞聂桑博热 (མཐོན་མྱིན་སམས་པོ་རེ།),应是指藏文的创制者吞弥·桑布扎,但是,人名拼写方法与多数传统藏文史籍有别。

[45] 三宝:佛、法、僧三宝。

[46] 此处原文为:དེའི་ཆེན་གྱིས་དཀོན་མཆོག་གསུམ་ན་འོར་བ་ལས་བཙད་དེ།འོར།字在古藏文里有

185

ཐོར། (弃或失) 之意，故根据上下文理解为："因此，若不行善人神共弃"。

[47] 此处原文为：དེའི་བར་དུ་ཆབ་སྲིད་ནི་མཐོ། དཔལ་འབྱོར་ནི་བཟང་།

[48] 库·拉乌果噶尔 (ཁུ་ཀླུ་བོ་འགོད་དཀར།)，此处"库"字有两种解释：1.出自"库"氏家族的人；2.也可以理解为："赞普之叔辈拉乌果噶尔"。

[49] 此处原文是：རྗེ་གསུང་གིས་གསལ་འགས་གཅིག་པ་ཞིག

[50] 此处原文是：དཔའ་བོད་མཁས་བཙན་གྱིས་མེད་ཀི་ཏོ་ཉམ་བཟུང་།

[51] 原文：འབོང་ཐུར་དུ་གྱུར་པ་བཟུང་ནས་འཐེམ་ཤུལ་འཐེམ། འཐེམ་ 字，应是འཐེན་字，若是如此，意为"向上拉"。

[52] 原文：མད་འགྲེལ་མས་ཀྱི་མེད་དུ་བཏད་ནས་ཆོང་མེད་པར་བྱུང་བ། 此处 མེད་ 字，应是སྐེད་ 字，意为"腰"。

[53] 原文：རྒོད་ཡང་ལ་སྐུང་བར་ཇེན་ནས་པ། སྐུང་ 字，应是ལྷུང་ 字，意为"掉入悬崖等"。

[54] 原文：རོ་ལས་སོལ་བས་ཞུས་ནས་ཟངས་སྐྱགས་གསེར་རྡུལ། རྡུལ་ 字应是དངུལ་ 字，意为"银"。

[55] 原文：ཙང་མཐབ་ཞིང་དུ་ཚོ། ཚོ། 应是གཙོ་བོ། 意为"把江河两边的斜坡变为了农田"。

[56] 原文：དང་པོ་དེ་སྐྱར་བྱེད་པའི་ཕྱག་མཁན་ནི། ཕྱག་མཁན་ 应具有ཕྱ་ཚད་ 之类的意思，在此处是指"人畜等最初的坏胎"。比喻，某一事件的最初造育者。

[57] 原文：ཞིང་གི་དོར་དང་འབྲོག་གི་ཐུལ་དུ་བཙུགས།

[58] 原文：ཕྱུ་ཚུམ་པོར་དུ་རྒྱལ་ནས་མཚོན་ཆ་ཅིག་སྒྱུར་དང་།

[59] 原文：མཚོ་ལ་ཁ་བདར་ནས་ཡུར་བ་དགྱུས་སུ་བཏང་།

[60] 原文：དེའི་གོར་དུ་ཆུལ་ལ་བདལ་མཆོ། ཆུལ་ 字应是笔误，是指"水"。བདལ་ 意为"铺开"。可理解为"引水灌溉，开垦大面积农田"。

[61] 原文：དེས་ལས་ཅི་བྱས་ཞེ་ན། ཀ་ཀ་གི་བྱུ་ཁ་ཞེན་བཏུ་ཚས།། རར་རི་ཞང་གི་ཡིག་མཛོད།། མད་གྱི་བཙན་ནས་ཚོག་གིས་བར་བྱེད།། དཔོ་དེ་སྐྱར་བྱེད་པའི་ཕྱག་མཁན་ནི།། ཀ་ཀ་གི་མཛོ་བྱིན་ནས་པོ་ཡིན།། དེའི་གོར་ལ་བོད་ཡིག་ཉིས་བྱེད།

[62] 原文：རི་ཕྱིམ་སྒྲུ་ཏུ་བསྒྱགས་པ་སྟོང་མཐོན་མཁར་ཏུ་བརྒལ་པས། 这里སྒྲུ字，应是གྲུ། 意为"山坳"；བསྒྱགས字意为是"迁移"；མཐོན字，意指"高处"。

[63] 原文：ཕྱར་མ་ཞར་ཞིག་ཏུ་ཆོས་ནས་སྦྱར་ཕྱིད་ཏུ་བཅུགས་པ། ཞར字，不知其意为何。若把它理解为རྒྱར(牙帐) 字，便于理解其句子内容。参见：琼达.托林寺收藏古藏文史籍"月族王统记"释读 [J].中国藏学（藏文），2013（4）.

[64] "赤桑央敦，是雅砻地方的艾氏之子"（ཁྲི་བཟང་ཡང་སྟོན་ཡར་ལུངས་ཇེ་གས་ཀྱི།）一句，其他史籍少有记述。"艾"氏为吐蕃重要家族，初见于小邦时代，然学界对于该家族的具体活动区域仍存争论。此句对考证"艾"氏家族的领地等，具有较高的参考价值，说明了该家族主要活动于雅砻一带。

[65] 原文：ཕྱགས་བཞི་སྨུ་སྲུང་སྤྲུའི་མ་མཛད།

[66] 原文：ཆོད་ཀྱི་སྟོང་ལེ་བཞི་བཅུ་རྩ་གཉིས་སོ་འི་དག་ལ་ཆོལ།

[67] 原文：སྐྱི་སྟོང་ཐབ་བཅད་པ་སྤྱི་རབས་སྟོན་པོ་ཕྱུགས་ལ་ཆུད།

[68] 原文：བི་དང་སྤང་གིས་འགོག་ཆོས་སུ་གས་སས། ཧུལ་དང་ཚུལ་གྱིས་རྒྱ་ཇུངས་སུ་བཟུང་།

[69] 原文：དག་ཞེས་བྱེད་མཛན་ཆོས་ཤོད་སྤོར་བ།

[70] སྲེ་མང་བྱད། 一句中，བར་字应属误笔，正确字应该是བད་字。

[71] 原文：མཛོ་མོ་སྟག་མོ་བེ་ལུག་གར་བདེན། 其中，མཛོ་མོ是"母犏牛"；སྟག་མོ意为"母老虎"；བེ་ཕྱུ是"小牛"；ལུག་是"绵羊"。

[72] 原文：བ་རེ་སྐྱ་རེ་གཀན་ཕྱིམས་སུ་གསལ།

[73] 原文：སླ་ལ་ཙན་པོར་གཤལ་འབྱུང་རྡ་ཁྱུན་ཞིག་འཚོས། 其中ཁྱུན་དུ་འཚོ应是དབྱར་རྩྭ་དགུན་འཚོ意为"以夏草过冬"。

[74] 原文：བར་དུ་བྱོན་པོ་རབ་གཅིག་བཅས་རྣམས་པ་ལ་སྟེ་ཆོས་ཁྱུན་ཞིག་གསུང་། རབ་གཅིག应是指"断传"；གོངས意为"死或过世"，多见于《敦煌本吐蕃历史文书》等。大意："因上层高僧大德等过世而断传"。

[75] 赤松德赞（742—797），赤松德赞，又译墀松德赞，《新唐书》作"挈悉笼腊赞"。根据传统藏文史籍记载，他是吐蕃第37任赞普，于755

年至 797 年在位。他在位期间是吐蕃王朝的鼎盛时期。他为佛教在吐蕃的弘扬作出了重要贡献，兴建了吐蕃第一座佛法僧俱全的寺院——桑耶寺，迎请印度高僧，翻译佛经等，故后世史籍称他与松赞干布、赤祖德赞为"吐蕃三法王"。

[76] 桑耶寺，位于今西藏山南地区扎囊县桑耶镇境内，雅鲁藏布江北岸的亥布山下。始建于 8 世纪，是西藏第一座有剃度僧人出家的寺院。主体建筑，按佛教的宇宙观进行布局，中心佛殿兼具藏、汉、印三种建筑风格。

[77] 汆蔡寺，建于吐蕃时期，寺址位于今拉萨墨竹工卡县附近。

[78] 昌珠寺，建于吐蕃时期，寺址位于今山南市乃东县城。

[79] 江寺，全称"茹拉仲巴江"（ རུ་ལག་གྲོལ་པ་བྱང་། ），其中，"茹拉"是吐蕃四茹（四翼）之一，位于后藏。仲巴江寺，为吐蕃时期所建古刹，遗址位于今日喀则市拉孜县境内。

[80] 强真寺，为吐蕃时期所建古刹，遗址位于今日喀则市吉隆县境内。

[81] 边疆卡切神殿甘露源，"卡切"，意指"克什米尔"；"甘露源"，是修饰语，应是与佛法的最初传入途径有关。从字面上看，该神殿似乎位于当时吐蕃之边疆克什米尔境内。

[82] 原文：ཏའི་ལོ་ལ་ཉེན་ཅིག་ལ་ཞལ་སྲོས་མཛད།

[83] 原文：ཟ་ཧོར། 一般写作 ཟ་ཧོར། 藏文史籍指古代印度一小国名，位于今孟加拉国一带。

[84] 摩诃衍那，为梵文音译，古汉译大乘。此处应是指 8 世纪末前往吐蕃传法的汉禅僧摩诃衍，此人曾于桑耶寺与印度高僧莲花戒争论佛法，史称"顿渐之净"，此事藏文史籍多有记载。

[85] 原文：འབངས་སྲུ་སླུ་ལ་གཏོགས།

[86] 原文：བློན་ཆེན་པོ་འགོས་ཁྲི་བཟང་ཡ་བླག་ཚོས་དང་སྲིད་ཚབའི་མོལ་བའི་ལོག་ཕྱུག

188

[87] 原文：དབའ་ལྡེ། 应是 དབའ་ལས། 过去多译作"恩兰"，系吐蕃之大姓氏，也指地名。布达拉宫前的雪碑，也称"恩兰·达札禄恭纪功碑"。恩兰·达札禄恭，系赤松德赞时期权臣和大将，出自恩兰家族。恩兰，家族之领地起初位于拉萨北部之彭波一带，后人中部分移至拉萨河北岸之今达则县境内的"支"附近，故，《敦煌本吐蕃历史文书》等称"支"一带地名为"新恩兰"。近年来，有外国学者研究发现，雪碑原先位于"支"一带，五世达赖喇嘛时期被移至布达拉宫脚下。

[88] 原文：ཆིམས། 一般写作 འཆིམས། 系吐蕃之大姓氏之一。该家族之最初领地，应位于今朗县金东一带。原因是，钦氏家族有其保护神，名曰"钦拉"，位于今金东河谷南岸。神山附近有列山吐蕃古墓群遗址。

[89] ཞལ། 一词，亦写作 ཞལ་སྔ། 多见于石刻碑文等古藏文文献，过去多译作神圣赞普等"驾前"。该史籍多处出现 ཞལ་སྔ། 一词，可见这是早期藏文史书的一种惯用词，也有可能是对赞普王室成员的一种尊称。关于其涵义，ཞལ། 意为"面或脸部"，སྔ། 意为"先或前"，《弟吴宗教源流》解："先于其他兄弟与父王见面者。"参见：弟吴贤者.弟吴宗教源流（藏文）[M].拉萨：西藏人民出版社，1987.

[90] 此处人名有误，正确的应该是"赤德松赞"（ཁྲི་ལྡེ་སྲོང་བཙན། 798—815）。"赤德祖赞"（704—754），乃是赤松德赞（755—797）的父亲。

[91] 原文：ཆབ་སྲིད་དང་དགྲ་སོ་བྱེད་པར་མཛད།

[92] 嘎琼神殿，遗址位于拉萨河对岸列乌新区一带。过去，神殿附近立有吐蕃石碑，现存残片一二。后期在此曾修建有一座佛寺，名曰桑杰寺。

[93] གདན་ས་ལྡེའུ་ཚམས། 可能与康区邓柯一带发现的吐蕃石刻有关。

[94] 原文：ཁྲ་པ་བཙམས་བསྟོད་པའི་མདོ་ནུ་སྒྲོ་དང་པོ་གཏོན་བ་ཆེན་པའི་ཡན་ལག་ཏུ།

[95] 原文：རྗེའི་དབུ་སྐྲ་གཤགས་ཤུལ་དུ་བཅུ་པ་བརྫོན།

[96] 原文：གླ་ཚབས་ལ་མ་ཆེས་ལ་བྱི་དབང་བ་ལགས།

[97] 原文:སྟག་རིས་དང་འགལ་བྱིས་གང་ཞིག་ཆད་པར། ཆད 字有"询问"之意。འགལ་བྱིས་གང་ཡང་ཆིག་ཆད་པ། 可理解为"可以不询问他们（僧人）违反了何种法令"。སྟག་རིས། 的字面意思是"虎纹"，怀疑是一种特殊的吐蕃法律文书。

[98] 原文:ནམ་དུ་ཡང་བརྗེས། བརྗེད 字系敬语，意为"遗忘"。

[99] 原文:གདུང་རབས་དེ་ཡན་ཆོད་རྗེ་དབུས་ནས་བལྟགས་ན་ཡུལ་ལམ་བཙན།

[100] ཁོང་བ་སྟགས། 可能是ཕྱིང་བ་སྟགས། 系吐蕃早期之宫堡，位于山南琼结县境内。根据藏文史籍，松赞干布之前，吐蕃赞普大多住于"青瓦达孜宫"。

[101] 原文:གག་མོད་རྩེ། "拉孜"，地名，应与今后藏"拉孜县"一带有关。

[102] 原文:ཁཆེ་རྡོ་སྤུར། 同藏文ཁཆེ 过去多指克什米尔。也有可能是藏文ཁ རྩེ (卡孜)，是指地名，位于今札达县托林寺附近，是大译师仁青桑波父亲的出生地。参见：项智多吉.拉喇嘛益西沃传及注释（藏文）[M].拉萨：西藏人民出版社，2013.

[103] 原文:རྒྱལ་ལ་བར་བརྡས། 可简称"杰塘"。今云南中甸在藏语里就叫作"杰塘"。从史籍内容来看，这个地方距离吐蕃中部较远，属于吐蕃之边陲。

[104] 原文:བལ་ཡུལ་བྲུ་ཏེ།

[105] 原文:ལི་ཡུལ་ཨུ་ཏེན། "李域"，藏文史书多指"于阗"。"乌丹"，应是其他语种"于阗"之音译。

[106] 原文:གློ་ཡུལ་བྲག་ཅང་། 洛域，地名，今属于尼泊尔境内。今汉语多写"木斯塘"或"杜波"等。

[107] 原文:ཞང་ཞུང་ཁྱུང་ལུང་། 象雄，汉译"羊同"，古吐蕃小邦之一，后并入吐蕃划分"象雄茹（翼）"。"琼隆"是古代象雄的中心，学界认为是指今阿里地区达瓦乡琼隆村一带。

[108] 原文:སྤུ་རངས་ཡ་ཚེ། 是两个地方，普兰即是今阿里普兰；亚孜，历史

上有亚孜王系，其辖地今属尼泊尔境内。

[109] 原文：མང་རི་རྣམ་གསུམ་ལ་ཞི་གནས་བྱུང་། 这是个地名，这个地方有可能是由三个不同的势力组成。但是，它们与吐蕃之间的关系比较隐秘。

[110] 原文：ན་དུག་སྟེ་བཞི་ནི་དགོར་ཚའི་ཆུབ་བཞིན་དུ་འབབ་སྟེ། 呐卜四部，是个地名或部落名，被吐蕃统治以后每年向吐蕃纳贡。从内容来看，这个地名比较富有，是当时吐蕃的主要财政来源之一。

[111] 原文：འབངས་ཀྱི་སྟོད་བྱེད་ནི་གྲུ་ཆེན་དང་འདྲ་ཞིག 应是比喻百姓生活稳定，如同巨大的船舶稳步前行。

[112] 原文：མཆོད་གནས་དཔོན་འདུན་དགོན་མཆོག་རྣམས་ཀྱང་ཆོས་ཞིན་བྱ་བར་སྟོང་།

[113] 原文：ཉེ་བའི་བག་ཡང་སུ་བྱིད། ཉེ་བ། 应是དགེ་བ།一词的笔误。

[114] 原文：སྐྱེའི་ཉི་མས་སློང་། 字面意思是"人被太阳叫醒"。比喻，人们生活比较安逸，不必起早摸黑，日出时分自由地起床干活。参见：琼达.托林寺收藏古藏文史籍"月族王统记"释读[J].中国藏学（藏文），2013（4）.

[115] 原文：ཕྱུགས་ཞིན་ཞག་ཟླས་སྡུད། 字面意思是"牲畜可以夜、月收"。比喻社会稳定，无盗匪，牲畜可以长期留外，不必天天去清点。

[116] 原文：རྗེན་རིགས་པ་བཞི། ཞིག 字，可按བཀོལ 字解，有"役使"之意。

[117] 原文：འབངས་ཉི་ཆགས་ཀྱིས་བཞིད། ཆགས系古藏文，意为"勇气"。参见：项智多吉.拉喇嘛益西沃传及注释（藏文）[M].拉萨：西藏人民出版社，2013.

[118] 原文：སྐྱི་ཉུབ་པའི་རྒྱལ་མཚན་དུ་དེ་ཡིད་བཞིན་གྱི་སློག་གོ་སོ་བཙུགས།

[119] 原文：སྐྱོལ་བོད་ཀྱི་རྒྱལ་ཁམས་སྐྱིད་པའི་ཡུན་དུ་གཡུང་དྲུང་དུ་བཞིན་གྱི་བཞུགས། གཡུང་དྲུང་། 等于གཡུང་དྲུང་། 系宗教符号"卍"一类名，象征"永恒"；དེ་ག 意为"天神"。

[120] 原文：བོད་ཀྱི་ཐུན་གྱི་བསོད་ནམས་ནི་སོ་ཀ་ཆུམ་བུར་བཞིན་དུ་བབ།

[121] 原文：བོད་ཀྱི་ཐུན་གྱི་ཐུར་འདུ་ཆེན་པོ་ཞིག་ཉོར་ཀ་གྲི་སོ་བཞིན་དུ་འོར་བབ།

[122] 原文：ཉེས་པ་ཐམས་ཅད་སྤོལ་བའི་མཆན་ཚིགས་གཉན་པོ་བཅད།

[123] 原文：མངའ་རིས་ཀྱི་མནའ་དང་སྦྱིན་བདག་ཕྱགས་མས་པ་ཏུ།

[124] 原文：འཕུལ་གྱི་རྗེ་བློན་གདད་ནས་འདབ་བི་ཤི།

[125] 赤达玛卫杜尔赞，也称达摩、朗达玛，或赤达摩乌东赞，为吐蕃末代赞普。

[126] 原文：རྗེ་སྲས་ཚད་ཀྱི་དུ་གྱིས།

[127] 原文：བློན་པོ་ཁྲེ་རྒྱམ་ཚེས་ལ་རྒྱབས་ནི་མཁོ་ཐབས།

[128] 原文：མཛད་སྒོན་ནི་ཚོས་བུ།

[129] 原文：མངའ་ཐང་ཐབས་ཀྱིས་བྱེ་ཞིང་།

[130] 原文：ཞང་གསུམ་དང་བློན་བཞིན་ནི་དབུས་ཀྱི་མདུན་ས་བོར།尚论，藏语意为舅臣，属吐蕃高级职位。

[131] 原文：དཔའ་སྟེ་སྟོང་ཏོང་གིས་ནི་མཐའི་སོ་ག་བོར།

[132] 原文：རུ་བུག་སྟེ་བཞིས་ནི་དཀོར་གྱི་ཁྲོ་བཅད།

[133] 原文：ཉིད་ཉིད་ཀྱང་ཡང་མེས་ཀྱིས་མཛད་པའི་ཚོས་ཀྱི་སྤོལ་བ་བཞག་པས་སྐུ་ཚོའི་ཉིད་ལ་སྔེག་ཏེ། ཞུ་ཡིང་ཞེས་ཀྱི་ངོ་རྗེས་བསྒོངས།

[134] 原文：ཤིད་དུ་གྱུས་སྟེ།

[135] 原文：རྗེ་འབངས་བླ་བློན་མངའ་མཛད་དང་ཅིག་སྟོག་ཚོད་ལ་ཁད་པའི་སྐབས་སུ།

[136] 吐蕃分"四茹"（四翼），详见前文注释。

[137] 原文：རྒྱུད་དུས་ནི་མི་མེད་བར་བྱུར་སྟད།

[138] 原文：རྗེའི་ཕྱག་པོར་ནི་དིའུ་རེ་སྨས་པ། འབངས་ཀྱི་སུག་ཐབས་ནི་དིའུ་རེ་སྨས་ཀྱི་ཁྱིམ་པ་རྒྱལ་པ་དང་ཚན་སྲིད་དིའུ་བཙེས་པ་ལས།对此，塔尔查·穷达翻译：先王贝阔赞当政期间，用迪乌·热艾斯玛代替国王之印玺，[?]用迪乌代替臣民之手印，形成由迪乌统揽社稷王法(的制度)。参见：塔尔查·穷达.翻译与解读《月族王统记》记载的阿里王系[J].西藏档案，2013（2）：105.

[139] 原文：རྒྱལ་ཁྲིམས་ཨེ་ནས་ཞིག་ཏུ་ཐོ་བ་གཡུང་ལ་བློ་བལ་སྐྱེས་ཏེ།

[140] 原文：དཔལ་འབོར་བཞིན་སྟོང་གབིགས་ལ་སྤོངས་པ་དན་ལོག་གི་པ་ཆེ་པོ་བྱུང་བས་སྐོལ་བོར་གྱི་རྒྱལ་ཁམས་

དབྱི་ཀྱུན་ཆད་པ་བཞིན་དུ་སླུག་ཐལ་ཞིག

[141] 原文:ཡ་རབས་ནི་བྱེད་བསྲུངས། དམའ་རབས་ནི་གནམ་མཐོང་བྱེ་སྟེ།

[142] 原文:རྗེ་གོག་ལ་བྱེ་བ་བྱེད་དེ།

[143] 原文:ཁྱིམས་ཀྱི་བོ་ཡོར་རྒྱ་བི་ཉུག

[144] 原文:རྗེའི་ཆབ་སྲིད་རྒྱ་བའི་དབུ་གཡོགས་དང་།

[145] 原文:བོད་ཁམས་དང་ཀྱག་ཅིག

[146] 原文:བཀའ་རིམས་ཀྱིས་དེ་ལྟར་སིལ་བུར་གྱུར་ཆེད་ཉུལ་པ་ལས།

[147] 应是指吉德尼玛衮 (སྐྱིད་ལྡེ་ཉི་མ་མགོན།)。文中，对他之前的历史人物名称后面，未使用"驾前"等字样，但是，在他之后的历史名字后面都加了ལགས་ཏེ།(驾前) 二字。这可能与佛法再兴历史有关，是对弘扬佛法有功者的尊称。

[148] 原文:བུའི་ཡིག་གི་གནང་དང་། སྨྲེད་ཁྲིད་པར་དུ་འགོགས་པར་དགོན་ནས་མཆད་པུལ་ལ། རྗེ་རྒྱུང་ཆད་ བྱེད་ལུགས་ལྟར་བྱེད་དེ།

[149] 先祖三兄弟：白吉衮、扎西衮和德祖衮。

[150] 原文:དངོས་སྟག་པུ་སུག་གི་ཡ་རབས་ཀྱི་རྩལ་དང་དགགས་དང་མཛུན་ཅ་འི་དཔའ་བ་བརྟགས་བདག་བའི་གོས་མགོན་ ཀྱི་ཞུས་ནས་ཀྱུར་མཆེད་ཀྱིས་ནིང་ན་ལོར་ཀྱི་ཀྱུད་མོ་ལྟར་གཅིག་ཏུ་དབང་ས་སུ་འཕོ་སྟེ།

[151] 原文:མཆེད་བླ་མད་མ་བོད་གཉེན་བས་སྐུ་མཆོགས་དང་སྐུ་སྐྱེ་ལྡགས་པར་ཡང་ཆེ་ཞིང་།

[152] 此处把兄弟二人比喻为佛教静猛神像，意为"静猛二兄弟"。静神，意指出家的王室后人；猛神，意指掌握世俗权力的人物。同时，把二人比喻为日月，这种比喻与二者的僧俗身份、功绩等有关。

[153] 原文:ཐུགས་དང་པའི་ཕྱུགས། དམ་ཚིག་ལྷག་བྱེད།

[154] 原文:སྤྱ་ལ་འཇིགས་པའི་ཆ་ལུགས་པ་དུ་གོས་བཀན་པ་བསྒྱུར་ཞིང་དང་རི་བོར་པར་མཛད་པ་ལགས།

[155] 原文:སྐྱེད་ནས་གསུང་སྒྲོན་དེའི་ཞལ་ནས་ཀྱི་སྐུ་ཆེའི་ཡོན་ཏན་མདོར་བསྟན། སྐུའི་བཟོད་པ་གཉིས་ནི་རྒྱལ་བས་ཀྱང་ཆེ།

[156] 原文:གསུང་གི་བཀའ་ན་ཀུལ་ནི་མཚོའི་རྒྱས་ལྟར་དུས་ཚིགས་ལ་ཉག་གི་ཡོལ།

[157] 原文:ཞེད་ཞན་པོ་ནི་དཀར་པོར་འཆང་བསྒྱུར།

[158] 原文：ཉིད་ཀྱི་མངའ་རིས་ལ་སྒྱུ་ལྷའི་འབུམ་སོ་སོར་བསྐལ།

[159] 托林寺,拉喇嘛益西沃建于996年,位于今札达县境内。宗喀巴大师的弟子,古格堪钦·阿旺扎巴时期,改宗为格鲁派。过去有20余座分寺。参见：古格·次仁加布.阿里文明史（藏文） [M].拉萨：西藏人民出版社,2006.

[160] 原文：གཙོར་རྒྱལ་སྲིད་ཚོས་སྐོར་ལ་གཏིམས།

[161] 原文：དགེ་བསྙེན་དང་ལ་འཚོ་ཅིང་ཆོས་དཀར་པོར་འོངས་བསྒྱུར་ཏེ།

[162] 三种形式的农田。

[163] 原文：རབ་ཏུ་བྱུང་བ་འདི་ཚོས་ཕྱིག །ཡུལ་དཔོན་འདི་ཚོས་ཕྱིམས།

[164] 原文：ཟང་སྟོད་ལ་འོར་བུ་ཅུང་ལ་སྩོགས་པ་སོ་སོར་བགོས་གནང་སྟེ། ཆོས་དང་སྲིད་བཅུད་པའི་སྲི་ཟུང་པོ་ཐོག་མར་བྱེ།

[165] 达玛巴拉,དྷརྨ་པ་ལ།过去译作法护,是过去到过西藏的印度高僧三"法护"之一。

[166] 原文：གསུམ་པར་ཕྱོགས་གཞན་གྱི་མངའ་འབངས་ཡབ་མཆེད་རྣམས་ལ་འི་བྱམས་ཞིང་སྡུག་ཆེ་གི་མཛད་དེ།

[167] 原文：མངའ་རིས་འཁོན་བར་སྤྱར་བསྐངས་པ་ཅིག་གདའ།

[168] 原文使用了ཞི་ཁྲོ་མཆེད་གསུམ།一词,把兄弟三人比喻为佛教静猛神像,意为"静猛三兄弟"。静神,意指出家的王室后人；猛神,意指掌握世俗权力的人物。

[169] 原文：གཞན་ལ་བདག་པར་གཤེགས་ཏེ་ཚོངས་པར་སྟོང་ཡུང་དུ་བསྒྱུར།

[170] 原文：ཞན་ཡང་དུས་པར་དུ་འཕགས་པའི་དགོན་མཆོག་གི་གཏམས་བཅུན་མང་དུ་མཛད་ཅིང་།

[171] 此处"芒达钦波"（མང་བདག་ཆེན་པོ།）,应是"昂达钦波",意为"大领主"。

[172] 原文：ཕྱོགས་གཞན་གྱི་ཡབ་མཆེད་སྤྱན་པ་རྣམས་ཀྱི་མཛད་འཚོམས་ཕྱིགས་ལ་འགས་སྒྱུར་ལ་པོར།

[173] 原文：ཡབ་མེས་བཟང་པོ་འདས་རྗེས་བསྒྱུར་ན་སྒྱུ་དུག་དོ་གགས་པ་དང་།

[174] 原文：དགེ་སློར་ཚིག་མ་བྱན་ནང་སོར་ཕྱུགས་ཀྱུད་ཀྱིས་དོ་གས་ཏེ།

[175] 原文：ཕྱོགས་གཞན་དུ་ཕྱུག་པའི་ཇག་པ་རྣམས། བར་གྱི་འབྲོག་པ་ཅུང་ཞིག་སྟེ་ཟེག་གུང་གྱི་ཟབུང་གི་འབང་།

194

སློབ་པ་ཞེ་རིང་དང་མཐོན་དམན་མ་མཆིས་པར་དུས་ཚིགས་ལ་བབ་ཅིང་།

[176] 原文：མཛད་ཀྱིན་ཏུ་རྒྱའི་དུས་སུ། དམག་པོགས་རེ་ལ་གཏོགས་པར་གནད་དུ་བསྟུན་པའི་སློ་སྟོར་བའི་བགད་ཚད་དང་། བགད་བསམ་སྒྱིལ་ཏུ་སློ་ཆོས་ཅིག་མཛད་ཅིང་། ཞེང་ཞིང་སྲིད་ཚམས་ཀྱི་འབངས་ཀྱི་ཡུལ་སྲིད་ཆེན་པོ་བཀྱི་དེ་བགའི་དོན་ཀྱིས་པོལ་ལ་ལགས།

[177] 原文：འབངས་དང་དུན་གྱི་སྙེད་ཀྱི་མཆེད་དབུལ་གསལ་ཀྱི་འབུག་པ་ཆེན་པོ་བྱུན་ཡང་།

[178] 原文：ཇེའི་ཞུན་སར་དབིན་ཞི་དེས་ཆེ་ཞིང་འབྲེལ་སུལ་ལ་དགོས་པས་འབང་སློ་ཞེ་བ་དང་།

[179] 原文：མངའ་རིས་སྲིད་རེ་ལ་ཕྱུག་ཏུ་འགོལས་པའི་རྒྱད་ཏུ་བྱུད་ན་ཡང་། གཉན་མཆེད་ལ་གཉིན་སྟིད་ཀྱིས་དུད་པོའི་འབྲེལ་བག་གཅོད་མ་སྟོད་དེ།

[180] 原文：འབངས་གཡར་རྒྱལ་ཅན་ཀྱི་མ་བརྡབས་ནས། ཆོད་རིག་པར་མཛད་པས་མཆེད་དབུལ་གསལ་མེད་མངའ་རིས་ཀྱི་ཀྱག་འདུས་སུ་ཐལ་བ་ལགས།། ཀྱག་ནི་བརྐྲ་གི་བརྡིད།

[181] ཇེ་མངའ་བདག་ཆེན་པོ་ནི་དུ་འབྱམས།

[182] 原文：ཇེ་མངའ་བདག་ཆེན་པོ་ནི་རབ་བྱུང་མཛད་ནས་བཞུགས་པའི་དུས་སུ། མངའ་རིས་མངའ་བདག་ཏུ་རང་བབས་སུ་བྱུན་ན་ཡང་། སྱི་ཆོས་ཀྱི་རྒྱལ་སྲིད་ལ་ཞི་སྣ་སློ་བ་བཞེས། ཡབ་དབུ་འབྱམས་པའི་སྱིས་ལགས་པས། དགོན་ལ་གཉིན་སྟིད་དང་ ཕྱག་ཇེ་འབྱུང་། ཡབ་མེས་བྱུད་ཆུབ་སེམས་དཔའི་རྣམས་ཀྱི་སློལ་ཕྱགས་ལ་བདག་སྟེ།

参考书目

1. 古格班智达·扎巴坚赞.日种王统 [M].藏文写本。

2. 佚名.月种王统 [M].藏文写本。

3. 古格班智达·扎巴坚赞等.太阳王系与月亮王系（藏文） [M].拉萨：西藏人民出版社，2014.

4. 古格·次仁杰布.班智达扎巴坚赞之《太阳氏王统记》中所载有关阿里历史考述 [J].西藏大学学报（藏文），2012(4).

5. 巴擦·巴桑旺堆.阿里新发现的古藏文历史文书评介 [J].西藏研究（藏文），2012(4).

6. 琼达.托林寺收藏古藏文史籍"月族王统记"释读 [J].中国藏学（藏文），2013 (4).

7. 白玛扎西.新发现古格王统史缝缋装文献价值概论 [J].西藏大学学报（藏文），2013(3).

8. 塔尔查·穷达.翻译与解读《月族王统记》记载的阿里王系 [J].西藏档案，2013 (2):102—109.

9. 阿贵.新发现藏文史籍《王统日月宝串》评述 [J].西藏研究，2016(1).

10.阿贵.新发现藏文史籍《王统日月宝串》有关吐蕃小邦史料 [J].青藏高原论坛，2016（3）.

11.弟吴贤者.弟吴宗教源流（藏文） [M].拉萨：西藏人民出版社，1987.

12.王尧，陈践.敦煌本吐蕃历史文书（修订版） [M].北京：民族出版社，1992.

13.释迦仁钦德.雅砻教法史（藏文） [M].拉萨：西藏人民出版社，2012.

14.阿贵.吐蕃小邦时代历史研究 [M].拉萨：西藏人民出版社，2015.

15.巴卧·祖拉陈瓦.贤者喜宴（藏文） [M].北京：民族出版社，1986.

16.达仓宗巴·班觉桑布.汉藏史集 [M].陈庆英，译.拉萨：西藏人民出版社，1986.

17.李勤璞，林冠群.《唐代吐蕃的杰琛》介绍 [J].中国藏学，2002（2）.

18.项智多吉.拉喇嘛益西沃传及注释（藏文） [M].拉萨：西藏人民出版社，2013.

19.古格班钦阿旺扎巴.阿里王统记（藏文） [M].色祖佛教古籍抢救编辑室.

20.古格·次仁加布.阿里文明史（藏文） [M].拉萨：西藏人民出版社，2006.

21.蔡巴·贡噶多吉.红史 [M].东噶·洛桑赤列，校注.陈庆英，周润年，译.拉萨：西藏人民出版社，2002.

22.钦则旺布.卫藏道场胜迹志 [M].刘立千，译注.北京：民族出版社，2000.

23.底吾璆赛.底吾史记（藏文） [M].拉萨：西藏人民出版社，1987.

24.拔·赛囊.拔协（藏文） [M].北京：民族出版社，1980.

25.欧坚朗巴,掘藏.五部遗教（藏文）[M].多吉杰波,整理.北京：民族出版社,1986.

26.韦·赛囊.韦协 [M].巴擦·巴桑旺堆,译.拉萨：西藏人民出版社,2012.

27.巴桑旺堆.吐蕃碑文与摩崖石刻考证 [M].拉萨：西藏人民出版社,2013.

28.陈庆英,高淑芬.西藏通史 [M].郑州：中州古籍出版社,2003.

29.东噶·洛桑赤列.东噶藏学大辞典（藏文）[Z].北京：中国藏学出版社,2002.

30.娘·尼玛沃色.娘氏教法源流（藏文）[M].拉萨：西藏藏文古籍出版社,1988.

31.张怡荪主编.藏汉大辞典 [M].北京：民族出版社,1985.

32.王尧,陈庆英.西藏历史文化辞典 [Z].西藏人民出版社,浙江人民出版社,1998.

33.土观·洛桑却吉尼玛.土观宗教源流 [M].刘立千,译.拉萨：西藏人民出版社,1985.

34.顿多,旦增曲扎.雪域历史人物简介（藏文）[M].拉萨：西藏人民出版社,1993.

35.编写组.藏汉逻辑学词典（藏文）[Z].成都：四川民族出版社,1987.

36.王沂暖.佛学词典（藏文）[Z].西宁：青海民族出版社,1992.

37.朗杰次仁.梵藏汉对照词典 [Z].北京：民族出版社,1991.

38.贡布旺杰.藏文缩略语词典（藏文）[Z].成都：四川民族出版社,1988.

39.编写组.藏汉佛学词典（上、中、下）[Z].成都：四川民族出版社,1993.

40.藏族简史编写组.藏族简史 [M].拉萨：西藏人民出版社，1985.

41.王溥.唐会要 [M].北京：商务印书馆，1936.

42.赵朴初.佛教常识答问 [M].北京：华文出版社，2011.

43.赤列多吉，朗如·罗布次仁.藏传佛教名僧档案（藏文） [M].拉萨：西藏人民出版社，2016.